다이쇼 데모크라시

Series NIHON KINGENDAISHI, 10 vols.
Vol. 4, TAISHO DEMOCRACY
by Ryuichi Narita
ⓒ 2007 by Ryuichi Narita
First published 2007 by Iwanami Shoten, Publishers, Tokyo.
This Korean edition published 2012
by Amoonhaksa, Seoul
by arrangement with the proprietor c/o Iwanami Shoten, Publishers, Tokyo

이 책의 한국어판 저작권은 (주)엔터스코리아를 통한 일본의 Iwanami Shoten, Publishers와의 독점 계약으로 어문학사가 소유합니다.
신 저작권법에 의하여 한국 내에서 보호를 받는 저작물이므로 무단전재와 무단복제를 금합니다.

일본
근현대사
시리즈
4

다이쇼
데모크라시

나리타 류이치 지음
이규수 옮김

어문학사

▶ **일러두기**

※ 일본의 지명 및 인명, 고유명사는 현 외래어 표기법에 따라 표기하였다. 단 장음 표기는 하지 않았으며, 어두에는 거센소리를 쓰지 않아 가급적 일본어 발음대로 쓰는 것을 원칙으로 삼았다. 예를 들어 と, か, た가 어두에 오면 '도' '가' '다'로 표기하고, 어중이나 어말에서는 그대로 거센소리 '토' '카' '타'로 각각 표기하였다.

※ 논문이나 국가 간 합의 문서, 법 조문, 노래, 시, 연극, 소설 제목 등에는 「 」, 신문은 〈 〉, 잡지와 단행본 등 책으로 볼 수 있는 것은 『 』로 표시하여 구분하였다.

※ [추기] 인용 사료는 여백과 이해도를 중시하여 원문을 충실히 살리면서도 부분적으로 구어체로 번역했다. 또 가타가나 글을 히라가나로, 한자를 히라가나로 바꾸고, 강조하는 점인 방점(傍点)과 글자 옆의 작은 점인 권점(圏点)을 생략하기도 했다. 인용문 중의 [ ] 내의 설명은 필자가 덧붙인 것이다.

머리말 ─ 제국과 데모크라시의 사이

두 얼굴의 요시노

'다이쇼 데모크라시'를 상징하는 존재라고 말할 수 있는 정치학자 요시노 사쿠조(吉野作造)를 담은 사진 두 장이 있다. 이 사진은 모두 요시노가 40세 무렵인 1920년 전후에 찍은 것이다. 오른쪽 사진의 요시노는 간편한 복장으로 아이와 함께 장난을 치고 있다. 그러나 왼쪽 사진의 요시노는 가족과 유모를 거느리고 한 가족을 통솔하는 가장다운 모습이다. 두 사진의 차이, 즉 가정인으로서 '사(私)'를 존중하는 자세와 가장으로서의 '공(公)'적인 엄한 얼굴과의 괴리가 다이쇼 데모크라시 시대가 결코 단순하지 않았음을 말해준다. 정당정치를 추구하여 리버럴리즘을 관철한 요시노와, 대학 출신자가 아니라며 하세가와 뇨제칸(長谷川如是閑)이 여명회(黎明会, 1918년 12월에 요시노 사쿠조와 후쿠다 토쿠조[福田德三] 등을 중심으로 결성된 일본의 민본주의 언론단체―옮긴이)에 입회하는 것을 거부한 요시노. 또 중국 5·4 운동에 '크게 공감'한 요시

▶(좌) 하인을 포함한 총 11명의 요시다 일가(1917년 무렵, 요시노 사쿠조 기념관 소장).
(우) 요시노 사쿠조와 아이들(1920년 여름 무렵, 요시노 사쿠조 기념관 소장).

노와, 학생들의 행동 방법에 '일종의 반감'을 품지 않을 수 없다고 '고백'하는 요시노. 다음 세대 사람들은 이 두 얼굴의 요시노로 인해 다이쇼 데모크라시를 둘러싸고 엇갈린 평가를 내리고 있다.

요시노 사쿠조는 1878년 1월 29일 미야기 현(宮城県) 후루카와(古川)의 포목점 상인의 장남으로 태어났다. 제2고등학교를 거쳐 도쿄제국대학에서 정치학을 배웠고, 제2고등학교 시절에는 그리스도교를 접하면서 세례를 받았다. 일찍이 결혼하고 대학을 졸업한 후에는 잠시 중국 톈진(天津)에서 위안스카이(袁世凱) 아들의 가정교사를 했으며, 1909년 2월부터 도쿄제국대학에서 정치사를 강의했다. 다음 해 4월부터는 3년간 유럽과 미국에서 유학을 했다.

귀국 후 요시노는 1914년 1월 『중앙공론(中央公論)』에 기고한 이후 거의 매번 이 잡지에 글을 실었다. 민본주의(이후 '데모크라시'라는 말을 많이 사용)를 역설하면서 번벌(藩閥) 정치를 비판하였고, 보통선거를 주장함으로써 논쟁에도 자주 참여했다. 제1차 세계대전과 베르사이유 강화조약, 쌀소동과 하라 타카시(原敬) 내각의 탄생, '만주사변'의 발발 등 커다란 사건에 대한 논평은 물론, 그때마다 필요한 논의를 제공했다. 여명회나 신인회(新人會, 1918년 도쿄제국대학을 중심으로 결성된 학생단체로 1929년에 해산될 때까지 일본학생운동을 주도했다—옮긴이)와 같은 민본주의를 주장하는 단체를 탄생시키는 등 실천적인 측면에서도 활약했다. 1924년 2월에는 도쿄제국대학을 퇴직하여 아사히신문사(朝日新聞社)에 편집고문 겸 논설위원을 역임했다.

이렇게 20세기 초 일본의 걸출한 계몽가로 성장한 요시노가 사고와 행동의 기반으로 삼은 것은 '민중'의 존재였다.

두 개의 전환점

요시노는 「민본주의 고취 시대의 회고(民本主義鼓吹時代の回顧)」(『社会科学』, 1928년 2월)에서 "이미 사람들은 러일전쟁이 한편으로는 국민을 제국주의적 해외 발전에 도취시킴과 동시에 또 한편으로는 국민의 자각과 민지(民智)의 향상을 촉진하여 스스로 민본주의 사상의 전개에 이바지했다는 것을 자주 언급하는 바이다"라고 말했다.

요시노는 이 글에서 관심을 불러일으킨 자신의 논문 「헌정의 본의를 설명하여 그 유종의 미를 거두는 방법을 논한다(憲政の本義を說いて其有終の美を濟すの途を論ず)」(『中央公論』, 1916년 1월)를 중심으로, 당시의 '민본주의 고취 시대'를 '회고'하며 러일전쟁이 커다란 계기가 되었다는 점을 말한다.

러일전쟁 이후의 시기에는 메이지유신 이후 추진된 근대화가 청일·러일전쟁의 승리를 통해 달성되었다는 인식이 생겨났고 동시에 국가와 사회의 중추를 담당한 세대의 교대가 촉진되어 제2세대라고 말할 수 있는 신세대가 등장했다. 이는 '민중'의 등장을 포함해 러일전쟁 이후 생겨난 하나의 계기로 작용하여 역사적으로도 동시대적으로도 인식되었다.

그러나 요시노는 이어서 "그 무렵부터 지금에 이르기까지 6~7년 동안 정말로 사상과 운동에 있어 현저한 비약의 시대를 이루었다"며 1916년부터 1928년에 걸친 커다란 변화의 정도도 함께 지적한다.

요시노는 시간적으로는 러일전쟁 전후와 제1차 세계대전 전후라는 두 시기를 인식하여, 여기에서의 제국주의적 팽창과 데모크라시의 공존을 지적한다. 요시노의 동시대적인 인식의 예리함을 엿볼 수 있는 발언이다.

동아시아 민중과 함께

요시노는 "지금 일일이 조선인을 친근하게 만나 그들의 말을 들어 보았는데 어찌 생각이나 했으랴. 지금도 여전히 일본의 통치에 대해 이런저런 불평을 말하는 자가 의외로 많은 것 같다. 그리고 그들의 불평 내용이 이치에 맞는지 여부는 별개의 문제라 하더라도 우리는 결코 이를 듣지 않을 수 없다"(「満韓を視察して」, 『中央公論』, 1916년 6월)고 말했다. 이는 1916년 3월부터 4월에 걸쳐 조선과 중국을 여행하고 집필한 것인데, 그는 이 여행을 포함하여 세 번에 걸쳐 조선과 중국을 방문했다(지도 참조). 요시노가 봤던 '민중'은 국내의 민중과 더불어 동아시아의 민중이었다.

일본의 식민지였던 조선, 타이완, (남)사할린(樺太)의 민중, 일본을 비롯해 각국으로부터 침략을 받았던 중국 민중의 동향은 동시대 일본을 고찰하는 데 빼놓을 수 없다. 요시노는 1917년 1월 5일 김우영(金雨英), 김영수(金榮洙) 등과 함께 조선인과의 간담회를 열어 독립운동의 중심 인물과 접촉한다. 이 모임은 두 번째부터 '참화회(參話会)'라 불렸다. 『지나혁명소사(支那革命小史)』를 저술할 때에는

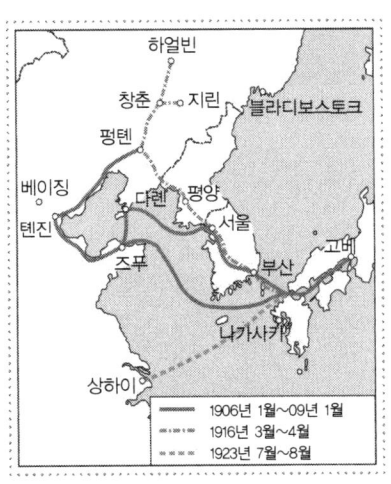

▶요시노 사쿠조가 걸었던 동아시아(田澤晴子, 「吉野作造」로부터 작성).

잉루겅(殷汝耕)과 다이톈추(戴天仇) 등 혁명파 활동가로부터 정보를 얻었고, 쑨원(孫文)이나 황싱(黃興)과도 만났다. 1918년 5월 중국인 유학생이 체포된 사건에서는 그들에 대한 구원과 보호를 요구했다. 또 요시노는 1919년 조선과 중국에서 3·1운동과 5·4운동이 일어나자 이에 대해 공감하는 논고를 기고했다.

그러나 '요시노의 데모 작품'이라 야유를 받은 적이 있듯이, 요시노는 좌파 사회주의자와 우파 국수주의자 쌍방으로부터 비판을 받았다. 또 역사적으로도 제국주의 비판이 미온적이라는 부정적인 평가를 받은 시기가 있었다. 요시노와 민본주의에 대해 제국주의적인 논조라고 단정 내리는 논자조차 있었다. 이는 요시노와 더불어 다이쇼 데모크라시에 대한 평가와도 관련될 것이다.

제국과 데모크라시

'일본 근현대사 시리즈' 제4권으로서 이 책이 다루는 시기는 요시노 사쿠조가 날카롭게 관찰하고 스스로도 그 일원으로 참여한 러일전쟁 이후 1905년경부터 1931년 9월의 '만주사변' 전야까지 약 25년이다. 일반적으로 이 시기를 '다이쇼 데모크라시'라고 부르는데, 정당정치가 실현되고 사회운동이 전개된 시기로 여겨진다. 현행 고등학교 교과서에서도 이 말을 사용하여 설명한다.

그러나 자세히 검토해 보면 '다이쇼 데모크라시'라는 말은 시기와 내용, 가리키는 대상 혹은 역사적인 평가에 이르기까지 논자에 따라 다양하게 쓰이고 있다. '다이쇼 데모크라시'가 역사 용어와 역사 개념으로서 확실히 정의되었다고 말하기 힘든 상황인 것이다. 그러나 지표를 어떻게 삼느냐에 따라 양상이 달라지겠지만, 이 시기에 접어들어 '일본' 역사에는 절단선이 생겨 새로운 시대상이 표출되었다는 인식이 조금씩 형성되고 있다.

이 책에서도 이러한 인식에 의거하여 러일전쟁 이후부터 '만주사변'까지의 시간과 공간을 대상으로 서술하려 한다. 이 4반세기 동안 이어지는 것은 대일본제국의 전개와 그 기저에서의 사회운동, 그리고 대중사회화의 진행이다. 이 책은 제국 아래에서의 사회 실상을 그려내는 작업이며, 20세기 초 데모크라시의 역사적 성격을 제국주의―내셔널리즘―식민지주의―모더니즘과 관련하여 고찰하게 될 것이다.

차례

머리말 | 제국과 데모크라시의 사이 5

제1장 민본주의와 도시 민중 15
    1. 히비야 방화사건과 잡업층 16
    2. 단나슈의 주민운동 26
    3. 제1차 호헌운동과 다이쇼정변 34
    4. 민본주의의 주장 44
    5. '신여성'의 등장 55

제2장 제1차 세계대전과 사회의 변용 63
    1. 한국병합 64
    2. 제1차 세계대전 개전 75
    3. 도시 사회와 농촌 사회 83
    4. 시베리아 출병의 전말 94

제3장 쌀소동·정당정치·개조의 운동 103
　　1. 1918년 여름의 쌀소동 104
　　2. 정당내각의 탄생 113
　　3. '개조'의 여러 조류 126
　　4. 무산운동과 국수운동 138
　　5. 반차별의식의 태동 147

제4장 식민지의 광경 159
　　1. 식민지에 대한 시선 160
　　2. 3·1운동과 5·4운동 171
　　3. 식민지통치론의 사정(射程) 181
　　4. 워싱턴체제 190

제5장 모더니즘의 사회공간 197
　　1. 관동대지진 198
　　2. '주부'와 '직업부인' 206
　　3. '상민(常民)'이란 누구인가 214
　　4. 도시공간의 문화 경험 220
　　5. 보통선거법과 치안유지법 229

제6장 공황 시기의 기성정당과 무산세력 241
    1. 역사의 균열 242
    2. 기성정당과 무산정당 251
    3. 긴축·통수권간섭·공황 264
    4. 공황 시기의 사회운동 274

맺음말 | '만주사변' 전후 285

  저자 후기 292
  역자 후기 294
  연표 300
  참고문헌 303
  색인 309

제1장 민본주의와 도시 민중

'순사파출소 방화의 실상'. 영어 설명은 The Great Disturbances in Tokyo(도쿄에서 일어난 큰 소요)이다
(『도쿄소요화보[東京騷擾畫報]』 제66호, 1905년).

1. 히비야 방화사건과 잡업층

'군집'의 충격

먼저 『도쿄소요화보(東京騷擾画報)』(제66호, 1905년)를 펼쳐보자. 이는 러일전쟁이 한창이던 시기에 간행된 『전시화보(戰時画報)』의 '임시증간' 판이다. B4판 사이즈의 화보집으로, 필명이 독뽀(独歩)인 구니키다 데쓰오(国木田哲夫)가 편집주간이었다. 화보의 첫머리에는 '순사파출소 방화 실황(巡査派出所焼討ちの実況)'이라는 그림이 실려 있다(표지 참조). 흑백이지만 '군집(群集)'이 파출소를 부수고 그 잔해에 불을 붙이며 기세를 올리는 모습이다. 앞쪽에는 순사의 신발이 굴러다닌다. 행동에 나선 사람들은 작업복에 노동자 신발을 신고 머리띠를 두른 일용직 노동자처럼 묘사되어 있다.

한편 내부대신 관저를 불태우는 그림에는 돌을 던지고 연기가 피어오르는 와중에 일본식 복장이나 작업복에 파나마모자 혹은 챙이 짧고 덮개가 둥글넓적한 일명 도리우치를 쓴 사람들이 보인다(그림 1-1).

두 그림 모두에는 행동하는 사람들이 묘사되어 있다. 『도쿄소요화보』는 이 사람들을 '군집'이라고 표기하고 있는데, 실황도에 사진도 함께 실려 그들에 의해 벌어진 제국의 수도 도쿄의 방화가 잘 묘사되었다. 또 후반부에는 작가 야노 류케이(矢野龍溪)가 소요 견문기인 「터무니없는 기록(出鱈目の記)」이 게재되어 있다.

이것은 원래 러일전쟁 상황을 그림과 문장을 통해 전달하던 수법과도 같은 것인데, 화보에는 '군집'이 폭동에 참가하는 광경을 리얼하게 묘사했다. 여기에는 '군집'의 등장에 따른 놀라움의 감정이 엿보이고 파괴라는 질서의 동요가 이루어지고 있음을 묘사한 것이다.

소요의 시작

이 화보의 특집인 '도쿄 소요'란 1905년 9월 5일부터 7일에 걸쳐 일어난 소위 히비야 방화사건을 말한다. 러일전쟁이 종결된 후에 미국 포츠머스에서 체결된 강화조약에 배상금이 포함되지 않은 것에 불만을 품은 사람들이 도쿄 히비야공원에 집결하여 국민대회를 개최했다. 이후 부근에 있는 내무대신 관저와 강화에 찬성했던 국민신문사(国民新聞社)를 불태우고 더욱이 이

▶그림 1-1. 내무대신 관저 방화사건 그림. 1905년 9월 5일 저녁부터 다음 날에 걸쳐 소동은 격화되었다(『도쿄소요화보〔東京騒擾画報〕』제66호, 1905년).

를 저지하려던 경관대, 군대와 충돌한 사건이다.

9월 5일 강화문제동지연합회(講和問題同志連合会)의 고노 히로나카(河野広中)와 오타케 칸이치(大竹貫一) 등은 강화를 반대하는 국민대회를 계획했다. 정부는 사전에 이를 금지시키고 연합회원을 검속했다. 회장인 히비야공원도 봉쇄되었다. 그러나 당일 아침 일찍부터 히비야공원에 사람들이 모여들기 시작했다. 그 수는 4천 명에 이르렀다. 사람들은 "문을 열어라! 간신의 앞잡이들아!"라고 외치면서 봉쇄된 문을 통나무로 부수고 공원 안으로 진입했고, 이를 저지하려던 경관대와 충돌했다. 이때 경관대는 칼을 뽑아 사람들을 위협했다. 이는 사람들을 더욱더 '격앙'시켜 투석(投石)이 이루어졌다. 그 수는 '수 만' 혹은 '7~8만'이라고 보도되었다.

폭죽이 터지고 '10만의 벽혈(碧血)을 어찌할 것인가!'라고 적힌 풍선이 날리는 혼란 속에서 대회는 숨가쁘게 개최되었다. 일부는 '조강화성립(弔講和成立)'이라는 검은 조기를 내걸고 임시로 연단을 만들었다. 오타케가 연설하고 고노는 조약불성립 결의를 낭독했다. 그리고 기미가요를 제창하고 '황제 폐하'와 육해군 만세를 삼창함으로써 대회를 마쳤다.

이후 주최자는 히비야공원으로부터 연설회장인 신토미자(新富座)로 향했는데 도중에 약 2~3천 명이 니주바시(二重橋) 앞으로 나아갔다. 이 무리들은 악대를 통해 기미가요를 연주하고 만세삼창을 불렀지만, 기마 순사들의 저지로 충돌이 일어나 결국 투석이 이루어졌다. 신토미자에서는 경관대의 엄중한 경비 태세 속에서 사람들이 개회를 기다렸다. 그러나 교바시(京橋) 경찰서장은 연설자가 등장하기 전에 '해산'을 명령하여 사람들을 퇴장시키고, 따르지 않는 자를 끌어

내게 하자 여기에서도 투석이 이루어져 대혼란 상태에 빠졌다.

신토미자에 있던 무리는 히비야공원으로부터 몰려든 사람들과 합류하여 수천 명의 집단이 되었다. 이들은 국민일보사에 몰려가 간판을 부수고 투석하여 유리창을 부수었고 윤전기와 활자를 파괴했다. 더욱이 이들은 수상 관저를 향해 나아가려고 했다. 밤이 되자 제1사단과 근위사단의 3개 중대가 출병하여 경계에 들어갔다. 한편 수천 명의 다른 무리는 히비야공원 정문 앞에 있는 내무대신 관저를 포위했다. 이들은 정문을 파괴하고 칼을 빼든 경관대와 충돌했다. 이렇게 히비야공원 주변에서 '군집'과 경관대, 군대와의 사이에 충돌이 일어났다.

방화와 계엄령

저녁 즈음에 접어들어 소요는 더욱 격화되었다. 사람들은 긴자(銀座)에서 만세이바시(万世橋)로 향하는 니혼바시(日本橋) 거리를 지나면서 도로 주변의 경찰서와 파출소를 불태우기 시작했다. 교바시 경찰서 관내에서는 '방화대(防火隊)' 천여 명이 세 군데로 나뉘어 밀려들었다. 경찰서는 군대의 힘을 빌려 그나마 지킬 수 있었지만, 관내 교바시 경찰분서와 15곳의 파출소가 불탔고 파출소 두 곳도 파괴되었다. 또 니혼바시 경찰서에서도 유리창이 부서지고 관내 26곳의 파출소가 소실되었다. 이 밖에도 간다(神田), 홍고(本郷), 시타야(下谷) 경찰서 관내 등 서민 거주 지역을 중심으로 피해가 확대되었다. 5일 밤에는 도합 두 곳의 경찰서와 경찰분서 6곳이 불탔고, 파출소 203곳이 피해를 입었다.

다음 날 6일도 소요는 계속되었다. 밤에는 히비야 교차점과 요쓰야미쓰케(四谷見附)의 전철을 멈추어 승객과 승무원을 내리게 한 다음 각각 11대와 4대의 전동 차량을 불태웠다. 또 불타지 않은 경찰서 외에도 아사쿠사(浅草), 혼조(本所), 시타야의 그리스도 교회 13곳과 간다의 니콜라이당(ニコライ堂)에도 공격을 가했다.

정부는 6일 저녁 계엄령을 내렸다. 7일에는 시내 73곳에 검문소를 설치했지만 소요는 계속되었다. 사람들은 내무대신 관저 주변에 모여들었고 니혼바시 경찰서로 향했다. 경찰은 국민일보사 앞을 지켰지만 여전히 '방화'의 풍설이 나돌았다. 전철도 오후 6시 운행을 중지했다. 이날의 소요는 가까스로 수습되었다.

'잡업층'

이 소요는 사망자 17명, 부상자는 부지기수, 체포 기소된 자는 311명에 이르는 커다란 사건이 되었다. 그러나 계획성과 조직성은 없었다.

기소된 사람들을 통해 소요 참가자를 살펴보면(표 1-1), '인부'나 '인력거꾼' 그리고 '직인(職人)' 등 도시에서 잡업에 종사하는 자와 '직공' '상인'이 다수였다. 실제로 5일 밤 아카바네바시(赤羽橋) 부근 파출소를 습격한 무리는 "웃통을 벗고 높이 곤봉을 든 5~6명의 거괴(巨魁)를 선두로 손에 곤봉을 들고 함성을 지르며 습격"했다고 전한다(『万朝報』, 9월 7일). 그들은 도시 하층에 인접한 계층으로 러일전쟁의 영향을 직접 받았다.

▶표 1-1. 도쿄에서의 소요 피고와 피기소자 직업 구성(%)

	직인	소매상	지식인 학생	점원	직공	인부 인력거꾼	기타 불명
히비야 방화사건 (1905년)	12.7	10.1	5.6	12.7	9.5	17.3	32.1
다이쇼정변 (1913년)	7.8	8.5	19.6	20.9	12.4	6.5	24.3
도쿄의 쌀소동	18.9	5.9	6.7	11.1	20.7	11.1	25.6

(出典: 我妻栄ほか編『日本政治裁判史録』, 石塚裕道·成田龍一『東京都の百年』)

담배와 사탕 등에 부과된 대중과세의 도입은 그들의 생활을 압박했다. 또 산업화 등으로 생업의 불안정도 현저해졌다. 인력거부는 노면전차의 등장(1903년)으로 손님을 계속 잃어갔다.

도시 '잡업층'은 생업 현장에서 중소 상점주와 중소 공장주인 '단나슈(旦那衆)'에게 고용되었다. 또 이들은 상점과 단나슈가 경영하는 임대주택이나 가게에 거주했다. 단나슈에게 생업과 거주에서 이중으로 종속되었던 것이다. 큰 도로에 접한 단나슈의 거주지 뒤편 노면지는 그들의 공간이었다. 소요 와중에 그들이 지나간 거리는 익숙한 삶의 공간이었고, 불탄 경찰서외 피출소는 매일 집하고 억압을 느낀 상소였을 것이다.

'단나슈'

그러나 히비야공원에 모여든 사람들에게 잡업층은 다른 계층으로 보였다. 〈요로즈초호(万朝報)〉(9월 6일)에 따르면 히비야공원에 집결하여 신토미자의 연설을 들으려 한 사람들은 대부분 지방에서 온 사람이었다. 연령도 40세 이상으로 사리분별이 가능하고 옷차림도 가지

런했다. 수염을 기른 자나 '군인 유족'이 많다고도 보도되었다. 또 공원 내의 집회 참가자는 거의 모든 계급과 직업을 가진 사람들이었고, 연령과 성별도 다양했다. 그들은 모두 부모와 아이들을 희생시켰다며 원로 각신(閣臣)을 향한 깊은 분노와 적개심을 품었다. 신문에서는 군인과 군속의 모습도 보인다고 보도하지만 그들은 단나슈였다.

이렇게 9월 5일 사건과 관련된 사람들은 강화문제동지연합회 등 강화반대 대회를 주도하기 위해 모인 '단나슈'와 소요에 적극적으로 참가한 '잡업층'이라는 두 계층으로 이루어졌다. 단나슈가 관여한 비(非)강화운동은 이를 전후로 도쿄와 요코하마(橫浜)만이 아니라 전국적으로 확대되었다. 오사카(大阪), 나고야(名古屋), 교토(京都), 후쿠오카(福岡) 등 대도시를 비롯해 구레(嗚), 도지키(栃木), 도야마(富山), 기후(岐阜) 등 각지에서 대회가 개최되었다. 모두 수천 명이 참가했고, 200개가 넘는 강화에 대한 '반대 결의'와 '상주'가 발표되었다(『嗚呼九月五日』, 1909년).

신문기자와 변호사

당시 소요를 두 계층, 집회와 소요라는 두 사태를 서로 연결시킨 것은 신문기자와 변호사였다. 도쿄에서 발행된 〈미야코신문(都新聞)〉, 〈니로쿠신보(二六新報)〉, 〈요로즈초호〉 등은 자주 강화반대 캠페인을 벌였다. 〈도쿄아사히신문(東京朝日新聞)〉의 경우는 「강화사건에 관한 투서(講和事件に関する投書)」를 통해 독자로부터의 투고를 여러 차례 게재하면서 강화조약이 '굴욕적'이라는 의견을 소개했다. 히비야사건

에 대해서는 집회 양상을 전하면서 경찰이 소요 와중에 칼을 뽑아든 것을 비롯한 횡포를 비판적으로 보도했다. 이 때문에 〈요로즈초호〉는 3일간, 〈도쿄아사히신문〉은 15일간 발행 정지 처분을 받았다.

9월 5일 이후 신문 투서의 대부분은 방화사건에 대한 언급이었다. 〈도쿄아사히신문〉의 투서를 보면 "당국자는 신속히 그 책임을 명백히 밝히고 위아래로 죄를 물어야 한다"고 주장하고, 그렇지 못하면 '시가전의 수라장'은 앞으로도 빈발할 것이라고 전했다(憂國生. 9월 7일).

더욱이 경찰관을 고발한 것은 변호사들이었다. 도쿄변호사회는 임시대회를 개최하여 '경찰관 진압 수단의 광폭'을 비난했다(『日本辯護士協会録事』, 1905년 9월). 이들은 피해 조사와 청취를 실시하여 1905년 10월 5일부터 19회에 걸쳐 〈법률신문(法律新聞)〉에 '유혈유적(流血遺適)'이라는 타이틀로 사건의 추이를 연재하는 등 경찰관의 '학대와 기타 불법 행위'에 눈을 돌렸다. 움직임이 둔감한 검찰을 비판하기 위해 다음 해 8월 10일에는 혼고자(本郷座)에서 3천 명이 참석한 검사장의 문책연설회까지 개최했다. 그들은 동시에 기소된 '흉도취중피고사건(兇徒聚衆被告事件)'을 변호하여 사태를 주도한 고노 히로나카와 오타케 칸이치 등과 잡업층 쌍방의 변론을 담당했다.

이후 변호사들의 이러한 자세는 형법 개정과 관련하여 '인권 옹호'로 집약된다. 이들은 1909년 12월 12일 간다의 금휘관(錦輝館)에서 '인권문제정담대연설회(人權問題政談大演說会)'를 개최했고, 『일본변호사협회록사』는 1910년 1월에 「인권 문제 특집호」를 발행했다.

'국민'의 배외주의

물론 당시 고노 히로나카는 집회와 소요를 구별하여 "인부, 인력거꾼 등과 함께 국사를 도모하는 섣부른 행동을 하지 않았다"(『訟庭論草』 제4, 1930년)고 말했다. 변호인 하나이 타쿠조(花井卓蔵)도 쌍방의 연락이 없었다고 말하는 등 두 계층은 괴리되어 단순히 결합했다고 말하기 어렵다.

그러나 집회와 소요는 모두 강화에 대한 반대를 계기로 일어났고 배외주의를 내포했다. 고노의 마음에는 자유주의와 국권주의, 번벌 비판과 국권 팽창이 모순 없이 결합되었다. 또 잡업층의 행동은 러일전쟁의 승리와 장군들의 개선에 대한 찬사와 모순된 것이 아니었다. 그들이 달려 나가던 공간은 청일전쟁과 러일전쟁 당시에는 승리를 축하하면서 제등 행렬과 깃발 행렬을 한 곳이었고, 전후에는 개선한 장군들을 맞이하는 축제 공간이었다. 조선과 중국 혹은 러시아 사람들에 대한 상상력은 완전히 결여되었다.

주목할 점은 이러한 사태가 '국민'이라는 이름 아래 수행된 것이다. 〈도쿄아사히신문〉의 「강화사건에 관한 투서」에는 강화조약과 이를 체결한 내각에 대한 '국민의 분노'를 소요에서 발견하고, '국민의 풍성하고 열혈적인 애국심에 감사한다'고 글을 맺고 있다(「忠靈の墳墓」, 9월 7일). 번벌과 압정에 대한 비판은 '국민'이라는 이름 아래 팽창주의적인 국권의 요구를 포함시키면서 소요라는 형태를 통해 실천되었다. 원래 '국민'의 기반은 모순과 잠재적인 대립을 내포하면서 두 계층이 교착하여 각각 '국민'을 주장한 것으로 결코 하나가 아니었다.

두 계층의 결합은 이후에도 계속되었다. 20세기 초 도시에서는 각종 소요가 1918년 여름에 발발한 쌀소동에 이르기까지 빈번하게 일어났다. 도시공간에는 질서를 바꾸려는 에너지가 충만했고, 이러한 움직임은 다이쇼 데모크라시의 발화점이 되었다.

'제국'의 데모크라시

요시노 사쿠조는 동시대 관찰자로서 이러한 움직임에 대해 "민중이 정치상으로 하나의 세력으로서 움직인다는 경향이 처음으로 유행하기에 이르렀다"(「民衆的示威運動を論ず」,『中央公論』, 1914년 4월)고 논했다. 여기에서 요시노는 '민중'이라고 표현했지만, 러일전쟁에 승리한 대일본제국 때문에 비판적인 주체로서의 '국민'이 등장한다고 파악했다. 정부 비판과 그 주체로서의 '국민'—20세기 초 일본의 데모크라시는 러일전쟁의 쇼비니즘을 배경으로 '제국'의 구조에 규정된 내셔널리즘과 결합되어 나타났다. 이것은 대내적인 자세와 대외적인 요구, 정부 비판과 아시아인들에 대한 자세에 격차를 지닌 '제국'의 데모크라시였다.

2. 단나슈의 주민운동

가스회사 합병반대운동

히비야 방화사건으로부터 6년이 지난 1911년 여름, 도쿄에서는 가스회사의 합병을 둘러싸고 커다란 운동이 전개되었다. 도쿄의 가스 사업은 그동안 도쿄가스가 독점적으로 시행했는데, 1910년 7월 지요다(千代田)가스가 창립되자 가격 인하 경쟁이 시작되어 이를 수습하기 위한 양사의 합병 계획이 추진되었다. 도쿄 시의회의 승인이 필요한 합병이었는데, 가격 인상을 등한시한 합병에 대해 반대운동이 전개된 것이다.

신문기자와 함께 도쿄의 구의회 의원, 시의회 의원이 중심이 되어 신문에는 연일 반대운동의 동향과 예정, 결의 등이 게재되었다. 도쿄의 각 구회에서는 가스회사의 합병반대를 결의했고, 연설회를 8월 하순부터 9월에 걸쳐 개최했다. 연설회는 모두 입추의 여지가 없을 정도로 성황을 이루었고(『万朝報』, 1911년 9월 17일), 많을 때는 700여 명의 청중이 참가했다.

　더욱이 이들은 구의회의 연합인 각 구 연합회(各区連合会)를 발족시켰다. 연합회는 가스회사의 합병이 '독점'의 폐해를 가져와 '도쿄 시민을 기만하는 것'이라고 결의했다(『万朝報』, 9월 18일). 시의회에서 합병안이 심의되던 12월 1일에는 긴키칸(錦輝館)에 2천 명이 넘는 사람들이 모여 가스합병반대시민대회를 개최했다. 시민대회는 합병의 인가가 '시의 공익을 해치며 시민을 모욕하고 더욱이 시의 자치권을 유린하는 횡포의 행동'이라고 결의했는데, 회장의 분위기는 '살기가 충만'했다(『日本』, 1911년 12월 2일).

　운동의 중심적인 역할은 가스 이용자인 중소상공업자, 즉 '단나슈'였다. 가스는 주로 조명에만 이용되었는데, 니혼바시의 어시장에서는 항의의 뜻으로 가스 점등 폐지를 결의했고(『万朝報』, 8월 22일), 간다구 여관조합업자도 합병 반대를 표명했다(9월 14일).

'단나슈'의 운동

　'단나슈'인 중소상공업자는 도시에서 두터운 '구(舊) 중간층'을 형성했다. 이들은 지역 사람들(소요의 주체였던 '잡업층')을 고용하면서 토목공사 노무자, 미장공, 목수 등 단골 기술자와 상인을 고용했고, 거주 공간에서는 잡업층에게 세를 내주는 집주인이었다. 시의회와 구의회를 선출하는 선거권을 가졌고, 지역의 질서를 형성하는 명망가로서 활약했다. 도쿄의 경우 15개구의 구의회 의원과 시의회 의원을 통해 그들의 이익이 대표되었다.

그들은 짧게는 십수 년, 길게는 에도 시대 이후 임차지에 점포를 개설했다. 니혼바시, 교바시, 간다, 아사쿠사 등 도쿄의 중심부에서 장기간 신용을 바탕으로 한 인간관계를 쌓아 대대로 내려온 유명한 가게를 통해 상공업을 운영했다.

원래 단나슈가 운동을 전개하게 된 것은 생활의 기반인 임차지를 둘러싼 문제 때문이었다. 러일전쟁 이후에는 지가가 급등하여 임대료가 인상되었는데, 여기에 그치지 않고 이른바 '지진매매'가 횡행했다.

▶그림 1-2. '단나슈' 부부(필자 불명, 1913년).

'지진매매'란 지주가 임차인의 양해를 얻지 않은 채 토지를 매각하여 이를 이유로 임차인에게 토지를 비워줄 것을 독촉하면서 지상의 모든 건물을 부수는 행위를 말한다(《東京每日新聞》, 1908년 3월 24일).

장기간에 걸쳐 도시의 토지 관계가 전환되는 것에 대해 차지인인 단나슈는 변호사들의 힘을 빌려 행동을 개시했다. 의회에 '차지인 권리보호 청원'을 제출하고 1908년 4월에는 차지권보호협회(借地權保護協會)를 조직했다. 또 연설회를 통해 차지인의 권리를 호소하고 차지인대회를 개최하여 차지권보호의 입법화를 도모했다. 단나슈는 이전 1910년 여름의 가스 문제를 시작으로 1913년 8월에는 전등 문제, 1916년 2월에는 전차 문제, 1918년 12월에는 다시 가스 문제로 도시의 공익 기

▶그림 1-3. 철도역에서 승하차객의 수화물을 옮기는 '아카보시(赤帽)'와 언덕 밑에서 짐수레를 밀어주는 '다친보(立ちん坊)'. 이들은 모두 '잡업층'의 전형이었다(1907년).

업을 둘러싼 문제를 중심으로 반대운동을 전개했다. 차지권보호협회의 중심적 인물인 다카키 마스타로(高木益太郎, 의원, 변호사, 〈법률신문〉 주재)는 단나슈를 "일본 제국 활동의 중추를 담당하는 사람들로서 이들 중등종족(中等種族)의 성쇠는 역시 국력의 강약에 영향을 준다"(〈法律新聞〉, 1911년 5월 30일)고 말했다.

세금폐지운동

다이쇼 데모크라시는 이러한 지역 질서의 담당자까지 운동의 참가자가 되어 지각의 근간에서부터 일어난 운동이었다. 또 한편에서는 단나슈보다 약간 상층인 상공업자들이 세금을 둘러싼 운동을 전개했다. 55개 상업회의소의 전국 조직인 상업회의소연합회는 1906년 가을부터 이듬해에 걸쳐 러일전쟁 당시에 결정된 소금전매세, 통행세, 직물소비세를 '삼악세(三惡稅)'로 규정하여 세금폐지운동을 일으켰다. 상업회의소에 결집한 자본가들은 비록 특권은 없었지만 큰 규모의 상공업자로 구(舊) 중간층으로서는 상층에 속한 사람들이었다. 이들은 나카노 부에이(中野武營, 도쿄상업회의소 회장)를 중심으로 정계의 혁신과 연동시키면서 전국적인 운동을 전개했다.

더욱이 1914년 1월 10일에는 영업세전폐동맹회(營業稅全廢同盟會)가 결성되었고, 상업회의소연합회도 31일에 영업세 전면 폐지를 결의했다. 당시 영업세는 광범위한 영업을 대상으로 수익이 아닌 자본과 종업원 수 등 '외형적 기준'에 따라 과세하고 있었는데, 이 운동은 이에 대한 반발이었다. 다음 달 2월 1일에는 악세폐지대연설회(惡稅廢

止大演説会)가 오사카에서 개최되었다(江口圭一, 『都市小ブルジョア運動史の研究』).

퍼져가는 주민운동

도쿄 이외에도 나고야, 교토, 고베 등 대도시에서는 전차, 가스, 전기 등 공익 기업을 둘러싼 주민운동이 잇달았다. 지역의 중소 도시에서도 사태는 비슷했다. 예를 들면 도야마 현(富山縣)에서는 도야마 전기가 1911년 3월부터 전등요금 외에도 기구손료(器具損料)를 징수했기 때문에 반대운동이 촉발되었다. 6월 6일 우오즈 초(魚津町)에서는 우오즈 초, 나메리카와 초(滑川町), 히가시이와세 초(東岩瀨町)의 연합대회가 개최되었다. 여기에서는 기구손료를 철회시킬 목적으로 전등문제연합회를 결성하고 선언서를 채택하여 활동을 본격적으로 개시했다(『北陸政報』, 1911년 6월 8일).

더욱이 농촌의 단나슈인 명문가들도 움직이기 시작했다. 아키타(秋田)의 안도 와쿠니(安藤和国)는 '현행의 시제(市制)'는 '관료정치'로 '입헌사상, 자치정신에 위배되고 있다'며 시 당국에 의한 전기와 가스 운영을 주장했다(「秋田市政改善意見」, 『第三帝国』, 1913년 10월 10일).

노동운동과 사회주의자

노동운동도 청일전쟁 이후 계속되었다. 노동쟁의 건수만으로도

1907년에는 구레(吳) 해군공창, 도쿄 포병공창, 오사카 포병공창, 미쓰비시(三菱) 나가사키조선소, 아시오(足尾) 구리광산, 유바리(夕張) 탄광 등 군공창, 조선소, 탄광을 합쳐 60건에 달했다. 노동자로서의 자각을 지닌 사람들의 운동은 도시 구조와 도시 문제를 매개로 하여 '잡업층'과 '단나슈'의 운동과 접점을 가졌다. 민중소요, 주민운동, 노동운동이 전개되어 종래의 지역적 구조와 질서는 각각의 담당자를 연결시킨 사람들을 통해 요동쳤다.

당시 그들을 매개시킨 것은 사회주의자였다. 사회주의자들의 활동은 몇 번의 탄압에도 불구하고, 대역사건(大逆事件)으로 결정적인 타격을 받을 때까지 각 지역에 거점을 만들면서 사람들과의 유대를 만들어 나갔다. 러일전쟁에 즈음하여 반전론을 주창한 사회주의자들은 1906년 1월에 최초의 사회주의 정당인 일본사회당을 결성하고 광범한 강령을 내세우며 행동을 개시했다.

1906년 3월 도쿄시영전력이 가격을 인상했을 때, 사회주의자 니시카와 코지로(西川光二郎)와 야마구치 코켄(山口孤劍) 등과 신문기사 다가와 다이키치로(田川大吉郎) 등은 가격인상 반대운동을 주도하여 연설회와 시민대회를 개최했다. 1906년 3월 15일 히비야공원에서 열린 시민대회는 곧바로 소요로 발전하여 니시카와와 야마구치 등은 폭도선동죄로 체포되었다.

사회주의자 네트워크

동시에 사회주의자들은 러일전쟁 와중에 지방 유세를 강행하고 사회주의 서적을 판매하기 위한 '사회주의전도행상(社会主義伝道行商)'을 조직하여 각지에 사회주의 네트워크를 만들었다. 홋카이도의 삿포로 평민구락부(札幌平民俱樂部)를 비롯해 시모쓰케 동지회(下野同志会, 栃木), 호쿠소 평민구락부(北総平民俱樂部, 千葉), 요코하마 서회(横浜曙会, 神奈川), 오카야마 이로하구락부(岡山いろは俱樂部) 등 지역을 기반으로 한 사회주의 단체가 결성되었다. 또 『구마모토평론(熊本評論)』, 『오사카평론(大阪評論)』 등 지역 단위의 사회주의 잡지도 간행되었다. 와카야마(和歌山)의 〈무로신보(牟婁新報)〉에는 사회주의자 아라하타 칸손(荒畑寒村)과 간노 스가(管野すが)가 근무했고 사회주의 관계 기사가 많이 게재되었다.

한편 홋카이도의 사회주의자 하라코 모토이(原子基)가 「홋카이도 이민의 비참(北海道移民の悲惨)」(〈日刊平民新聞〉, 1907년)을 고발하면서 평민 농장을 경영하여 자신들의 지역에서 이념에 의거한 활동을 실천한 것처럼(『平民社農場の人々』), 초기사회주의자는 언론 활동과 더불어 지역에서의 실천적 활동을 시도했다.

또 미국에 건너간 가타야마 센(片山潜)과 고토쿠 슈스이(幸徳秋水)는 현지 사회주의자와 교류를 갖고 샌프란시스코 등을 거점으로 네트워크를 형성했다.

그러나 1907년 2월 일본사회당 제2회 대회에서 사회주의 실현의 방법을 둘러싸고, 총파업 등의 직접행동에 중점을 둔 고토쿠 슈스이 등 직접행동파와 의회를 중시하는 가타야마 센 등 의회정책파가 대립했다. 직접행동파는 크로포트킨(Peter Kropotkin)의 '상호부조' 사상에 공감하여 정치 권력의 부정을 주장함으로써 무정부주의로 기울었다. 오스기 사카에(大杉栄) 등이 붉은 깃발을 흔들어 체포당한 1908년 6월

22일의 적기사건 등은 이러한 동향의 소산이었다.

'국민'의 번벌 비판

다이쇼 데모크라시는 '제국'으로 부상한 메이지 일본이 예전의 구조로는 대응할 수 없게 된 것에서 출발한 운동의 총체라고 말할 수 있다. 다양한 계층에 의해 기존의 사회 구조와 질서에 대항하여 전개된 운동이다.

동시에 데모크라시의 주체를 둘러싼 복잡한 양태를 보인다. 즉 단나슈의 집회 참가와 운동도 '국민' 혹은 '시민'이나 '민중'을 표방하여 비판적 주체로서의 '국민'을 제시하려 했다. 기후 시(岐阜市)에서 전등요금 인상에 반대한 '소등동맹'이 결성되었을 때, 현지에 파견된 가야하라 카잔(茅原華山)은 이 운동을 '회사 대 자치 인민의 전쟁'이라고 말했다(「岐阜市に於ける消灯同盟演説」, 『第三帝国』, 1914년 7월 16일). 삽업층의 소요도 단순하지 않았다. 기자와 변호사들은 '국민'이라는 이름을 통해 이를 비판적 조류로 판단했다. 비록 명칭은 통일되지 않고 '인민' 혹은 '민중' 등을 포함하여 여러 가지로 불렸지만, 각 계층은 '국민'을 말하기 시작하여 '국민'으로 지칭하기에 이르렀다. '국민'이 파행적으로 요컨대 불완전한 형태로 형성되면서 번벌에 반기를 드는 사태가 되었다.

3. 제1차 호헌운동과 다이쇼정변

메이지의 종언

1912년 7월 20일 〈관보(官報)〉는 호외로 메이지 천황의 「어용체서(御容体書)」를 발행했다. 다음 날 〈도쿄아사히신문〉은 지면의 거의 대부분을 할애하여 '성상폐하 어중태(聖上陛下御重態)'라고 보도했다. 7월 14일 이후 건강이 좋지 않았다는 사실과 체온, 맥박, 호흡 수 등을 게재하고 지식인의 담화와 사람들의 반응도 함께 전했다. 이후에도 메이지 천황의 용태와 사람들의 동향이 연일 보도되었다. 신문은 '어병황 혼돈(御病況混沌, 7월 23일)' '어병세 어불량(御病勢御不良, 7월 25일)' '어병세 험악(御病勢險惡, 7월 27일)'이라는 제목을 달았고 나아가 '각각 어위험 절박(刻々御危險切迫, 7월 29일)'이라고 보도했다.

당시 내무대신이었던 하라 타카시는 자주 병문안에 나섰다. 그는 7월 29일 메이지 천황이 서거하자 일기에 "실로 유신 이후 처음으로 조우한 일로 여러 가지로 협의할 일이 많다"고 기록했다. 동시에 그는 천황이 서거한 것은 29일 오후 10시 40분이었지만, 궁중에서는 '30일 0시 43분'으로 발표하기로 결정했다고 덧붙였다. 그에 의하면 '천조(践祚, 세자가 왕위를 계승―옮긴이) 의식 등 거행의 시간'이 없었기 때문일 것이다. 이후에도 하라는 조사(弔詞)를 작성하거나 '천기(天機, 비밀히 내리는 명령이나 기밀―옮긴이)'를 살피는 등 분주히 움직였다.

7월 30일 각 신문에는 '천황붕어(天皇崩御)'라는 큰 활자와 함께 '애사(哀辭)'가 게재되었고, 모든 지면은 천황과 관련된 기사로 메워졌다. 천황 사후 오랫동안 신문에는 검은 부고 띠가 둘러졌다. 효고 현(兵庫縣) 후세무라(布施村)의 고등소학교를 졸업하고 농사일을 도우면서 수험 공부를 하던 소년 오니시 고이치(大西伍一)는 일기에 "아아, 운명의 신은 결국 우러러보고 경외하는 대군(大君)을 모시고 간 걸까. 운명이라지만 너무나 갑작스러워 덧없고 무상하다. 그저 무슨 말을 할지 모르겠다. 남몰래 눈물 흘리며 슬퍼하노라"(『生意気少年日記』, 1912년 7월 30일)고 말하고 있다. 천황의 장례식 동안 학교에는 휴교령이 내려졌다. 신문에서는 상복을 입은 사람들과 축하를 자숙하는 분위기를 보도했다.

노기(乃木)의 순사(殉死)

이런 분위기에서 전 육군대장인 노기 마레스케(乃木希典) 부부는 천황의 장례식 당일인 9월 13일 함께 순사(殉死)했다. 신문에서는 그 모습을 숭앙하는 논조로 보도했는데, 오니시 소년도 충격을 받은 나머지 봉도문(奉悼文)을 작성했다. 또 에비나 단조(海老名弾正)는 "대장의

죽음은 국민의 게으름을 깨우쳤다"(海老名弾正,「乃木大将の死を論ず」, 『新人』, 1912년 10월 1일)고 말했고, 나쓰메 소세키(夏目漱石)는 1914년「마음(心)」이라는 작품에서 "메이지의 정신이 천황에서 시작하여 천황으로 끝났다"는 작중 인물의 발언을 통해 순사의 마음을 묘사했다.

당시의 분위기는 대체적으로 노기의 인품을 칭찬하면서도 '순사'에는 당혹감을 보이는 상황이었지만, 젊은 세대를 중심으로 냉정한 심정도 보였다. 예를 들면 시라카바파(白樺派) 청년들은 냉담했는데, 29세의 청년 시가 나오야(志賀直哉)는 그의 일기에서 "바보 같은 놈이다"고 말했다. 또 기류 유유(桐生悠々)는 "자살 혹은 순사는 봉건의 유습"이라는 관점에서 노기를 비판했고(「陋習打破論」,〈信濃毎日新聞〉, 1912년 9월 19-21일), 정치학자 우키타 카즈타미(浮田和民)는 '일본 국민'에 대해 '세계'로 눈을 돌려야 한다고 충고했다(「乃木大将の殉死を論ずる」,『太陽』, 1912년 11월).

천황과 뒤이은 노기의 죽음은 역사의 분절점으로 느끼는 의식과 더불어 '국민'으로서의 자신의 모습을 점검하는 소재가 되었다. '옛 사상'에 대한 신사상과 '세계의 여론'을 참조하는 새로운 감각과 의식이 주장되었다.

2개 사단 증설 문제

이런 와중에서도 '제국'의 정치와 사회에 관련된 지각변동은 멈추지 않았다. 러일전쟁 이전부터 정권은 가쓰라 타로(桂太郎) 내각과 사이온지 킨모치(西園寺公望) 내각이 '정의투합(情意投合)' 하여 서로 내각을 담당하는 이른바 게이엔(桂園) 내각 시대를 열었다. 번벌과 정당이라는 두 세력이 타협과 대항을 내포하면서 정권을 교대했지만, 1912년 12월 5일 제2차 사이온지 내각이 2개 사단 증설 문제로 무너지는 사태가 일어났다. 육군은 중국 침략을 노리며 조선에 주둔하는 사단의 증설을 요구했는데, 사이온지 내각은 재정상의 이유를 들어 요구를 거부했다. 이에 반발한 육군상 우에하라 유사쿠(上原勇作)는 사표를 제출했고, 후임을 결정하지 못한 내각은 결국 총사직했다. 육해군 대신은 현역 무관으로 임용할 수밖에 없었는데 사이온지 내각은 대립한 육군에 의해 무너졌다고 말할 수 있다.

하라는 1912년 11월 16일 가쓰라 타로에게 "이번 사단 증설 문제는 도저히 그 내용을 알 수 없다. 세간에서는 큰 소동을 불러일으켰지만, 우에하라는 우리 내각에 한마디도 하지 않았다……. 그렇게 큰 문제로 생각하지 않는다. 어떻게든 해결 방법이 있을 것이다"라고 말했다. 그러나 일련의 사태는 군부가 정치 세력으로서 독자적인 힘을 지니기 시작했음을 말해준다.

제1차 호헌운동

사람들은 12월 21일 난항 끝에 후계 내각으로 성립한 제3차 가쓰라 내각에 반발했다. 육군과 조슈벌(長州閥)이 2개 사단 증설을 무리하게 요구하여 사이온지 내각을 무너뜨린 것으로 받아들여졌기 때문이다.

이미 11월 하순에는 도쿄상업회의소가 사단 증설 반대를 주창하면서 전국의 상업회의소를 배경으로 증사반대실업단(増師反対実業団)을 결성했다. 또 12월 19일 가부키자(歌舞伎座)에서 열린 제1회 헌정옹호대회에는 오자키 유키오(尾崎行雄, 정우회)와 이누카이 쓰요시(犬養毅, 국민당)가 출석했다. 여기에는 3천 명 이상의 군중이 모였고 개회에 앞서 살기가 이미 회당에 가득 차 있는 상황이었다(《東京朝日新聞》, 1912년 12월 20일). 이들은 1910년에 결성된 입헌국민당(立憲国民党)을 중심으로 정우회(政友会)와 상업회의소도 가세하여 12월 27일 헌법옹호연합회를 결성하고 각종 연설회와 대회를 개최했다. 이후 그 기세는 더욱 강화되었다.

정당과 함께 신문기자 등 저널리즘이 '벌족 타도, 헌정옹호'를 내세우며 번벌 비판을 전개했다. 『중앙공론』은 「헌정옹호, 벌족타파운동과 세계의 변동」(1913년 2월)을 특집으로 게재했다. 제1차 호헌운동으로 불리는 반(反) 가쓰라 타로 내각 운동은 도쿄만이 아니라 오사카, 나고야를 비롯해 일본 각 지역에서 전개되었다.

의회와 소요

가쓰라 내각에서의 제30회 제국의회는 12월 24일에 소집되어 관례에 따라 바로 휴회한 다음 1월 12일에 재개되었다. 이에 맞추어 가쓰라는 1913년 1월 20일 신당(이후 입헌동지회) 결성을 공표했다. 가쓰라도 정당 결성의 필요성을 인정했고, 국민당에서 신당으로 옮긴 사람도 있었다.

공방 속에서 1월 21일 본회의는 열리지 못하고 정회는 다시 15일간 연장되었다. 재개 후인 2월 5일 가쓰라의 시정방침연설 직후, 정우회의 모토다 하지메(元田肇)와 오자키 유키오가 각각 등단했다. 오자키는 가쓰라 내각에 대해 "그들은 항상 입을 열면 곧바로 충애(忠愛)를 주창하여 마치 충군애국(忠君愛國)이 자신들의 전매인 양 말하지만, 실제 행동을 보면 언제나 옥좌의 그늘에 숨어 정적을 저격하는 거동을 자행하고 있다"며 내각탄핵 긴급동의를 제출했다. 그는 가쓰라가 천황의 조칙을 비입헌적인 태도로 이용하는 이른바 우정공작(優詔工作)을 추궁한 것이다.

그러나 가쓰라는 의회를 2월 9일까지 정회하고 우정공작을 계속했다. 이에 대해 하라는 "가쓰라가 성지(聖旨)를 받들어 의회를 누르고 사이온지를 독살하려는 것이다. 헌정상 용서할 수 없는 일로 당원이 크게 격분했다"(『日記』, 1913년 2월 9일)고 말했다. 9일 료코쿠(兩國)의 국기원에서 개최된 제3회 헌정옹호대회에는 군중 1만 명이 모였다.

정회가 끝난 다음 날인 2월 10일 히비야에 있던 의회 주변에는 이른 아침부터 사람들이 모여들어 가슴에 백장미를 꽂고 등원하는 헌정옹호파 의원을 맞이했다. 1913년 2월 11일자 〈요로즈초호〉는 2월 10일을 '정계의 세키가하라(関ヶ原), 위급 존망의 하루'라고 규정하면서 당시 상황을 다음과 같이 전했다. 의회 부근과 히비야공원에는 '국가의 대사를 걱정하는 많은 군집'이 모여 사람들은 '함성'을 올리며 국민당 의원에게 "만세, 만세"를 외쳤다. 가쓰라 측에 가세한 의원인 '관료파'를 발견하고는 인력거에서 그들을 끌어내렸다. 기마경찰이 돌진하자 군중은 돌을 던지며 대항했다. '큰 소동'이 의사당을 배경으로 전개되어 난폭과 행패는 마치 예전의 히비야 사건과도 같은 양상이었다. 이러한 혼란 속에서 가쓰라는 또다시 의회를 3일간 정회하려 했지만, 그

▶사진 1-4. 헌정옹호를 내걸고 중의원 문앞에 몰려든 군중(1913년 2월 5일).

소식이 전해져 사람들은 백장미를 꽂고 의원을 맞이하면서 소요를 일으키게 되었다.

의회 주변에 있던 사람들은 '미야코신문은 관료 신문이다'라며 근처 사옥으로 몰려갔다. 사내로 들어가 책상과 의자부터 전화기까지 파괴하면서 불을 질렀다. 더욱이 고쿠민신문사(國民新聞社), 호치신문사(報知新聞社), 야마토신문사(やまと新聞社), 요미우리신문사(読売新聞社), 니로쿠신보사(二六新報社)를 습격하여 유리창을 깨고 내부를 부수며 환성을 질렀다. 그리고 파출소 여러 곳과 전차를 넘어뜨리고 돌을 던져 부수고 불을 질렀다. 파괴 및 방화된 파출소 86곳, 불탄 전차 26대, 사상자 53명이라는 큰 소요가 되었다.

소요는 도쿄만이 아니라 오사카, 고베에서도 일어났다. 도쿄의 기소자 내역은 직인, 점원, 직공 등이 많았다. 소요의 주체가 여기서도 '잡업층'이라는 것을 보여주고 있다(표 1-1). 더불어 기소자 중에는 학생도 눈에 띄는데, 이는 세대라는 요소도 작용하고 있음을 말한다.

다이쇼정변

가쓰라는 정회와 동시에 사직을 결의했지만, 정우회 간부였던 하라 타카시는 "만일 지금 사직하지 않는다면 거의 혁명적 소동이 일어날지도 모른다"(『日記』, 1913년 2월 10일)고 말했다. 그래서 1913년 2월 11

일 가쓰라 내각은 총사직했다. 이를 '다이쇼정변'이라 부른다. 정계의 지각변동은 정당의 힘이 작용하여 결국 정권을 무너뜨리기에 이르렀다.

하라는 2월 13일부터 19일까지 일기를 한꺼번에 쓰면서 "며칠 동안 매우 분주하여 각서도 정리할 여유가 없었다……. 하기야 대체로 내각 조직을 둘러싸고 극도로 혼잡했다"고 말했다. 제3차 가쓰라 내각은 53일간이라는 단명 내각으로 끝났고 가쓰라도 머지않아 죽었다. 한편 가쓰라 신당은 1913년 말 입헌동지회로 실현되었는데, 비로소 정우회에 대항하는 정당이 출현하게 되었다.

가쓰라 타로의 후속 내각은 사쓰마파(薩摩派)의 해군대장인 야마모토 곤베에(山本權兵衛)가 뒤를 이어 정우회가 협력하는 형태를 취했다. 야마모토 내각은 행정정리와 더불어 문관임용령의 개정, 육해군대신 무관현역제의 완화에 착수했다. 일련의 정책은 번벌의 힘을 약화시켰지만, 이는 하라에 따르면 '국내의 여론을 완화하는 요건'(『日記』, 1913년 3월 6일)이었다. 문관의 자유 임용 범위를 확대하고, 육군상과 해군상의 임용 자격을 현역대장과 중장에서 예비역, 후비역(後備役) 대장, 중장까지 확대한 것은 정당의 행동을 확대시켜 번벌 세력의 방벽을 해체하기 위한 것이었다.

시멘스사건

그러나 오자키 유키오 등 24인은 '벌족(閥族)과의 악수'를 꺼려 정우회를 탈당하고 정우구락부(이후 중정회)를 결성했다. 또 국민당도 정우회와의 제휴를 단절했다. 오자키, 이누카이 등은 1913년 3월 12일 의원, 실업가, 신문기자 등 150명과 함께 헌정옹호회를 결성하여 '헌정옹호'라는 기치 아래 비판적 활동을 시작했다. 헌정옹호회는 동시에 직물소비세, 영업세, 통행세의 폐지를 요구하는 세금폐지운동을 1914년 1월부터 전개했다. 2월 2일의 임시총회에서는 "조슈 번벌 타파와 동일한 정신에 따라 사쓰마 번벌의 근절을 기하고 해군의 오랜 폐단을 제거한다"(《東京朝日新聞》, 1914년 2월 3일)며 야마모토 내각을 사쓰마 번벌로서 비판했다.

1914년 벽두부터 야마모토 내각은 생각지 못한 사태에 직면했다. 독일의 시멘스사와 영국의 빗커스사가 일본 해군사관에게 '커미션'으로 제공한 뇌물을 받은 일이 신문에 보도되어 미쓰이(三井)도 관련된 대규모 부패 사건으로 발전되었다. 시마다 사부로(島田三郎, 동지회) 등은 예산위원회에서 이를 추궁했고, 야당인 동지회, 국민당, 중정회는 내각탄핵결의안을 제출했다.

2월 초부터 연일 이 사건을 비판하는 연설회와 대회가 열렸고 해군을 깨끗하게 만들자는 해군확청대연설대회가 열렸다. 2월 10일 히비야공원에서 열린 내각탄핵국민대회에 모인 수만 명의 군중은 탄핵결의안의 부결 소식을 듣고 의회로 나아가 경관대와 충돌했다. 정우회 본부와 정우회 계열의 중앙 신문사도 포위되는 소요가 다시 발생했다. 이러한 배경 위에서 야마모토 내각은 3월 하순 총사직했다.

지방의 지각변동

이러한 일련의 움직임은 구 중간층인 단나슈를 중심으로 전개되었지만, 지역에서는 호헌운동의 움직임 속에 항상 존재하는 조직으로서 '시민적 정치결사'가 있었다. 이에 대해서는 후술하겠지만(제2장 제3절), 시사적인 문제가 정국에 파급하여 도쿄만이 아니라 광범위한 사회변동이 일어나고 있음을 예견할 수 있다.

도야마 시(富山市)에서는 도야마신문사의 주최로 1914년 2월 5일 '세금폐지문제 제1회 현민대회'가 개최되었다. 여기에는 천 명이 넘는 군중이 모였고 신문기자를 중심으로 강연과 연설이 이루어졌다. '멸세(滅稅) 계획'을 방치하는 정부를 비판하면서 '악세인 영업세의 철폐'를 도모하고, '해군의 부패는 저번 시멘스사건의 폭로를 통해 그 내용이 명확해졌다'고 말했다. 그리고 '국민'과 함께 '국가의 위신'을 지킬 수 있는 3항목을 '결의문'으로 채택했다(《富山新聞》, 1914년 2월 6일). 지역 의원인 혼다 쓰네유키(本田恒之)를 초청하여 상연하는 한편, '결의'에 따르지 않는 의원에게는 투표하지 말 것을 강조했다.

다이쇼 데모크라시는 이러한 커다란 변동을 형성시키면서 새로운 세대와 연동한 움직임이었다. 『중앙공론』 1914년 4월호는 '민중의 세력을 통해 시국을 해결하려는 풍조를 논한다'는 소특집을 게재했다. 여기에는 우키타 카즈타미, 하야시 키로쿠(林毅陸), 나가이 류타로(永井柳太郎), 요시노 사쿠조가 기고했다. 지각의 변동을 촉진한 '국민' 즉 '민중'의 대두는 정치에 국한되지 않는 사상의 문제이기도 했다.

4. 민본주의의 주장

신조어 민본주의

경제학자인 가와카미 하지메(河上肇)가 "요즘 끊임없이 민본주의라는 말을 듣는다"(「民本主義とは何ぞの」,『東方時論』)고 말한 것은 1917년 10월이었다. 다이쇼 데모크라시 시기 초기의 사상적인 화두는 '민본주의'였다. 민본주의는 '입헌'과 '헌정' 등의 말과 함께 데모크라시를 고찰한 '신조어'로 사용되었다.

이 말을 처음으로 사용한 사람은 신문기자로 나중에 잡지 『제3제국(第三帝国)』을 주재한 가야하라 카잔이었다. 그러나 민본주의는 사람마다 다양하게 사용되었다. 가와카미도 말한 것처럼 민본주의는 때에 따라 그 내용이 아주 달라 분명한 정의가 내려지지 않았다. 민본주의에 대해서는 가야하라 카잔을 비롯해 우에하라 에쓰지로(植原悦二郎), 무로부세 코신(室伏高信) 등 많은 사람들이 논했지만, 그 대표적인 사람은 요시노 사쿠조이다.

요시노 사쿠조의 민본주의

요시노는 1916년 1월 『중앙공론』에 발표한 논문 「헌정의 본의를 설명하여 그 유종의 미를 거두는 길을 논한다」를 통해 민본주의의 사고방식을 정리했다. 이 논문은 잡지 논문이지만 100쪽이 넘는 대작이다. 여기에서 요시다는 정치의 목적과 방침의 결정, 정치제도와 그 운용을 논의의 중심에 두었고, 유럽을 중심으로 한 각국의 역사와 현상에 관한 사례를 많이 소개하면서 민본주의론을 전개했다. 성숙한 '국민'의 존재, 즉 '국민의 교양'을 전제로 '입헌정치'라는 '헌법에 의거한 정치'에 대해 논하고, 그 입헌정치의 근본에 민본주의를 두었다. 요시노는 민본주의에 대해 '일반 민중의 이익과 행복 그리고 그 의향(意嚮)에 중점을 두는 정치운용상의 방침'이라고 정의했다.

요시노는 민본주의를 데모크라시의 번역어로 삼았다. 당시 데모크라시에는 '민주주의'라는 또 하나의 번역어가 있었다. 이 뜻은 '국민의 주권은 인민에게 있다'는 것으로 군주국 일본에 어울리지 않는다며 배척당했다. 요시노는 민본주의를 주권의 존재가 아니라 주권 운용의 개념으로 받아들였다. 정치의 목적을 '일반 인민의 이복(利福)'에 두었고, 정책의 결정은 '일반 인민의 의향'에 따르는 것이라 말했다. '주권'은 천황에 있다는 것을 전제로 '인민을 위한' 정치, '인민의 의향'을 중시하는 정치로서 민본주의를 제창한 것이다.

이러한 점에서 요시노는 '국민'을 소외하는 추밀원과 귀족원, 번벌과 원로의 존재, '초연주의(超然主義)'에 의거한 내각을 비판했다. 봉건적이고 전제적인 예전의 체제와 세력을 '헌정' 즉 민본주의의 이념으로 개혁하고 자유주의적인 개혁으로 대치시켜 정당정치의 실현,

선거권의 확장, 하원인 중의원의 중시 등을 주장했다. 요시노의 민본주의는 '봉건시대에 오랫동안 만들어진 사상과 인습'이 여전히 제도로서 '잔존'하고 있다는 인식, 즉 낡은 번벌과의 대결의 위상에서 리얼리티를 갖고 있었다.

'국민' '인민' '민중' 등 표현방식은 각자 달랐다. 그러나 요시노는 데모크라시의 단위를 '국민'으로 삼았고, 제도의 운용이라는 점에서 데모크라시를 파악했다. 선거 한 표는 '국가의 운명'과 관련되는 것으로 '투표는 국가를 위해' 하는 것이고, '국민'의 육성을 도모하여 더 좋은 국민국가의 운영으로서의 데모크라시를 주장했다. 요컨대 민본주의는 '국민'을 기점으로 삼아 대일본제국헌법의 운용을 통해 정치와 사회의 개량을 도모하는 논의라고 말할 수 있다.

변화하는 요시노

민본주의의 배경에는 지금까지 살펴본 것처럼 러일전쟁 이후 '국민' 혹은 '민중'의 등장이 있었지만, 요시노는 실제로 러일전쟁에는 동조적이었고 때로는 우민관(愚民觀)도 엿보인다. 또 후술하는 바와 같이 중국에 강요한 침략적인 21개조 요구도 지지했다.

그러나 요시노는 1916년 『중앙공론』에 중국 혁명을 지지하고, 일본의 중국 정책을 비판한 「중국외교근본책의 결정에 관한 일본 정객의 혼미(対支外交根本策の決定に関する日本政客の昏迷)」(3월)와 식민지 통치의 헌병정치를 비판한 「만한을 시찰하고(満韓の視察して)」(6월)를 공표했다. 중국과 조선의 주장(내셔널리즘)에 주목하면서 대외적으로

도 강압적이고 자유를 억압하는 군벌 주도의 정책을 비판했다. 요시노의 민본주의 논의는 이후에도 정세의 변화와 더불어 수정되었다.

국내 문제와 더불어 대외적으로도 예전의 제도와 강압적인 사상 그리고 벌족에 대한 비판을 통해 요시노의 민본주의를 엿볼 수 있다. 이러한 민본주의의 배경에는 제1차 세계대전의 개시라는 영향과 제2인터내셔널의 활동이라는 세계적인 동향을 무시할 수 없다.

천황기관설 논쟁

요시노의 민본주의에 반론을 제기하여 저항한 자가 헌법학자 우에스기 신키치(上杉愼吉)라는 것도 이를 뒷받침하고 있다. 우에스기는 이미 1912년에 헌법학자인 미노베 타쓰키치(美濃部達吉)와 이른바 천황기관설 논쟁을 전개한 인물이다. 미노베가 주창한 천황기관설은 국가는 헌법상의 인격을 갖고 법인으로서의 국가가 주권의 주체가 되며 천황은 국가의 최고 기관이 된다는 학설로서, 일종의 자유주의적인 헌법 해석이었다(『憲法講話』). 이러한 학설에 대해 우에스기는 천황에 의한 통치를 이론상 배척하는 것으로 비판했기 때문에(「国体に関する異説」, 『太陽』, 1912년 6월) 미노베와의 사이에 논쟁이 있었다.

우에스기와 미노베는 모두 대일본제국헌법을 전제로 삼았지만, 우에스기는 '제국 국체'에 초점을 맞추어 천황 주권을 논했다. 이에 반해 미노베는 통치권의 운용에서 입헌제의 길을 추구하여 번벌정부나 정당정치에 정반대의 태도를 취했다. 우에스기는 요시노의 주요 논적이었다. 또 우에하라 에쓰지로 등 다른 민본주의자도 우에스기를 비판했다.

요시노 비판과 민본주의의 조류

요시노의 민본주의는 가끔 주권론이 결락되었다는 비판을 받는다. 같은 민본주의자들도 요시노의 논문「헌정의 정의(憲政の本意)」에 많은 비판을 가했다. 가야하라 카잔은 '데모크라시를 나누어 사용하는 요시노 박사'(『洪水以後』, 1916년 2월 1일)라고 말했고, '데모크라시'는 '인민의 지배'라는 말한 무로부세 코신은 요시노가 데모크라시의 의미를 좁게 해석했다며 철저하지 못한 논의를 비판했다(「代議政治を論じて吉野博士に質す」, 『雄弁』, 1916년 3월).

그러나 요시노는 원칙적이라기보다 선거권 확장과 언론의 자유를 포함한 사회적인 자유에 논의의 비중을 두면서 현실적이고 실효적인 것을 제안했다. 언뜻 보기에 타협적으로 보이지만 제도 변혁을 요구하고 '구시대의 유물인 이른바 특권계급'을 '민권의 발달'이라는 관점에서 비판했다. 그는 '일반 인민'이라는 정치상의 주체를 추출하고 지속적으로 논의를 제기한 점에 그 자질을 발견할 수 있다.

민본주의는 다양하고 폭넓은 조류를 가졌다. 가야하라 카잔이 주간한 잡지『제3제국』에는 우에하라 에쓰지로와 이누카이 쓰요시, 오자키 유키오 등 구제도를 비판하는 논객들이 기고했다.『중앙공론』의 단골 논객이었던 다가와 다이키치로와『동양경제신문』을 거점으로 활약한 미우라 테쓰타로(三浦銕太郎) 등도 논의에 참여하여 민본주의를 고취시켰다.『제3제국』의 투고란「청년의 외침(青年の叫び)」에는 지역 청년들이 투고했다. 예를 들면 후쿠오카(福岡)의 우에카와 리헤이(上川利平)는 보통선거를 요구하면서 "그들(노동자)에게 가장 큰 권리인 보통선거권을 부여하여 그들을 인간답게 만들어야 한다. 그들의 혈관에도 우리와 똑같은 혈구로 움직이게 만들어야 한다"(「勞動者に与えよ」, 1915년 1월 15일)며 보통선거를 통한 현실 개혁을 논의했다. 민본주의는 중앙의 일부 사상가에게만 머물지 않았다. 지역적으로 확대되었고 특히 젊은 세대가 적극적으로 참가했다.

또 『동양경제신문』을 무대로 전개된 이시바시 탄잔(石橋湛山)의 논의도 국가의 발전을 도모한다는 입장에서 현실을 비판했다. 문학 분야에서도 『시라카바(白樺)』, 『반향(反響)』 등에 모인 청년들을 중심으로 각자의 입장에서 억압적인 체제를 비판했다. 1910년 4월 『시라카바』의 창간호는 '서로 허용되는 범위에서 자유롭게 자기 것을 게재하겠다'며 기존 사상으로부터의 탈피를 선언했다.

입헌주의와 제국주의

그러나 민본주의를 둘러싼 논의는 제국의 근간을 뒤흔들 정도까지 이루어지지 못했다. 대일본제국헌법이라는 커다란 장벽과 제국 의식이 이를 가로막았다.

원래부터 민본주의의 기초인 입헌주의의 출발점은 '안으로는 입헌주의, 밖으로는 제국주의'를 주창함에 있었다. 민권론과 국권론, 자유주의와 국권주의를 결합시키고 쌍방을 통한 '국가의 융성'을 유지하겠다는 주장이었다(高田早苗, 「帝国主義を採用するの得失如何」, 『太陽』,

1903년 6월). 또 우키타 카즈타미는 '과거의 제국주의'와 구별하여 '현재의 제국주의'에는 '많은 이론적 요소'가 존재한다고 말했다. 그리고 그것은 '군사적'이 아니라 '국민의 경제적 요구'에 있다며 경제적 팽창주의를 용인했다(『帝国主義と教育』, 1901년). 이는 '국민'을 주체로 한 입헌주의의 관점에서의 개혁을 주창하는 것이며 동시에 제국주의를 다시 정의하여 무력 침략이 아니라 경제적인 팽창을 일컫는 것이다. 우키타는 '윤리'를 지닌 것으로서 경제적인 제국주의를 긍정한 것이다.

제국주의를 용인하는 입헌주의와 민본주의의 시각에서는 팽창주의를 막기 어려웠다.

미우라 테쓰타로의 소일본주의

이러한 관점에서 팽창주의에 강하게 도전한 자는 미우라 테쓰타로(三浦銕太朗)였다. 미우라는 『동양경제신문』에 「대일본주의인가 소일본주의인가(大日本主義乎小日本主義乎)」(1913년 4월 15일~6월 15일)와 「만주 포기인가 군비 확충인가(滿洲放棄乎軍備拡張乎)」(1913년 1월 5일~3월 15일)를 기고하여 '대일본주의'는 '영토 확장과 보호 정책'에 의한 것으로 규정했고, '소일본주의'는 이에 반대하여 '내치의 개선, 개인의 자유와 활동력의 증진'을 수단으로 하는 것이라고 말했다.

미우라는 재정상의 숫자를 통해 '대일본주의'의 '화근'을 지적하면서 타이완, 조선, 사할린, 그리고 조차지인 관동주를 영유하는 것은 '민족적인 대낭비'라고 호소했다. 또 그는 금전적 부담에 그치지 않고, '군벌의 발호' '군인 정치의 출현' '군인 구가(謳歌)의 감정'을 그 '화근'

으로 제시하여 '대일본주의의 대환영(大幻影)'을 철저히 비판했다. '일본'의 현상을 우려한 비판이자 좋은 국민국가를 추구하기 위한 '대일본주의' 비판이었다.

미우라의 논의에 대해 나카노 세이고(中野正剛)는 「대국적 대국민 인물(大国的大国民人物)」(『日本及日本人』, 1913년 11월)에서 "국가로서는 대국을 건설해야 하고, 국민으로서는 대국민을 이루어야 한다"고 반발했다. 그러나 『동양경제신문』은 경제적인 합리주의의 입장에서 '소일본주의'를 주장하여 식민지 영유에 의문을 나타냈고 군비 확장에도 반대한다고 주장했다.

일반적인 독자를 상대로 하는 『태양(太陽)』과 『중앙공론』 등이 사람들의 동향에 좌우되어 논조가 분명하지 않을 때, 소규모 잡지인 『동양경제신문』은 비판적인 민본주의자의 입장을 명확히 밝힘으로써 민본주의의 래디컬리즘(Radicalism)을 관철시켰다. 이후에도 『동양경제신문』은 이시바시 탄잔 등을 통해 선거권 확대와 보통선거제도의 채용, 나아가 식민지의 포기를 주장하는 등 민본주의의 가장 급진적인 논의를 전개했다.

대역사건과 '겨울 시대'

민본주의의 역사적 위상을 고찰하기 위해서는 또 하나의 비판적 언론인 사회주의와의 관계도 언급할 필요가 있다.

사회주의자들은 1910년 이후 대역사건에 의해 공식적인 활동을 금지당하고 이른바 사회주의의 '겨울 시대'에 접어들었다. 대역사건은 사회주의자인 미야시타 타키치(宮下太吉) 등이 폭탄을 제조한 것과 우치야마 구도(內山愚童)가 다이너마이트를 소지한 것을 '메이지천황 암살'이라는 용의로 날조하여 사회주의자를 한꺼번에 탄압하려고 획책한 사건이었다. 천황 암살은 물론 폭탄 제조에 관여하지 않았던 사회주의자들이 체포되어 고토쿠 슈스이, 간노 스가(管野すが) 등 24명이 대역죄로 사형 판결을 받았고, 1911년 1월 12명에게 사형이 집행되었다. 사법관료인 히라누마 키이치로(平沼騏一郞) 등이 날조한 대역사건을 계기로 사회주의 운동은 급속히 얼어붙었다. 그때까지 공감을 품었던 사람들도 충격을 받아 사회주의와 거리를 두게 되었다. 사회주의자는 그때까지도 미행으로 인해 모든 행동이 감시당했는데, 대역사건 이후에는 더욱 심해졌다. 도쿠토미 로카(德富蘆花)처럼 「모반론(謀叛論)」을 발표하여 용감하게 정부를 비판한 사람도 있었지만, 대부분의 사람들은 공공연한 활동을 전개할 수 없었다.

살아남은 사회주의자인 사카이 토시히코(堺利彦)는 1910년 12월

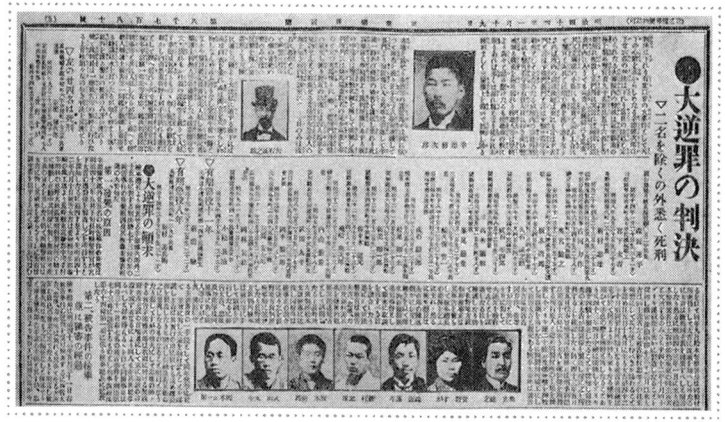

▶사진 1-5. 고토쿠 슈스이 이하 24명에게 사형, 2명에게 유기형이라는 대심원 판결을 보도한 〈도쿄아사히신문〉(1911년 1월 19일).

바이분샤(売文社)의 경영을 통해 겨우 생계를 연명하면서 1914년 1월 풍자글로 가득한 기관지 『수세미 꽃(へちまの花)』을 간행했다. 또 오스기 사카에, 아라하타 칸손(荒畑寒村) 등은 1912년 10월 『근대사상』을 발행하여 재기를 도모했다. 이는 모두 사회주의자의 결속을 유지하기 위한 시도였다. 사회주의자들에게 자금을 제공하고 자신도 직접 운동에 참여했던 의사 가토 토키지로(加藤時次郎)는, 1912년 도쿄 신바시(新橋)에 실비진료소(이후 평민병원)를 설립하여 저렴한 가격으로 의료를 실시함으로써 '중등 빈민'을 구제했다.

당시 상황은 각각 온도의 차이는 있었지만 전술의 변화가 요청되었다. 이에 대해 사카이 토시히코는 "일본의 사회주의 운동은 지금 정말로 어려운 상황에 직면했다. 따라서 모든 사회주의자들은 잠시 본성을 숨길 필요가 있다"(「大杉君と僕」, 『近代思想』, 1913년 10월)고 지적했다.

이러한 가운데 1915년 3월 총선거에 문학자인 바바 코초(馬場孤蝶)가 '선거권의 대확장'과 '군비 축소' 등을 내걸고 입후보했을 때, 바이분샤의 야스나리 사다오(安成貞雄)는 그의 선거 사무를 전담했다. 사회주의자와 민본주의자의 '공동 전선'이 실천된 것이다(松尾尊兊, 『大正デモクラシー』). 또 바이분샤에는 민본주의자도 다방면에 걸쳐 관여했고, 『근대사상』은 『시라카바』에 친근감을 보였다. 민본주의자와 사회주의자는 단절된 것이 아니었다.

그러나 사회주의자가 전개한 제국주의 비판은 앞에서도 지적한 것처럼 민본주의자에게는 아주 곤란한 문제였다. 예전에는 '애국심'과 '군국주의'에 초점을 맞추어 '제국주의'를 비판한 고토쿠 슈스이의 『제국주의(帝国主義)』(1901년)의 출판을 비롯해, 평민사의 활동과 주간지

〈평민신문〉 등 기관지를 통해 팽창주의와 전쟁에 대한 비판이 활발히 전개되었다. 그러나 사회주의가 탄압으로 인해 위축되었을 때, 제국주의에 대한 비판은 급속히 쇠퇴할 수밖에 없었다.

민본주의의 역사적인 평가가 엇갈리는 것은 국내적으로는 자유주의를 주장했지만, 그것이 국권주의와 결부되어 대외적으로는 식민지 영유와 팽창주의 등을 용인하여 제국과는 확실히 다른 태도를 보이기 어려웠기 때문이다. 이러한 측면에서 민본주의는 일국의 데모크라시라고 말할 수 있지만, 그것이야말로 바로 제국의 데모크라시의 모습이기도 하다. 요시노 사쿠조와 특히 『동양경제신문』 그룹은 이후에도 일국 데모크라시의 임계(臨界)까지의 논의를 제공하게 되었다.

5. '신여성'의 등장

『청탑(青鞜)』의 여성들

히라쓰카 라이테우(平塚らいてう)는 1911년 9월 잡지 『청탑』 창간호에 게재한 평론에서 "원래 여성은 실로 태양이었다. 진정한 사람이었다. 지금 여성은 달이다. 다른 것에 의해 살아간다. 다른 빛에 의해 빛난다. 마치 병자처럼 창백한 얼굴의 달이다"(「元始女性は太陽であった」)라고 말했다. 기존의 고문을 모방한 글과는 다른 문체와 형식으로 여성성을 선언했다. 『청탑』에 모인 여성들도 기존의 제도와 세력을 비판하기 시작했다. 『청탑』을 발행한 청탑사(青鞜社)는 '청탑사 개칙(概則)' 제1조에 '여류 문학의 발달'을 도모하고 '각자 천부의 특성을 발휘'시켜 훗날 '여류의 천재'를 만들어 내는 것을 목적으로 삼았다. 제5조에는 그 '목적'에 찬성한 여류 문학자와 이를 지향하는 '여성'은 '인종을 묻지 않고' 사원이 된다고 규정했다. 또 '남성'에 관해서는 목적 찬동자로 '사원이 존경할 수 있다고 인정되는 사람'에 한하여 '객원(客員)'

▶사진 1-6. 『청탑』에 모인 여성들. 오른쪽에서 두 번째가 히라쓰카 라이테우(1912년).

으로 삼았다. 20세기 초 제국의 지각변동은 여성들의 주체도 움직였다.

청탑사의 발기인은 나카노 하쓰네(中野初子, 도쿄), 야스모치 요시코(安持研子, 에히메), 기우치 테이코(木内錠子, 도쿄), 모즈메 키즈코(物集和子, 도쿄), 히라쓰카 하루코(平塚明子, らいてう, 도쿄)로 모즈메를 제외한 4명은 모두 일본여자대학교의 졸업생이었다. 『청탑』의 집필자는 150명 정도이고 사원은 90~100명 정도로 추측되는데, 관계자의 출생지는 찬조원을 포함하면 23개 부현에 달한다. 여기에는 고등교육을 받은 여성도 많았고, 자신을 표현하려는 의지를 지닌 여성들이 우선 '문학'이라는 형식을 통해 전국에서 모여들었다.

현모양처에 저항하여

『청탑』에 모인 여성들이 비판의 대상으로 염두에 둔 것은 '현모양처' 사상이었다. '현모양처'란 여성들을 '처'로서 사적인 영역인 가족에 속박시키고 장래의 국민을 낳아 기르는 '어머니'로서의 헌신적인 삶을 통해 국가(공)로 연결시켜 통합하겠다는 근대 사회의 규범이다. 히라쓰카 등은 현모양처 사상이 언뜻 보기에 여성의 역할을 인정하는 것처럼 보이지만, 실제로는 여성의 주체를 망가뜨려 남녀의 불평등과 부

자유를 만들어 내는 것으로 규정하고 이를 강력한 비판의 대상으로 삼 았다.

남성 사회에 저항하기 위해 히라쓰카 라이테우는 '나는 신여성이 다'라고 선언하고, 남성의 편의를 위해 만들어진 '낡은 도덕과 법률'을 '파괴'하자고 말했다(「新しい女性」, 『中央公論』, 1913년 1월). 또 다음 해 2월에는 간다(神田)의 그리스도교 청년회관에서 청탑사 제1회 공개 강연회로 '신여성' 강연회를 개최하여 천 명 가까운 청중이 모였다. 물론 이전에도 '신여성'이라는 말이 있었지만, 라이테우는 여성의 입장에서 남성이 말하는 '신여성'을 다시 정의하여 비판적인 개념으로 바꾸고 이를 여성들의 선언으로 삼았다. 당시 남성들의 반발은 강력하여 청탑사 여성들에 대한 중상과 야유가 이어졌다.

'나'의 실현으로

4년 6개월간 52권이 간행된 『청탑』에는 여성들이 많은 글을 게재하여 각자 자기를 주장하고 자기를 소외시키는 남성사회를 비판했다. 아라키 후미야(荒木郁)의 「편지(手紙)」(『青鞜』, 1912년 4월)는 불륜 관계를 그린 소설이지만, 연애에 자기실현을 추구했다. 이는 당시 발매금지 처분을 받았고, 이후에도 잡지는 세 번에 걸쳐 발매금지 처분을 받았다. 또 '개성'을 중시하여 '자기를 살리는 것'에 힘쓰겠다고 말한 이와노 키요코(岩野清子)는 '신구(新舊) 사상의 충돌'도 불사하겠다며 '가정을 저주'하고 '옛 도덕의 파괴'를 주장했다. 그리고 '자아'에 의지하고 충실한 '자아'를 위해 '개인주의'를 표방했다(「個人主義と家庭」, 『青

鞢』, 1914년 9월).

『청탑』에 게재된 작품은 다양한 형식과 문체를 통해 자기실현의 방책을 찾기 위해 가정과 삶의 방식의 이념을 서술하고 연애와 결혼, 이혼에 대해 언급했다. 그러나 많은 작품은 자기 체험을 고백하는 방식으로 내면을 드러냈고 고뇌나 생각을 표출했다. 소설에는 교사와 타이피스트 등 직업을 가진 여성들도 등장했다.

여성들이 추구한 것은 '나'의 실현이고, 남성과는 다른 가치관과 삶의 방식을 갖는 것이었다. 앞에 소개한 「원시 여성은 태양이었다」에서는 남성을 부러워하여 남성을 흉내 내고 같은 길을 '조금 늦게 걸어 나가려는 여성'의 모습은 참을 수 없다고 말했다. 이 때문에 그들은 결혼제도를 거절하고 가족제도를 비판함과 동시에 연애를 중시했다. 연애가 인간의 자연 감정으로서 자아 존중과 중첩되었고, 연애를 통해 '개인(個)'을 추구하려는 자세를 찾았다. 이는 사회와 세상의 '양속(良俗)'과 대립할 뿐 아니라, 이념으로서는 근대를 지탱한 남성화된 '국민'과는 다른 방식을 추구한 것이다. 또 남성과의 관계를 통한 여성이 아니라, 여성 스스로 자립의 논리를 찾고 성적인 관계를 축으로 한 자기 정립의 주장이었다.

이처럼 『청탑』은 여성의 성적인 존재를 출발점으로 삼아 다양한 관계성을 탐구하고 성별에 기초를 둔 역할 분담에 대해 의문을 표현했다.

'정조'와 '낙태'

청탑사는 1913년 9월 개칙을 개정하여 '여류 문학'에 역점을 둔 자세에 '여성의 각성'을 덧붙였다. 또 1914년 11월부터는 '풍습 타파'를 주장한 이토 노에(伊藤野枝)가 편집주간이 되어 『청탑』의 지면에도 변화가 나타났다. '정조' '낙태' '폐창(廢娼)'을 둘러싼 논쟁이 『청탑』 등을 무대로 전개되었다. '정조'와 '낙태'를 둘러싼 논쟁에 대해 약간 설명해 두겠다.

'정조' 논쟁의 발단은 이쿠타 하나요(生田花世)의 「먹는 것과 정조(食べることと貞操と)」(『反響』, 1914년 9월)였다. 이쿠타는 묻지도 않은 자기의 체험을 '고백'하면서 '여성의 독립'을 실천하려 노력할 때, '먹는 것과 정조와의 사실'에 직면한 것, 즉 '정조'를 생활의 수단으로 삼은 것을 시사했다. 이에 대해 야스다 사쓰키(安田皐月)는 맹렬히 반발했다. 이쿠타의 표현은 '정말로 각성한 여성의 외침이라고 생각할 수 없을 정도로 자기를 모멸한 말이다'라고 주장하고, 이는 결과적으로 '인간' '여성' '자기'를 매장하는 것이라며 강한 어조로 비판했다(「生きることと貞操と」, 『青鞜』, 1914년 11월). 이 논쟁에는 이토 노에도 참가하여 (「貞操についての雜感」, 『青鞜』, 1915년 2월) 이쿠타를 비판하면서 여성과 함께 남성의 '정조'도 문제 삼아야 한다고 주장했다.

더욱이 야스다 사쓰키가 집필한, 빈곤 때문에 '낙태'하게 된 여성을 주인공으로 한 창작(「獄中の女より男に」, 『青鞜』, 1915년 6월)에 대해 비판이 제기되었다. 이토 노에는 『청탑』 같은 호에서 야스다를 향해 '생명'을 담고 있는 것을 '낙태'하는 것에 의문을 제기했다(「私信」).

이토의 의문에 대해 히라쓰카 라이테우는 다시 자신의 체험을 기

반으로 '피임'에 대한 망설임을 고백하면서, '성(性)에 있어서의 부인의 생활, 즉 종족에 대한 부인의 천직'과 '개인으로서 자기 자신의 생활'과의 사이에서 생긴 '모순 충돌'을 지적했다. 히라쓰카의 입장에서 야스다와 이토는 여성성을 간과하여 '빈곤 즉 생활난'에만 문제를 수렴시키는 것처럼 보였던 것이다(「個人としての生活と性としての生活との間の爭鬪に就いて」).

『청탑』관계자들의 주장은 1920년『신여자(新女子)』를 창간한 조선인 여성들과도 연동되었다. 20세기 초 동아시아 여성들의 활동에는 공통점이 많다. 다만『청탑』에는 '민족'에 대한 언급이 없었고, 제국 여성으로서의 문제는 아직 일정에 거론되지 않았다.

이러한 과정에서『중앙공론』의 임시증간「부인문제호」(1913년 7월)가 간행되었고,『부인공론』(1916년 1월),『부인지우』(1917년 2월)가 각각 간행되었다.『부인지우』창간호는 120쪽 분량으로 1만 부를 발행했다. 경제적인 측면에 대한 언급과 더불어 가정생활의 합리화를 도모하고, 의식주에 걸친 실제적인 지식을 제공하여 여성들에게 '주부'로서의 주체화를 촉진시켰다(제5장 제2절).

신상 상담

물론 이러한 문제에 관여하지 않은 여성들이 수적으로 압도적이었다. 〈요미우리신문(讀売新聞)〉은 1914년 4월 3일부터「요미우리 부인부록(よみうり 婦人付祿)」을 게재하여 여성들을 격려하고 새로운 가정상을 '중류(中流)'라고 거듭 강조했다. 그중에서도「부인부록」에 다음

과 같은 '신상 상담'을 게재한 것이 눈에 띤다(1914년 5월 2일).

> 저는 어려서 혼약이 결정된 사람입니다만, 이전 다른 남성으로부터 키스를 당한 일이 있습니다. ……과연 키스는 예전부터 일본에서 말하는 의미로 몸을 더럽힌 것과 같은 것일까요? 만일 그렇다면 이렇게 더러워진 몸으로 순수한 약혼자와 결혼할 자격이 없을 것입니다. 이 때문에 평생 독신으로 보낼까 생각합니다만 어떻습니까? (下の園さゆり子, 1914년 9월 18일)

이에 대해 회답자는 '마음으로부터 허락해서' 키스한 것이 아닌 이상, '결코 몸을 더럽힌 것이 아니다'라고 말하면서 '마음'의 문제로 수습하려 했지만, 순결의 규범 그 자체를 바꾸지 않았다. 반대로 번민하는 상담자의 '처녀의 마음'을 평가하여 규범을 강조했다.

'신상 상담'은 여성들에게 상담을 통한 주체화를 촉구했다. 또 이 코너를 읽는 여성 독자들은 상담자와 회답자 간의 주고받는 말 속에서 그동안 당연시되어있던 자신을 구속하는 방식을 하나의 규범으로서 받아들이게 된다. 스스로를 얽매는 구조가 의심의 대상으로 논의됨으로써 상대화되는 것이다.

더욱이 여성들을 붙잡은 것은 이것만이 아니었다. 1901년 2월 오쿠무라 이오코(奧村五百子)가 설립한 애국부인회(愛国婦人会)는, 러일전쟁에 출정하는 부대의 송영을 비롯해 출정 가족 위문, 부상병과 전사자 유족 위문, 전병사자의 장례식 참석 이외에도 위문 보따리를 보내거나 금품을 기부했다. 이후에도 애국부인회의 활동은 계속되었는데, 각지에 애국부인회 지부가 결성되어 지역 명문가 여성들이 모여 활동했다. 이들은 조선에서의 의병운동 탄압을 위한 출병과 시베리아 출병 당시에도 위문 보따리를 보내는 등 풀뿌리 보수 국민의 조직화를 통한 활동을 전개했다. 국민의 한 사람으로서 남성을 보조하는 것이 여성의 역할이라는 조류도 크게 움직이기 시작했다.

'신여성'으로

그러나 '신여성'들에 대한 지지는 점차 확대되었다. 〈호쿠리쿠 타임즈(北陸タイムズ)〉(1914년 7월 29일)에 게재된 세키헤키 유우시오(赤壁夕潮)의 「신여성을 위하여(新しい女の為に)」는 '신여성'의 등장 이후 세월이 흘렀지만, 사회에는 아직도 '무지하고, 무이해하며, 무성찰하고 무익한 조소와 박해'가 끊이지 않고 있다고 비판했다. '신여성'들에 대한 무이해와 조소에 분개한 논평이었다. 그리고 세키헤키는 "시세(時勢)는 그들 극소수자를 각성시켰다. 자각한 소수의 신여성이 수백 년간 남성의 노예로 학대당한 것에서 벗어나 진정한 인간과 진정한 여성이 되도록 노력하고, 다수의 양성(兩性)을 향해 각성을 촉구하고 있다. 그것이 왜 나쁜 것인가"라며 전면적으로 '신여성'을 옹호했다. 식사 시중과 육아만을 위한 '인형'을 바라는 남성은 그 남성 자신이 바로 '인형'이라고 비판했다.

제2장 제1차 세계대전과 사회의 변용

칭나오(靑島) 함락을 축하하는 꽃전차 퍼레이드에는 많은 군중이 모였다(1914년 11월, 마이니치신문사).

1. 한국병합

타이완 지배

1912년 타이완을 기행한 '무언생(無言生)'은 '타이완이 여전히 내지인에게 알려지지 않은 것은 놀랄 만한 일이다'라고 개탄하는 한 편의 글을 남겼다. 그는 여기에서 도쿄에서는 '생번(세이반〔生蕃〕, 타이완 원주민을 차별적으로 부르던 말)'의 용맹함과 타이완의 말라리아나 이질 등의 두려움에 대해서는 언급하지만, 타이베이 시가지가 청결하여 냄새가 나지 않고, 하수가 잘 정비되어 장구벌레도 없다는 사실은 알리지 않는다는 것을 지적했다. 식민지 타이완의 상황이 비(非)문명으로서만 전해질 뿐, 문명의 측면이 무시된 것을 개탄한 기행문이었다(「台湾の啞旅行」, 『太陽』, 1912년 3월).

이 기행문은 청일전쟁 이후 타이완과 펑후 제도(澎湖諸島)를 식민지로 획득한 대일본제국이 의료와 교육 정책을 통해 '문명'을 가지고 들어와 근대 산업 육성 등의 수법을 통해 식민지의 통합을 도모한 것을 의도적으로 묘사한 것이다. 그러나 '무언생'은 이어서 "생번을 모두 없애고 타이완 전부를 우리나라의 대농원으로 만들 수 있는 날은 언제일까"라고 말했다.

타이완에서는 러일전쟁 이후에도 주민들이 식민지화에 저항하여 투쟁을 지속했다. 일본은 선주민의 저항

▶사진 2-1. 타이완의 일본인 경찰관과 현지인들. 주민에게 경찰은 일상적으로 접하는 식민지 권력이었다(도쿄대학 총합연구박물관 소장).

을 제압하기 위해 '이번(理蕃)사업 5개년 계획'(1909~1915년)을 입안했다. 철조망을 치고 지뢰를 부설하는 등 선주민의 거주지를 축소하는 한편, 강제 이주와 일본인 경찰관과의 결혼 장려 등 제압과 회유책을 통한 지배가 이루어졌다.

남사할린과 만주

또 일본은 러일전쟁을 통해 새롭게 남사할린을 식민지로 획득하고, '만주' 철도부설권을 인지시켜 식민지와 진출 지역을 확대시켰다. 사할린에서는 1905년 7월부터 사할린 민정장관이 통치한 이후 1907년 4월 사할린청이 설치되었다. 초대 장관에는 사할린수비대 사령관 구스노세 사치히코(楠瀬幸彦, 육군소장)가 겸무했다. 당초에는 내무대신의 지휘 감독 아래 놓였지만, 이후 조직의 정비와 함께 척무성 관할로 변경되었다. 사할린 장관은 초대 이외에는 모두 문관이었다. 사할린 '시정일'은 사할린 민정장관이 서해안 중부의 알렉산드롭스크

▶사진 2-2. '남사할린' 거리 도요하라(豊原)의 광경. 현재의 유즈노 사할린스크(Yuzhno-Sakhalinsk). 사할린청이 설치되고 구획 정리가 진행되었다(홋카이도대학 부속도서관 소장).

(Alexandrovsk)에 상륙하여 민정 시행의 단초를 연 8월 23일이었다(『樺太庁施政三十年史』上下).

당초 러시아인, 윌타(Uilta) 등 소수민족 406호, 1,990명에 불과했던 사할린의 인구는 30년을 거치면서 6만여 호, 33만여 명으로 대폭 증가했다. 이는 일본인의 이주에 따른 것이다. 사할린 주변은 세계 3대 어장의 하나이며 어류도 풍부했다. 울창한 삼림은 물론, 석탄과 유전 등 지하자원도 매장되어 이후 제지 펄프업이 번창했다(『樺太庁施政三十年史』上下).

'만주'에는 러일전쟁 이후 펑톈(奉天), 하얼빈, 창춘(長春) 등에 영사관을 개설한 다음, 요동반도 조차지를 관동주(關東州)로 삼아 1906년 9월 뤼순(旅順)에 관동도독부(關東都督府)를 설치했다. 도독에는 육군중장이나 대장을 임명하여 주둔군 사령관으로 겸무시켰지만, 이후 관동도독부의 권한은 축소되었다(하라 타카시 내각의 관제 개혁으로 1919년 4월 관동청으로 변경). 이후 장관에는 문관이 임명되었고 새롭게 관동군이 창설되었다.

또 일본은 1906년 11월 남만주철도주식회사(南満洲鉄道株式会社)를 설립하여 만주 경영에 본격적으로 나섰다. 초대 총재로는 고토 신페이(後藤新平)를 임명했다. 만철은 반관반민의 회사로 철도 사업 이외에 탄광과 제철소 경영 등 폭넓은 사업을 운영했고, 부속지의 행정권도 장악했다. '만주'에는 러일전쟁 이후부터 특히 제1차 세계대전을 거쳐 진출이 이루어졌는데, 그럼에도 불구하고 일본인의 거주 지역은 만철 부속지와 관동주로 한정되었다. 1907년 11월부터는 일본인을 대상으로 한 〈만주일일신문(滿洲日日新聞)〉도 간행되었다.

한국병합과 무단정치

일본 정부는 1910년 8월 한국 정부에 '한국병합에 관한 조약'을 강제하고 조선총독부를 설치하여 한반도를 식민지로 지배했다(현재 한국에서는 총검으로 협박하여 체결한 점과 제2차 한일협약의 조인 수속의 불비 등을 근거로 '한국병합조약 등 구〔舊〕조약 무효론'이 제기되고 있다). 병합조약은 "한국 황제 폐하는 한국 전부에 관한 모든 통치권을 완전하고 영구히 일본국 황제 폐하에게 양여한다"고 규정했고, 국호를 한국에서 조선으로 변경했다. 그리고 조선총독부는 법률을 대신하는 명령인 '제령(制令)'을 발포하여 육해군 통수권과 정무 통할권을 장악했다. 조선총독부에는 천황이 직접 임명하는 '친임(親任)' 총독을 두었다. 그들은 모두 육해군대장(무관)이었다. 조선은 대일본제국헌법이 시행되지 않는 지역으로 간주되었다. 식민지법이라고 부를 수 있는 법을 통해 통치되었고, 시행착오적인 '조선태형령'(1920년 4월까지) 등도 도입되었다.

또 한국 황제와 황족은 왕족과 공족으로 편입되었고, '조선귀족령'에 따라 작위와 은사금을 받았다. 한국주차군은 조선주차군이 되었고 이후 조선군으로 변경되었다. 조선상설사단이 편성되었고, 해군요항부(要港部)도 설치되었다.

조선에는 헌병대장이 경찰을 지휘 감독하는 '헌병경찰'에 의한 '무단통치'가 실시되었다. 경관만이 아니라 관리와 교원까지 모두 금줄제복과 사벌(sabel)을 착용한 '대검정치(帶劍政治)'가 이루어졌다. 전국에 순사와 헌병, 그리고 군대가 상주한 구조에 대해서는 총독부 통치에 동조한 법학자 스에히로 시게오(末広重雄)조차도 비판적이었다(「朝鮮総督政治」, 『太陽』, 1912년 1월).

토지조사사업과 교육령

식민지 통치의 기축은 토지 정책과 교육 정책이었다. 총독부는 1910년 3월 토지조사국을 창설하고, 1912년 8월 토지조사령을 공포했다. 토지조사사업은 '지세' 부담의 공평, 소유권의 보호, 생산력의 증강 등을 내세웠지만, 신고를 통한 토지소유권 사정으로 인해 미신고지는 '국유'로 편입되었다.

이는 일본인에 의한 토지 매수와 병행되어 일본인 지주는 해마다 증가했다. 일본인은 곡창지대에 집중적으로 진출했고, 토지를 상실한 조선인 농민들은 '화전민'이 되었다. 그중에는 연해주나 심지어 하와이 등 해외로 이주하는 자도 많았다.

토지조사사업은 조선에 지주제를 확립시킨 일본인에 의한 수탈 정책이었다. 그러나 조선에서는 이에 앞서 토지소유권의 사유화가 이루어지고 있었다. 토지조사사업은 조선 사회에서 스스로 수행하던 '근대화'에 편승하여 수탈을 감행한 행위였다(宮嶋博史, 『朝鮮土地調査事業史の研究』). 문명과 근대적 제도를 도입하면서 현지인으로부터 수탈해 나가는 것이 식민지 지배의 주요 국면을 이루었다.

또 제령으로 1910년 12월 29일 제정된 조선회사령을 통해 조선인의 자본 활동을 제한하면서 일본인 자본가의 진출을 촉진했다. 국가 자본을 배경으로 조선에 진출한 대표적인 회사는 1908년 설립된 국책 회사 동양척식주식회사(東洋拓植株式会社)로 동척은 조선의 최대 지주가 되었다. 『동양척식주식회사 30년지』(1939년)는 토지 사업 이외에 농업 경영과 수리 관개, 척식 자금 등 폭넓은 사업을 확대했다고 기록하고 있다.

한편 1911년 8월 조선교육령이 공포되었다. 여기에서는 교육칙어를 동원하여 '충량한 국민을 육성'(제2조)하겠다며 일본어를 '국어'로 강제했다. 그러나 실제 교과서에서는 프랭클린 고사를 소개하는 등 '문명'의 가치와 은혜를 서술하면서, 청결과 위생 사상의 필요성 등 근대 규범을 교육했다. 1917년에 간행된 『구어법 별기(口語法別記)』에서는 도쿄의 중류 남성이 쓰는 말을 구어의 표준으로 삼았고, 구어 교육을 통해 타이완인과 조선인의 '신민화(臣民化)'를 도모했다(安田敏朗, 『国語』の近代史』). 또 조선에서는 의무교육이 시행되지 않았고, 일본인을 대상으로 학교기 별도로 설립되었다.

동화인가 자치인가

조선에 거주하는 일본인들은 내지 교육 제도의 도입을 반대했다. 그들은 '일본인'과 '조선인'을 구별함으로써 식민자로서의 이익과 특권을 도모하려 했다.

이러한 논의는 식민지 통치의 방침과 관련되었다. 그것은 타이완과 조선을 일본 사회와 동일한 사회로 만드는 '동화정책'을 전개할 것

▶사진 2-3. 조선의 소학교 수업 풍경(『最近朝鮮事情要覽』).

인가, 아니면 독자적인 사회와 문화를 지닌 지역으로서의 '자주(자치) 정책'을 전개할 것인가의 선택이었다. 예를 들면 사이온지 내각과 야마모토 내각에서 내무대신을 역임했던 하라 타카시는 내지연장주의를 내세워 전자의 방침을 주장했지만, 식민정책학을 강의했던 니토베 이나조(新渡戸稲造)와 야나이하라 타다오(矢内原忠雄), 야마모토 미오노(山本美越乃) 등은 동화정책을 비판하면서 후자의 자주(자치) 정책의 입장에 섰다. 또 가야하라 카잔도 1914년 발행한 저서에서 "조선을 취한 것은 일본에 백년의 화근을 남겼다"며 조선에는 '자치'를 부여해야 한다고 말했다(『人間生活史』).

식민지에는 대일본제국헌법이 적용되지 않았고, 이를 둘러싼 헌법학자들의 의견도 양분되었다. 미노베 타쓰키치는 현행의 부적용을 지지했고, 호즈미 야쓰카(穂積八束)는 헌법을 시행해야 한다고 주장했다. 식민지에 헌법을 시행하는 것은 내지 연장을 통한 동화주의 노선으로서 '일시동인'형 지배이다. 이는 한정된 범위에서 식민지에 내지와 동등한 일정 정도의 '권리'를 부여할 것을 검토하지만, 이에 반해 헌법을 시행하지 않고 차이를 지닌 지역으로서 통치하려는 노선은 '자치'를 구상하는 것이다. 양쪽 모두 '내지'와 '외지'를 구별하여 외지를 식민지로서 통치한다는 점에서는 동일하지만, 통치 방침에 차이가 생겨 서로 대항하면서 현실적인 정책이 실시되었다.

'일본인'과 '조선인'의 관계는 국적과 호적을 통해 법적으로 만들어졌다. 조선인은 국적법상 '일본인'으로 간주되었지만, 조선 호적은 일본 내지의 호적과 구별되어 일본 호적으로의 이동은 불가능했다. 조선인은 '일본인'이면서도 내지의 일본인과는 구별되어 차별을 받았다.

'선량한 정치'

한국병합에 즈음하여 일본 국내에서는 병합축하회와 깃발 행렬이 성대하게 거행되었다. '한국병합 조서(詔書)'가 발표된 8월 29일 밤에는 도쿄아사히신문사 주최로 히비야공원을 기점으로 악대에 발맞춘 제등 행렬이 긴자에서 교바시 방면으로 향했다. '만세' 소리가 울려 퍼지고 '불꽃'을 쏘며 '쇠대야'를 두들겼다(《도쿄아사히신문》, 1910년 8월 30일).

신문 지면도 조선의 식민지와 관련된 기사가 많았다. 연재기사 「합병된 한국(合併せらるる韓国)」에서는 '한국'은 독립국으로서 존재해야 할 '경도(硬度)'를 지니지 못했다는 인식에 서서, '일본인'은 '종래의 한국 정부'에 비해 훨씬 '선량한 정치'를 시행할 수 있다는 '자신'을 표명했다(《도쿄아사히신문》, 1910년 8월 24일). 《오사카아사히신문(大阪朝日新聞)》의 「합병 후의 일한인(合併後の日韓人)」도 식민지화가 '문명'을 가져오는 것으로 위치 지웠다. 그리고 일본과 조선이 '혼연융화(渾然融和)' 하여 '일대국민(一大国民)'을 형성하고 '동아의 평화' 보장과 '인류의 천직'을 다하는 것이라며 '문명'과 '평화'를 방패로 내세워 식민지화를 정당화했다(1910년 8월 26일). 한국병합을 계기로 도쿄제국대학에 조선사 강좌가 개설되었다.

그러나 〈도쿄아사히신문〉은 경찰서가 일본에 있는 조선인을 '경계'하고 있다는 사실을 보도하고 있는데(1910년 8월 29일), 이는 '선정(善政)'이라는 주장이 일본 측의 일방적인 생각에 불과하다는 것을 말해준다. 또 병합에는 손을 들어 찬성하던 신문도 총독부의 기구에 대해서는 비판적으로 '무인(武人)' 지배를 비난했다(〈오사카아사히신문〉, 1910년 10월 2일). 신문은 식민지 지배 그 자체에는 의심을 품지 않았지만, 그 방법을 둘러싸고 의견을 개진한 것이다.

조선인의 목소리

이러한 대일본제국의 상황에 대해 잡지 『제3제국』에서는 조선인의 목소리를 전했다. 식민지화 그 자체에 대해서는 신중하여 언급하지 못했지만, 데라우치 마사타케(寺內正毅)의 통치에 대해서는 엄중히 비판했다. 청구생(靑邱生)은 데라우치가 조선의 역사를 무시하고 언어를 절멸시켜 '조선 민족의 향상 전진'을 저지하고 '애국의 정신'을 몰각시켰다고 비판하면서, '근대적 풍조'에 촉발된 조선의 청년들이 데라우치에 의해 억눌린 '고통'을 호소했다(「朝鮮靑年の苦痛」, 1914년 2월 1일).

이에 대해 '동정의 눈물'을 금할 수 없었던 일본인 청년이 응답하여 '일본 청년도 여러분과 동일한 자유를 빼앗긴 노예이다'라고 화답했다. 그리고 '벌족을 타파, 절멸시키는 것'이 일본과 조선의 '요무(要務)'이며 관료를 '멸망'시킬 수 있는 때야말로 일본 청년이 '자유를 쟁

취한 날'이고, 또한 '조선 청년이 노예로부터 해방되는 날'이라고 말했다(嘯雷生, 「朝鮮靑年諸君に」, 1914년 2월 10일). 양심적인 발언이지만, 일본인이 통치자라는 비대칭적인 관계를 이해하지 못한 인식이다.

신해혁명과 청조의 종언

이렇게 일본은 식민지를 통치하는 제국으로의 길을 걸어 나갔지만 동아시아도 격동의 시기를 맞이했다. 1911년 10월 10일 우창(武昌)에서의 봉기를 계기로 시작된 신해혁명은 최대 사건의 하나였다.

쑨원은 1905년 도쿄에서 중국혁명동지회를 결성하여 민족주의, 민권주의, 민생주의라는 '삼민주의'를 주장했다. 1912년 1월 1일에는 중화민국의 성립을 선언하고 임시대통령에 취임했다. 중국을 침략하는 제국주의국과 청조라는 두 세력 앞에 동맹회는 전제적인 청조를 타도했다. 아시아 최초의 공화국 탄생이었다. 신해혁명 당초에 일본 정부는 청조 원조의 방침을 세웠지만, 재계는 혁명파에게 물자를 제공하는 등 통일된 형태의 대응을 하지 못했다. 군부(참모본부, 해군)도 각각 별도로 개입했다. 더욱이 '낭인'이라고 불리는 사람들은 우치다 료헤이(內田良平) 등의 흑룡회(黑龍會)를 중심으로 혁명파에 서서 활동했다.

그러나 군벌의 대표격인 위안스카이가 쑨원으로부터 임시대통령의 지위를 이어받아 1913년 대통령이 되었다. 혁명은 철저하지 못했고 이후 정세도 유동적이었다. 일본군과 중국 측 사이에 작은 충돌도 발생했지만 일본 정부는 불간섭정책을 내세웠다. 그러나 실제로는 위안스카이를 지지하는 것으로 기울었고, 국민당의 이누카이 쓰요시 등은 쑨원을 지지하는 것으로 입장이 바뀌는 등 중국에 대한 대응은 나뉘었다.

한편 청조에 종속된 몽골과 티베트에서는 혁명의 영향을 받아 몽골은 같은 해 12월 독립을 선언했다. 그러나 북몽골만이 '외몽골'로서 자치가 허용되었고, 티베트는 독립을 이루지 못했다.

2. 제1차 세계대전 개전

먼 총성

　1914년 6월 28일 사라예보에 울린 총성은 제1차 세계대전의 막을 올렸다. 세르비아 청년이 오스트리아 헝가리제국의 황태자 부처를 암살하여 오스트리아 헝가리제국은 세르비아에 선전을 포고했다. 유럽은 영국, 프랑스, 러시아의 삼국협상을 축으로 하는 연합국과 독일, 오스트리아 헝가리, 이탈리아의 삼국동맹이라는 두 진영으로 나뉘었다. 이후 미국이 연합국 측에 가담했다. 개전에 이르는 긴박한 이 시기 일본에서는 먼 지역의 사건으로서 그다지 긴장감은 없었다. 종합잡지에서는 거리를 두고 제1차 세계대전을 논평했다.
　정치학자 우키타 카즈타미는 대전의 '개전 책임'을 논의했다. 그는 '동구의 슬라브 민족과 게르만 민족과의 대경쟁'과 더불어 독불 관계, 영독 관계를 요인으로 들면서, 이를 결합시킨 것이 독일로 '이번 전란의 최대 원인'은 독일의 세계 정책 즉 게르만주의라고 해설했다(「歐

洲大戦乱の動機と交戦列国の態度」,『太陽』, 1914년 11월). 동시에 각국은 '정당한 이유'와 '과분한 정의'를 갖고 있으며 제1차 세계대전은 '문명적'이고 '비극적'인 전쟁이라고 바라보았다(「世界戦争の倫理的大観」,『太陽』, 1914년 11월). 한편『태양』의 주필 아사다 코손(浅田江村)은 '구주열강' 모두다 평화를 무시, 모멸하고 유린한 것은 '예전에 볼 수 없었던 기이한 현상'이며 '현대 문명의 일대 퇴보'라고 말했다(「歐洲列強の好戦熱」,『太陽』, 1914년 9월).

일본의 관여를 촉구하는 논자로 적지 않았다.『중앙공론』 1914년 9월호에 기고한 이시카와 한잔(石川半山)은 '오래 기다린 전쟁이다'라며 중국과의 관련에서 논평했고(「結局支那問題」), 가야하라 카잔도 대전을 계기로 중국으로의 세력 확장을 주장했다(「文明史的国際史的に観察したる歐洲戦争」). 제1차 세계대전은 민본주의자들의 논의의 시금석이 되었다. 체제 내적인 변혁의 주창 속에서 적지 않은 사람들이 중국론으로서 대전을 바라보았고, 때로는 이에 편승하여 중국 진출을 강조하기도 했다.

오쿠마 내각과 참전론

대전이 발발했을 때, 일본에서는 76세의 오쿠마 시게노부(大隈重信)가 두 번째 내각을 조각했다. 당시의 총리대신은 원로가 지명했는데, 야마모토 곤베에가 시멘스사건으로 퇴진한 다음(1914년 3월 24일), 도쿠가와 이에사토(徳川家達) 귀족원의장과 기요우라 케이고(清浦奎吾) 추밀원고문관 등이 후보로 부각되었지만, 결국 은퇴한 오쿠마로 결정되었다. 오쿠마 내각은 동지회를 기반으로 정우회와는 달랐지만, 사람들의 오쿠마에 대한 인기는 절대적이었다.

오쿠마 내각의 외상은 가토 타카아키(加藤高明)였다. 가토는 영국이 산둥 반도 교주만(膠州灣)을 근거지로 삼은 독일의 가장(假裝) 순양함에 대한 공격에 도움을 요청한 것을 계기로 제1차 세계대전 참전을 도모했다. 영국은 일본의 전면적인 참전을 주저했지만, 8월 7일 밤부터 새벽까지 열린 각의에서는 일본의 전면 참전을 결정했다. 가토는 참전 이유를 '동아에서의 일본과 영국의 이익'에 손해를 입힌 독일 '세력'을 파멸시키기 위함이라고 말했다(『日本外交年表並主要文書』上). 원로 이노우에 카오루(井上馨)는 "이번 구주의 대화란은 일본 국운의 발전에 대한 다이쇼 신시대의 천우"라고 말했고(『世外井上公伝』5, 1934년), 오쿠마 내각은 참전을 통해 산둥 반도의 독일 이권을 확보하여 이를 교두보로 대륙 침략을 노린 것이다.

〈오사카아사히신문〉은 1914년 8월 6일자 사설에서 영일동맹의 의무로시 침진해아 한다고 주장했고, 대부분의 논자늘도 비슷한 자세를 취했다. 우키타 카즈타미는 처음에는 참전에 부정적이었지만, 출병이 결정되자 이를 용인하고 '영일동맹'의 의무를 중시했다. 그는 '동양 평화'를 위해 '정당한 자위와 발전'으로서 파병을 추인한 것이다(「日本の外交政策」,『太陽』, 1914년 12월). 그러나 '영일동맹의 본의'와 '동양 평화의 사상'에는 맞지 않다며 유럽 파병에는 반대했다.

대(對)독일 개전

1914년 8월 23일 대독일 선전 조서가 내려졌다. 일본은 연합국 측에 가담하여 구루메(久留米) 제18사단을 주력으로 한 부대를 동원하여 영국군과 함께 산동 성에 있는 독일 교주만 조차지를 공격했다. 중국이 국외 중립을 표방했음에도 불구하고 일본군은 군사 행동 지역을 확대했다. 일본군은 9월 2일 산동 반도에 상륙하고 11월 7일 칭다오(靑島)를 함락시켰다. 칭다오를 함락한 당시 일본 국내에서는 제등 행렬이 거행되었다.

또 일본해군 제1함대는 태평양에서 독일동양함대를 추격함과 동시에 9월부터 10월에 걸쳐 독일령 남양제도(야루토, 야프, 도라쿠, 사이판 등)를 점령했다. 더욱이 1917년 2월에는 지중해에 구축함도 파견했다.

일본의 참전에 따라 애국부인회는 위문을 위해 손수건과 그림엽서를 준비하여 히비야공원에서 집회를 열었다(『二六新報』, 1914년 10월 16~17일). 또 〈나고야신문(名古屋新聞)〉은 1914년 10월 「전쟁만세」를 연재하여 미국용 수출도기 등 전쟁을 통해 부를 축적한 업자를 소개했다. 전쟁을 찬미하는 분위기 속에서 '대일본주의'를 비판한 이시바시 탄잔은 '아시아 대륙으로 영토를 확장해야 한다'는 입장에서 칭다오 영유를 비판하면서 '칭다오의 할양은 결코 불가한 일이다'고 말했다(「靑島は斷じて領有すべからず」,『東洋經濟新報』, 1914년 11월 15일).

대전의 의미

제1차 세계대전은 11월 11일 독일이 연합국과 휴전협정을 체결할 때까지 4년 이상에 걸쳐 식민지 병사도 동원되는 총력전 양상을 보였다. 전투의 장기화와 더불어 비행기와 전차가 등장하고 잠수함과 독가스도 사용되는 등 참호전이 전

▶사진 2-4. 일본군은 칭다오의 독일군을 공격하여 함락시켰다(1914년 11월). 전후에는 칭다오의 독일 이권을 계승했다(『図説 昭和の歴史』2).

개되었다. 또 대전은 세계 질서를 크게 바꿨다. 러시아와 독일에서 혁명이 일어나 호엔촐레른 왕조와 합스부르크 왕조가 붕괴되었고, 오스만 왕조와 로마노프 왕조도 멸망했다. 더욱이 식민지에서는 민족주의 운동이 일어나고 미국이 대두했다. 제1차 세계대전은 세계사의 커다란 전환점을 만들었다.

진원지인 유럽에서는 문명의 의미를 되묻는 계기가 되었다. 슈펭글러(Oswald Spengler)의 『서구의 몰락(Der Untergang des Abendlandes)』(1918~1922년)을 비롯해 심각한 논의가 이루어졌다. 이에 반해 전장에서 떨어져 있던 일본에서는 참전하면서도 오로지 일본의 세계적인 위치와 국제관계론에 논의가 집중되었다. 교육학자 요시다 쿠마지(吉田熊次)는 대전의 와중에 '과학의 힘'과 '민족의 도덕심' 그리고 '현실의 국가적 사상'을 논의했다(「近代思潮の大淘汰」, 『太陽』, 1916년 6월). 요시다는 기술―민족―국가주의의 등장을 지적하면서 19세기적인 제국주의 체제와 문화의 재편성을 강조했다. 또 경제학자 간베 마사오(神戸正雄)는 일본의 지위 향상을 위해서는 '현대 세계의 지배 인종인 백인국

과 어느 정도 투쟁하지 않으면 안 된다'며 '백인'과의 대항에 대해 언급했다(「日本及日本人の対外的態度」,『太陽』, 1914년 9월).『중앙공론』에서는 미국의 참전을 계기로 미국론을 둘러싼 논고가 게재되었다.

일본도 조선과 중국의 민족운동에 직면했다. 제국의 현실을 둘러싼 논의가 이루어지는 등 제1차 세계대전의 영향은 결코 적지 않았다. 앞에서 소개한 요시노 사쿠조의 민본주의 논의의 전개도 크게 보면 구체제의 개혁을 가져온 제1차 세계대전의 소산이라고 말할 수 있다. 다음 장에서 말하는 바와 같이 일본에서의 사회운동도 활성화되었다.

대중국 21개조 요구

제1차 세계대전이 한창이던 1915년 1월 18일 히오키 마스(日置益) 특명전권공사는 5호 21개조 요구를 직접 위안스카이 대통령에게 건넸다. 요구 내용은 다방면에 걸쳐 광범위했는데, '남만주'와 '동부몽골'에 관한 제2호(7개조)를 축으로 뤼순과 다롄의 토지 임대와 소유권, 상공업경영권의 허가 등을 요구했다. 또 제1호(4개조)는 산둥 문제를 둘러싼 요구로 중국에 대해 일본과 독일의 협정을 모두 승인할 것을 요구했다. 제3호(2개조)는 한예핑공사(漢冶萍公司, 철도, 광산, 석탄회사)의 중일 공동 경영을 요구했고, 제4호(1개조)는 중국이 연안의 항만과 도서를 타국에 할양하지 않을 것을 요구했다.

일본은 이상의 절대조항으로서의 요구 이외에, 제5호(7개조)에서는 중국 정부의 정치와 군사, 재정 고문에 일본인을 채용할 것, 지방 경찰을 중일 공동으로 할 것, 일본인 경찰관을 초빙할 것을 강요했다.

또 일본이 병기의 일정 수량 이상을 중국에 제공하든가 혹은 병기창을 공동으로 설립할 것을 요구했고, 양자강 지역에 일본의 철도부설권을 요구했다. 제5호는 분명한 내정 간섭이자 주권의 침해였다. 이 때문에 제5호는 타국에 비공개할 것을 요구했다.

'국치기념일'

위안스카이는 일본 정부의 요구에 강하게 저항했다. 제5호 내용을 미국 공사에게 알렸기 때문에 미국과 영국이 반대했다. 또 중국 신문이 이 사실을 보도했다. 상하이에서는 국민대일동지회(国民対日同志会)를 결성하고 일화배척(日貨排斥)을 호소하는 등 항일운동을 전개했다. 그러나 가토 외상과 일본 정부는 강경 자세를 굽히지 않았다. 일본은 25번에 걸친 교섭 끝에 결국 제5호를 중심으로 5개조를 철회하여 16개조를 최후통첩 형식으로 요구하고, 5월 9일 결국 이를 수락시켰다. 이 사건은 일본의 중국 대륙 침략을 향한 커다란 첫걸음이었다.

중국은 최후통첩을 수락당한 5월 9일을 '국치기념일'로 간주하여 배일 반식민지운동을 전개했다. 그러나 일본에서는 21개조 요구에 관해 '대부분 최소한도의 요구'로 간주했다. 요시노 사쿠조도 '일본의 생존을 위해 필요불가결한 것'으로 인식하면서 제5호의 삭제는 '정말 유감이다'라고 말했다(『日支交渉論』, 1915년). 이에 대한 비판은 이시바시 탄잔이 '노골적인 영토 침략 정책과 경박한 거국일치론의 발호'(「禍根をのこす外交政策」, 『東洋経済新報』, 1915년 5월 5일)라고 말한 것 이외에는 거의 보이지 않았다. 여기에서도 민본주의자의 대외 인식은 식민지주

의와의 대결에는 소극적이었고 제국하의 데모크라시론으로서 받아들여지기 어렵다는 것을 잘 보여준다.

3. 도시 사회와 농촌 사회

대전 경기와 산업화

〈시사신보(時事新報)〉(1915년 12월 24일)는 선박 경영으로 이름을 떨친 우치다 노부야(內田信也)가 발언한 '많이 벌었다는데 그렇지 않다. 지금부터 정말로 벌 것이다'라는 '천진난만한 기염'을 전하고 있다. 갑작스러운 졸부의 출현은 대전에 따른 호황의 산물로 일종의 사회현상이었다.

대전 상황에서는 조선업, 기계공업 등 중화학공업이 진전되어 1915년 무렵부터 대전 경기가 조성되었다. 선박을 통한 물자 수송도 활발했다. 수력발전에 의한 전력이 공급되어 게이힌(京濱)공업지대 등 이른바 4대공업지대가 형성되었다. 도쿄와 오사카가 거대 도시로 변모함에 따라 지방 도시가 발전하기 시작했다. 사세보(佐世保), 가와사키(川崎), 우베(宇部) 등 산업 도시가 급성장했다. 요코하마와 고베는 더욱 번창했고, 구레(吳)와 요코스카(橫須賀) 등 군사 도시도 조성되었다. 더욱이 벳푸(別府) 등 관광 도시도 출현했다. 지역의 산업화도 진행되어 예를 들면 '개발'을 강조하던 사할린에서는 펄프 공업이 발달했다.

국민총생산도 이 시기에 급속히 증가했다. 〈시사신보〉(1915년 12월 19일)는 '직공의 호주머니에 봄이 왔다'며 노동자인 직공의 임금이 3할에서 5할 정도 인상되었다고 보도했다. 직공이 거주한 지역에서는 요리 가게와 술집이 증가했다.

이러한 분위기 속에서 1917년 3월 자본가 단체인 일본공업구락부(日本工業俱樂部)가 결성되었다. 또 공업 교육과 실업 교육이 중시되어 1915년에 기류(桐生)고등염직학교, 다음 해에는 요코하마와 히로시마에 고등공업학교가 신설되었다.

사회문제의 재발견

제1차 세계대전 시기 일본 제국에서는 사회의 변화와 더불어 사회문제의 재발견이 이루어졌다. '다이쇼 신기운호(大正新機運号)'로 발행된 『중앙공론』(1915년 7월)은 '다이쇼 시대와 사회문제의 해결'과 '다이쇼 시대의 신도덕'에 대해 지식인의 논고를 게재하여 '사회문제'와 '신도덕'에 초점을 맞추었다.

의사인 이시하라 오사무(石原修)는 직물업이라는 근간 산업을 통해 볼 수 있는 '여공과 결핵'이라는 문제에 착목했다. 이는 1913년 10월 국가의학회 월례회 강연을 바탕으로 제기된 것인데(『女工之現況』, 1914년), 이시하라가 제시한 데이터를 보면 공장 노동자의 대부분은 타지에서 돈을 벌기 위해 온 여공이었고, 20세 미만의 미성년자가 많았다. 그들은 주로 기숙사에 거주했지만 식사는 열악했다. 노동 시간은 13시간부터 15시간으로 철야 근무도 많았다. 공장은 어둡고 분진과 수증기로 가득했다. 매년 농촌에서 20만여 명이 공장으로 이동하고 8만여 명의 여공은 귀향하는데, 그 가운데 6분의 1 정도는 각종 질병에 걸렸고 3천 명 정도는 결핵이었다.

이시하라는 이러한 데이터를 제시하면서 여공과 결핵은 밀접한 관계에 있다고 비판했다. 그리고 공업을 위해 '희생'된 여공 수는 러일전쟁의 사상자 수에 필적할 만큼 많다. 그런데 '평화의 전쟁을 위해 전사한 자'인 그들을 '국민'은 어떻게 받아들이는가, '국가'는 어떻게 보상할 것인가, 라고 탄식했다.

1911년 제정된 공업법은 5년 반이나 지난 1916년 9월 시행되었다. 국가와 자본에 의한 노동자 보호는 아직도 머나먼 상황이었다.

가와카미 하지메의 『빈곤이야기(貧困物語)』

경제학자 가와카미 하지메(河上肇)는 〈오사카아사히신문〉에 『빈곤이야기』를 연재하여 당시 사회문제를 둘러싼 커다란 겨냥도를 제시하여 평판을 불러일으켰다. 이는 1916년 9월부터 12월에 걸쳐 연재되어 다음 해 단행본으로 간행되었다. 그는 '놀랄 만한 일은 지금 문명국에서 많은 사람이 빈곤하다'라는 문제의식 위에서 현대의 빈곤을 주제로 삼았다. 가와카미는 상대적인 빈곤, 피구휼자로서의 빈곤, 육체의 건강한 유지가 곤란한 빈곤 등 '빈곤인'을 세 유형으로 구분하고, 특히 세 번째 빈곤을 고찰 대상으로 삼았다. 그는 칼로리 섭취를 기준으로 식생활의 '빈곤선'을 규정하면서 일본 사회의 '대병(大病)'을 비판했다.

가와카미는 '빈곤 문제'는 분배가 아니라 생산에 있다고 진단했다. 그는 중요 사업을 '관업(官業)'으로서 국가가 경영하는 '개조'를 실천하면 '빈곤 퇴치의 목적'을 달성할 수 있다고 말했다. 가와카미는 이러한 '경제조직'의 '개조'를 '경제상의 국가주의'라며 '사회주의'라는 표현에는 신중했다. 또 '사회의 모든 문제는 모든 사람들의 문제'이며 '사회조직의 개조보다도 인심의 개조가 더 근본적인 문제'라고 주장하면서, 사회를 조직하는 사람들의 사상과 정신이 변하지 않고서는 제도와 구조 개혁도 곤란하다고 말했다. 이러한 주장은 이후 사회주의자로 변신한 가와카미가 자신의 저작을 부정하고 절판한 이유가 되었을 것이다.

더욱이 가와카미는 영국을 사례로 '세계 제일의 부국'은 '세계 제일의 빈국'이라며 국내 문제와 국제 문제를 연관시켜 식민지주의를 비판하면서 연재를 끝맺었다. 분명히 명시하지는 않았지만 일본의 현상을 감안한 논의였을 것이다.

노동자와 우애회

사회문제가 논의되면서 그것을 해결하기 위한 움직임도 시작되었다. 먼저 도시 공장 노동자의 동향을 살펴보자. 노동자 단체로서 1910년대부터 이후에도 일관된 활동을 전개하는 우애회(友愛会)에 참가한 야마구치 쇼키치(山口庄吉)는 기관지 《우애신보(友愛新報)》(1912년 11월 3일)에 「우감(偶感)」이라는 글을 투고했다. 그 내용은 "공장……공장……어쩐지 미천하게 들린다. 단 한마디 듣는 것만으로도 기분이 어쩐지 싫어진다. 가스 냄새, 만뢰(萬雷)가 한꺼번에 떨어지는 것과 같은 기계 소리, 몽몽한 먼지 공기, 햇빛이 들어오지 않는 음침한 실내, 그리고 이와 연상되어 부질없는 것을 붙잡으려는 것처럼 침울해진 적이 많았다"는 자신의 경험담이었다. 이처럼 직공이라 불린 노동자의 대부분은 열악한 환경과 우울한 심정 속에서 노동자로 태동하기 시작했다.

우애회는 1912년 8월 1일 도쿄 미타(三田)의 유니테리언 교회에서 수양 단체로 발족했다. 회장으로 선출된 스즈키 분지(鈴木文治)를 비롯해 기계공과 전기공 등 20명 정도가 모여 '상호부조'와 '지위의 개선' 등을 표방하면서 활동을 시작했다.

노동조합은 이미 청일전쟁 이후 결성되었고 노동운동도 전개되었다. 그러나 우애회는 먼지 그들에게 질실한 '직공의 인격을 인정하라'(《友愛新報》, 1914년 6월)는 것을 요구하고 '수양'과 이를 목적으로 한 '단결'을 주장했다. 《우애신보》에서는 근면, 충실, 성의, 신용, 보은, 동정, 절검, 반성, 쾌활 등 10개의 덕목을 반복, 강조하면서 자기 연마의 도모를 촉구했다.

당시 우애회는 '일본'과 '국가' 혹은 '천황'을 모범으로 삼아 노동자의 주체 형성을 도모하면서 도시 하층민 상태로부터의 탈피와 사회 일원으로서 인정받기를 도모했다. 회원이 작성한 '우애회 노래'는 "직업은 다르다고 헤어지지 말라, 굳게 뭉쳐라 건아단(健兒團), 우리의 힘이 느슨해질 때, 우리 일본은 약해진다, 힘써라 힘써라 천황을 위해, 힘써라 힘써라 나라를 위해, 우애회의 건아단"(《友愛新報》, 1913년 6월 3일)이라는 것이었다. '국민'으로서의 자기 형성이라고 말할 수 있을 것이다. 그러나 우애회에 여성들도 참가했지만 독자적인 움직임은 없었다. 우애회에서 여성들이 움직이기 시작한 것은 1916년 무렵이었다.

무신조서(戊申詔書)와 지방개량운동

농촌에서도 움직임이 보였다. 러일전쟁 이후 농촌은 재정이 파탄하여 극심한 피폐에 빠졌다. 이에 1908년 10월 새로운 농촌과 농민 창출을 목적으로 '무신조서(戊申詔書)'를 발포했다. 그 내용은 '상하 마음을 하나로 합하고, 충실하고 근검하게 일에 종사하여 산업을 바로잡겠다'는 것이었다. 그리고 이를 지도 이념으로 행정과 재정 개혁인 지방개량운동을 전개했다. 운동에서는 행정촌과 자연촌이라는 이중 구조 해소, 부락소유림의 통일, 운영의 방침을 제시한 정촌시(町村市)의 확정 등을 추진함으로써 농촌을 지탱하는 계층(중소지주와 자작농상층)을 창출하려 했다. 산업조합과 농사개량조합이 설립되었고, 니노미야 손토쿠(二宮尊德)가 농촌 재건을 위해 만든 보덕사(報德社)의 이념에 착목하여 농업 생산력을 증진시키려 했다. 제2차 가쓰라 내각의 히라타 토스케(平田東助) 내상은 현─군─정촌의 지시 계통을 강화시키고, 지방개량사업강습회를 자주 개최했다. 시즈오카 현 이나토리무라(稻取村), 지바 현 미나모토무라(源村), 미야기 현 오이데무라(生出村)는 마을의 융화를 실현한 모범촌으로 표창을 받았다.

『진우(眞友)』와 농촌

이러한 농촌의 상황 속에서 이와테 현 후지네무라(藤根村)의 심상소학교 준(准)훈도이자 재향군인회 분회에 참가한 다카하시 미네지로(高橋峯次郎)는 1908년 6월 9일부터 1944년 3월까지 『진우』라는 회지를 발행했다. 도중에 명칭이 변경된 시기도 있었지만 대부분 등사판으로 활판이나 엽서, 호외 등도 포함하면 180여 호를 발행했다. 발행 주체는 처음에는 진우회였는데, 1913년 이후 제국재향군인회 후지네무라 분회로 변경되었다(『国立歴史民俗博物館研究報告』101, 2003년).

『진우』에는 마을 사람들의 징병과 관련된 사항을 중심으로 재향군인으로서의 의식과 징병검사의 결과 등이 많이 수록되었다. 제1차 세계대전이 시작한 1914년 8월의 『진우』에는 「선전조서공포」와 함께 「교주만 함락기」가 게재되었다. 손으로 그린 중국과 유럽 지도와 함께 전생의 상황에 대한 것도 실었다. 또 『진우』에는 농사와 당시 농촌의 양상도 살펴볼 수 있다.

▶사진 2-5. 도시의 아이들(1912년 무렵, 도쿄 스이도바시(水道橋), 『図説 昭和の歴史2』).

논설도 게재되었는데 예를 들면 「농촌청년」은 '이치'가 아니라 '몸'으로부터 시작해 그 다음 '정신'을 만드는 것이 긴요하다는 논설을 실었다. 이 밖에도 「농가가 실행해야 할 3가지 원칙」, 「노동의 습관」, 「절검」, 「풍속의 개

▶사진 2-6. 농촌의 아이들(1911년, 이시카와 현 스즈(珠洲), 『石川写真百年』).

량」 등을 게재함으로써 농촌 청년의 주체 형성을 기대했다(1914년 4월). 『진우』는 우애회처럼 공통적으로 수양이 주장의 중심이었음을 알 수 있다. 더욱이 1913년 1월 「독서와 품성」에서는 "책을 읽는 사람과 읽지 않는 사람은 품성이 다르다……. 책을 읽는 사람은 언뜻 보아도 어딘가 숭고한 곳이 있고 품격이 아름답다"고 말했다. 농촌에서도 '독서'의 가치가 중시되었다.

1910년 11월에 만들어진 제국재향군인회는 기관지 『전우(戰友)』를 발행하고(1917년), 회원 가정을 대상으로 『우리집(我が家)』을 간행했는데, 지역에서는 이미 이러한 움직임이 진행되었다.

입신출세와 수험

제1차 세계대전기의 사회 변화는 이렇게 도시와 농촌에서 주로 청년들의 의식 변용을 배경으로 이루어졌다. 도시와 농촌을 때로는 대항적으로 파악하면서도 인생의 코스와 생활 스타일도 변화시켰다. 1902년 창간된 잡지 『성공(成功)』에는 많은 고생 끝에 성공한 사람들의 '실화'를 연재했다. 또 이 시기에는 입신출세라는 새로운 시스템으로서의 수험이 사회 속에 정착되었다. 『수험과 학생(受驗と学生)』(1913년) 등과 같은 수험 전문 잡지가 등장했고, '학력'이 화두가 되어 학교를 졸업한 자격을 지닌 사람들이 직장에 진출하게 되었다.

주부의 각성

가정을 둘러싼 환경도 양상이 변했다. 가풍을 중시하는 분위기로부터 가정을 배우고 합리성과 과학성, 능률성이 중시되었다. 여성을 대상으로 발행된 잡지 『주부지우(主婦之友)』는 가계에 조준을 맞춘 '중류가정'의 변통을 논하면서 주부의 재능 발현을 촉구했다. 1917년 7월에는 「성공한 저금의 실험」(8사례), 「고급스럽고 이익이 많은 내직(內職)의 경험」(7사례), 「중류의 여러 가지 가계」(10사례) 등 실례를 들었고, 미스미 스즈코(三角錫子)의 「이렇게 하면 경제적으로 구매할 수 있다」와 「가정경제의 15가지 비결」도 제시되었다. 경기상승과 함께 물가도 올랐는데, 그 변통을 집안 주부의 역할로 삼은 것이다.

또 육아와 가사 방식의 개선, 새로운 가사를 위한 지혜와 기술을 교시함으로써 여성으로 하여금 주부로서의 자각을 촉구했다. 주부로서의 주체화는 여성들을 둘러싼 폐색적인 분위기를 부분적으로 타파함과 동시에 새로운 울직힘을 가져왔다. 『주부지우』는 여성들을 '주부'로서 격려하고 교육시켜 여성의 주체화를 '마음'과 '몸'의 측면에서 제기했다.

아울러 『주부지우』는 예를 들어 위생에 관한 문제를 둘러싸고 아내로서 어머니로서의 역할도 강조했다. 20세기 초 이 시기에는 19세기 후반부터 매년 유행한 콜레라가 후퇴하고 대신 결핵과 트라코마 등이 경계해야 할 전염병이 되었다. 유행 당시 주의가 필요한 급성전염병에서 일상적으로 신체에 주의해야 할 만성전염병으로 성격이 변화함에 따라 가정에서의 위생이 중시되었고, 환자의 간호가 여성의 역할로 부여되었다. 1915년에 간행된 요시오카 야요이(吉岡彌生)의 『가정

위생(家庭衛生)』은 여성에게 남편과 자녀들의 몸 상태에 지속적인 주의를 기울이고 집안의 청결에 신경 쓸 것을 촉구했다. 이 책은 결혼을 준비하는 여성용 서적으로 간행되었다.

당시 가정은 여성의 영역으로 간주되었다. 그리고 가정의 주재자로서의 여성이라는 사고방식과 함께, 남성은 밖에서 일하고 여성은 집안을 떠안는다는 의식이 중시되었다. 그 배후에는 성별 역할 분담에 의거한 '공'과 '사'의 분리를 지적할 수 있다. '사'의 영역으로서 가정을 위치 지우고, 여성은 가정에 종사하는 자라는 '규범'이 정착되었다.

모성보호논쟁

가정에 대한 착목은 도덕의 흔들림과 신도덕의 제창으로서 논의되었다. 이러한 과정에서 이루어진 모성보호논쟁은 여성 삶의 방식과 사회와의 관련, 모친으로서의 여성과 개인으로서의 여성을 둘러싸고 전개되었다.

모성보호논쟁은 1916년부터 18년에 걸쳐 거의 2년간 이어진 논쟁으로 요사노 아키코(与謝野晶子)와 히라쓰카 라이테우 사이의 논쟁을 축으로 야마다 와카(山田わか), 가에쓰 타카(嘉悦孝), 야마카와 키쿠에(山川菊栄) 등도 참여했다. 논쟁의 발단은 요사노 아키코가 "나는 모성만으로 살지 않겠다"(「母性偏重を排す」, 『太陽』, 1916년 2월)고 말하면서 여성의 '의뢰주의(依頼主義)'를 비판한 것에서 시작되었다. 또 요사노는 '경제상의 보장'을 얻은 다음에 결혼과 출산을 고려해야 한다며, 여성의 경제적인 자립과 더불어 '생식의 책임'은 '부부 상호'의 것이라고 말했다(「女子の徹底した独立」,『婦人公論』, 1918년 3월).

이에 대해 히라쓰카 라이테우는 '어머니는 생명의 원천'이고, 어머니가 됨으로써 여성은 '개인적 존재'로부터 '사회적, 국가적인 존재자'가 된다는 입장을 표명했다. 그리고 어머니를 보호하는 것은 여성의 행복에 머물지 않고 '모든 사회'의 행복, '모든 인류의 장래'를 위해 필요하다고 말했다(「母性保護問題に就いて再び与謝野晶子に寄す」,『婦人公論』, 1918년 7월). 모성보호는 자녀가 사회적인 존재이고 또한 '연애결혼의 이상'을 완전히 실현하는 길이라는 관점에서 필연적인 것이라고 주장한 것이다.

이 논쟁에 대해 야마카와 키쿠에는 요사노를 '구래(舊來)의 여권주의', 히라쓰카를 '신흥 모권주의'의 계보로 위치 지우며 쌍방의 주장을 이해할 수 있다는 자신의 입장을 밝혔다(「母性保護と經濟的獨立」,『婦人公論』, 1918년 9월). 야마카와는 '여권'과 '모권'을 주제로 논의했지만, 동시에 이러한 문제가 실현되더라도 '부인 문제의 근본적 해결'이 될 수 없고, 여성을 '현재의 폭학(暴虐)'으로부디 구할 수 있는 길이 아니라고 부언했다. 야마카와에게는 '계급'적인 입장이야말로 '부인 문제'를 해결하는 방책이었다. 여성 해방을 둘러싸고 요사노, 히라쓰카와 야마카와의 각각 다른 방향이 제시된 것이다.

4. 시베리아 출병의 전말

혁명을 바라본 노동자

　제1차 세계대전이 한창이던 1917년 3월 12일 러시아 수도 페트로그라드에서의 봉기는 황제 니콜라이 2세를 퇴위시키고 케렌스키에 의한 멘셰비키 임시정부를 만들어냈다(2월 혁명). 더욱이 11월 7일에는 망명 중이던 레닌이 볼셰비키를 이끌고 봉기하여 임시정부를 무너뜨리고 정권을 수립했다(10월 혁명). 러시아 혁명이었다. 레닌은 사회주의정권의 수립을 선언함과 동시에 평화의 회복을 주창하여 즉시휴전과 강화회의 개최를 요망하고 1918년 3월 독일과 단독강화를 체결했다.

　저널리즘은 새로 수립된 정부를 '과격파 정부'라고 불렀다. 혁명 직후 〈도쿄아사히신문〉(1917년 11월 10일)은 '노병(勞兵) 과격파'에 의해 케렌스키 정부가 '무너졌다'고 '외신'이 보도했다며 '과격파의 대립자(大立者)'로서 레닌과 트로츠키의 이름을 알렸다.

러시아혁명에 관해 노동자들은 호의적인 관심을 보였다. 『노동과 산업(勞動及産業)』은 「러시아혁명에 대한 감상」을 모집하여 14편을 발표했다(1918년 10월, 11월).

나는 지금까지 입버릇처럼 아이들에게 이렇게 말해왔다. 너희들이 나 같은 가난한 직공 집안에 태어난 것은 다시 되돌릴 수 없는 불운이니 단념해라. 너희들은 일생 나처럼 빈곤하고 배우지 못한 사람으로서 살아가야 한다. (그런데 러시아혁명이 일어났기 때문에) 나는 날뛰었다. 그리고 집에 돌아와 아이들을 껴안으며 이렇게 외쳤다. "아이들아 걱정하지 마라. 너희들도 천하를 손에 넣을 수 있다! 총리대신도 될 수 있다!" 말하자면 러시아의 혁명은 우리에게 살아갈 희망을 준 것이다.

센다이(仙台) 하라타 주이치(原田忠一)

2등상을 받은 하라타 주이치는 우애회에서 활약하던 히라사와 케시치(平沢計七)가 필명으로 응모한 것인데, 러시아혁명에 노동자로서의 희망을 표출했다. 가작인 후카가와 나카미네(深川中嶺)도 "사회주의라는 것을 지금까지 학자의 공상으로만 생각했다"며 실제로 그것이 출현한 것에 놀라움을 표명했다.

대부분은 러시아혁명을 '극단적인 전제정치'에 대한 반항(楠政市), '커다란 동맹파업'(立花秋太郎), '국가의 사회정책이 정당성을 얻지 못하고 국민 사이에 불평이 응어리진 것'(島田良蔵)으로 바라보았다. '단결력'(RA生, 安本仁)에 감동을 받거나, 자본가에 대한 '교훈'으로 바라본 자도 있지만(武田秀次), 계급이 아니라 '국민'과 '국가'의 관점으로부터의 논의가 많았다.

러시아혁명에 대한 이해와 의미 부여는 각각의 사고와 관심에 따라 달랐다. 그러나 그들은 모두 노동자로서 혁명을 마주 대하면서 탈각의 가능성을 바라보았다. 이러한 의미에서 하라타의 감상은 우애회에 모인 노동자의 의식을 잘 대변하고 있다. 이후 '자본주의와 사회주의' '계급과 착취' 등의 말은 노동자와 사회주의자만이 아니라, 저널리즘 일반에도 널리 사용되기에 이르렀다.

러시아에 대한 시선

이에 대해 아사다 코손의 러시아혁명에 대한 언급(「レニン政府の活動」, 『太陽』, 1918년 2월)은 오로지 평화에 초점을 맞춘 논의였다. 아사다는 레닌의 단독강화를 평가하여 레닌 등의 '개인주의, 민주주의, 평화주의'를 윌슨, 로이드 조지 등 '종래의 여러 대정치가'의 '대언장어(大言壯語)'의 공허함과 대비했다.

'계급'이라는 말을 사용하여 러시아혁명을 논한 자는 이시바시 탄잔의 「과격파 정부를 승인하라(過激派政府を承認せよ)」였다(『東洋経済新報』, 1918년 7월 25일). 이시바시는 현재 러시아의 '혼란'을 '경제상의 이유로 발생한 국내의 계급전(階級戰)'이라고 말했다. '노국(露國)' 민중의 의지를 무시하면서 러시아를 어떻게 해보려는 것은 불가능하고, '수령인 식자(識者)'의 노력을 기다릴 수밖에 없기 때문에, 이시바시는 '과격파를 승인하라, 과격파를 원조하라'고 단언한다. 레닌 정부의 승인을 거부하는 것은 '타민족의 사상에 간섭하는 것'이라는 인식이었다.

데라우치 내각과 파병계획

일본 정부의 대응은 레닌 정부를 승인하기는커녕 혁명에 간섭하여 사회주의정권을 타도하려 했다. 당시는 오쿠마 내각을 대신해 데라우치 마사타케가 내각을 조직했다(1916년 10월 9일 성립). 데라우치는 초대 조선총독을 역임한 조슈파 육군대장이었다. 데라우치의 배후에는 야마가타 아리토모가 있었고, 원로, 군부, 정당(하라 타카시 정우회 총재, 가토 타카아키 동지회 총재, 이누카이 쓰요시 국민당 총리)이 지지하는 '거국일치내각'이었다.

당시 하라 타카시의 일기에는 '육군의 하료(下僚, 1917년 12월 28일)'와 '외무성의 애송이들'(1918년 3월 7일)이 시베리아 출병을 획책하고 있다는 정보를 들었다고 말한다. 실제로 다나카 기이치(田中義一) 참모차장을 중심으로 한 참모본부는 1917년 11월 시베리아의 '거류민 보호'를 위한다는 명목으로 파병계획에 착수하고, 다음 해 1월 연해주에

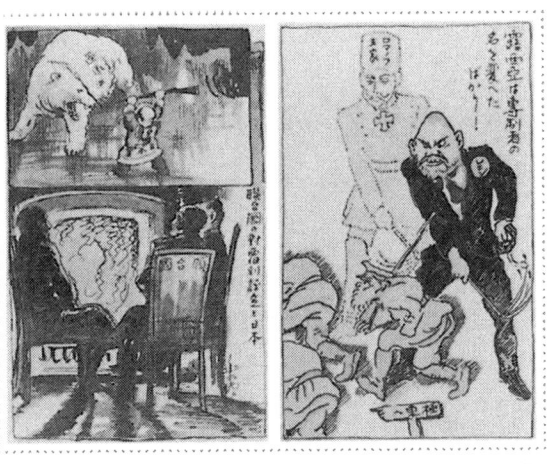

▶그림 2-7. 러시아혁명의 풍자 만화. 기타자와 라쿠텐(北澤樂天) 그림. 『도쿄팩(東京パック)』을 주재한 기타자와 라쿠텐은 풍자정신에 철저했다. 잡지의 폐간 이후에는 『시사신보』를 거점으로 활약했다.

대한 '파병계획'을 작성했다. 모토노 이치로(本野一郎) 외상도 시베리아 출병에 적극적이었고, 2월에 파병계획을 제출했다.

그러나 야마가타를 비롯해 정우회의 하라와 마키노 노부아키(牧野伸顯)는 일본의 단독출병에는 소극적이었다. 하라와 마키노 등이 파병 반대를 표명한 것은 1917년 6월 6일 설치된 임시외교조사위원회 석상이었다. 임시외교조사위원회는 조슈파벌로 군인이자 정치가인 미우라 코로(三浦梧樓)가 획책하여 원로, 군부, 정당과 정부의 연락을 도모하기 위해 데라우치를 총재로 조직한 것이었다.

영국과 프랑스는 독일과의 전쟁에 전념하기 위해 이른 시기부터 일본에게 시베리아 출병을 요청했다. 한편 일본은 출병을 대륙정책을 실현할 수 있는 기회로 삼아 그 시기를 모색했는데, 미국의 경제적인 원조가 필요했기 때문에 미국의 태도를 엿보는 상황이었다.

파병 결정

1918년 초두는 출병논자에게 유리한 상황이었다. 모토노 외상은 2월 초 시베리아 점령 제안을 미국, 영국, 프랑스에 타진했다. 그러나 미국은 3월 5일 간섭 반대라는 태도를 표명했고, 일본 출병의 묵인도 철회했다. 여기에 하라와 마키노는 3월 9일 임시외교조사위원회에서 모토노가 개인적으로 움직인 것을 비난했다. 더욱이 출병론도 자주적 출병론(단독출병)과 협조적 출병론으로 분열하고, 모토노의 자주적 출병론은 고립되어 결국 3월 19일 자주적 출병 구상을 포기했다.

상황이 변한 것은 1918년 6월 레닌 측과의 대립으로 인해 시베리아에 고립된 체코슬로바키아군 병사의 구출 문제가 부상하고부터이다. 미국은 7월 6일 출병을 결정하고, 8일 일본에도 출병을 제안했다. 시베리아에 대한 전면출병이 아니라 블라디보스토크에 한정하는 한정출병이었다. 그리고 12일 각의에서는 모토노의 후임으로 외상에 임명된 고토 신페이를 포함해 파병을 결정했다. 그러나 외교조사위원회에서는 여전히 하라와 마키노가 반대했기 때문에, 원로인 이토 미요지(伊東巳代治)가 수정안을 작성하고 다음 날 조정하여 결정되었다.

그리고 8월 2일 시베리아의 체코군 원조를 목적으로 출병을 선언했다. "제국정부는 합중국 정부의 제안에 응하여 그 우호에 대답하고, 이번 파병에서 연합열강과 발걸음을 함께하여 새로운 실적을 올리겠다"(『官報』 号外)는 협조출병의 형식을 표명했지만, 전면출병인지 한정출병인지 알 수 없는 애매한 표현을 사용했다. 한편 '시베리아 출병'이라는 호칭에 대해서는 최근 '시베리아 전쟁'이나 러시아혁명에 대한 '간섭전쟁'이라는 호칭이 제기되고 있다.

파병과 단독주둔

1918년 8월 4일 블라디보스토크 파견군 사령부가 설치되어 제2사단과 제3사단을 블라디보스토크에 파견했다. 미국 9천 명, 영국 5천 8백 명, 중국, 이탈리아, 프랑스는 1천2백~2천 명을 파병했는데, 일본은 할당 병력(1만 2천 명 이하)을 훨씬 상회한 7만 2천 명을 파병하여 바이칼 호 동부 지역을 제압했다.

그러나 시베리아 출병이 실패로 끝났다고 판단한 각국은 1920년

1월 체코군 구원이라는 목적을 달성했다며 철병을 개시했다. 미국이 솔선하고 영국과 프랑스가 뒤를 이었다. 그러나 일본은 동부 시베리아의 지배를 계획하여 조선과 만주로의 혁명파급방지와 시베리아 거류민의 보호 등을 이유로 단독으로 주둔했다. 일본은 1922년 10월 워싱턴회의 석상에서 비로소 철병의사를 표명했다(북사할린 철병은 1925년 5월). 일본은 철병까지 4년간 7만 3천 명의 병사를 시베리아로 파병했고, 3천5백 명의 희생자가 속출했다.

이 시기 데라우치 내각은 중국의 돤치루이(段祺瑞) 정권과의 사이에 1억 5,000만 엔의 차관을 제공하고, 중일공동방적군사협정(1918년 5월)을 체결했다. 차관은 제안자가 니시하라 카메조(西原龜三)였기 때문에 니시하라 차관이라고 부른다. 니시하라는 시베리아 출병론자였다. 일본은 내정불간섭이라는 명목을 내세우면서 원조를 통해 중국의 정치와 군사를 지배하려 했다.

니항사건(尼港事件)

그동안 1920년 3월부터 5월에 걸쳐 흑룡강 하구인 니콜라에프스키(尼港)는 적군계 빨치산에 의해 포위되어 휴전협정이 체결되었다. 그러나 결국 협정이 파기되어 700여 명의 일본인이 사망하고, 120여 명이 포로로 붙잡혔다. 어느 쪽이 협정을 파기했는가는 일본과 러시아의 보고가 상이하다. 일본은 니항사건을 통해 볼셰비키와 빨치산의 잔악성을 널리 선전했다. 일본은 7월에는 북사할린을 보장 점령했다.

요시노 사쿠조는 파병을 둘러싸고 「이른바 출병론에 아무런 합

리적 근거가 없다(所謂出兵論に何の合理的根拠ありや)」(『中央公論』, 1918년 4월)에서, 예상되는 출병 이유를 들어 반론을 펴면서 시베리아 출병을 비판했다. 또 『태양』(1918년 4월)도 비판적인 논고를 많이 게재했고, 〈오사카아사히신문〉도 사설을 통해 반대를 표명했다. 그러나 다카하시 사쿠에(高橋作衛), 도미즈 히론도(戶水寬人), 데라오 토오루(寺尾亨) 등 9명은 출병에 대해 '우리 제국의 흥폐에 관한 중요한 문제이다'라는 입장에서 강경하고 자주적인 출병을 주장하여 '9박사의 출병론'을 제출했다. 과거 러일전쟁의 개전을 외치던 '박사' 등을 포함한 행동이었다. 이밖에도 〈야마토신문〉, 〈국민신문〉, 〈요로즈초호〉 등도 출병의 입장에 서서 대외적인 강경론자가 여론을 형성해 나갔다.

번민하는 병사들

시베리아 출병에 동원된 병사 중에는 출병 목적을 이해하지 못한 자들이 있었다. 제2대대 제8중대 마쓰오 쇼조(松尾勝造)는 "1918년 8월 10일 평생 잊을 수 없는 날, 결사보국을 맹세한 시베리아 출병, 고쿠라(小倉) 병영을 출발한 날이다. 출발 전날 밤 부대 안에서 드디어 마지막 축하연이 열렸다. 일단 전지에 가면, 누가 먼저 전사할지 모른다. 누구에게 뼈를 부탁할까. 이 병영에 과연 돌아올 수 있는 사람은 몇 명일까"(『シベリア出征日記』)라는 일기를 남겼다. 여기에는 출병에 따른 사명감은 보이지 않는다.

또 히메지(姬路)의 보병 제10연대에 입대하여 제대를 눈앞에 둔 상태에서 1921년 시베리아 블라디보스토크에 파병된 구로시마 덴지

(黒島伝治)는 일기(1920년 4월 22일)에 "이 일기를 쓰는 것도 이제 이것으로 끝이다"라고 말했고, 친구인 쓰보이 시게지(壺井繁治)에게 "살아서 돌아올 수 있을지 없을지 모르겠다. 죽는다면 이 일기를 꼭 세상에 알려주기 바란다"고 부탁했다. 구로시마는 1921년 5월 1일 히메지에서 쓰루가(敦賀), 우지나(宇品)를 경유하여 5월 7일 블라디보스토크, 그 다음 날 니콜라에프스키에 도착했다. 다음 해 3월 구로시마는 몸이 아파 입원, 4월에 일본으로 돌아와 병역면제가 되었지만, 당시의 체험을 바탕으로 다음과 같은 소설을 남겼다.

  왜 그들은 눈 위에서 죽어야만 하는가. 왜 러시아인을 죽이기 위해 이렇게 눈 쌓인 광야까지 와야만 하는 것일까? 러시아인을 격퇴하더라도 자기들에게는 아무런 이익도 있을 수 없다(「썰매〔橇〕」, 1927년).

구로시마는 1927년 단계에서 이미 프롤레타리아 문학에 접근했지만, 시베리아 출병의 무목적성이 작품의 모티브가 되었다.

제1차 세계대전 시기는 러일전쟁의 전후 과정이어서 다양한 '전후' 문제가 등장했다. 전쟁의 영향이 중층적으로 표출되었다. 군대소설의 융성은 그러한 특징의 하나로 에구치 칸(江口渙)의 「중위와 폐병(中尉と廢兵)」(『新小說』, 1919년 2월)을 비롯해 '폐병'과 '탈영병'까지 러일전쟁에 참전한 군인들의 문제가 많이 다루어졌다.

이러한 상처 입은 병사들의 이야기는 군대가 갖는 부(負)의 국면을 묘사했고, 러일전쟁 당시 군인들에게 쏟아진 경외의 마음이 쇠퇴하고 있음을 보여준다. 구로시마의 일기(1920년 4월 22일)에는 "군대에 끌려갔을 때, 자신은 비관했다……. 지금의 일본 제도를 저주했다. 일본 국민을 그만두고 싶었다. 그러나 어쩔 수 없다는 것을 알았다. 그만둘 때까지는 괴로웠다"고 말했다.

제3장 쌀소동·정당정치·개조의 운동

1918년 7월 도야마(富山)에서 일어난 쌀소동은 이후 1개월 반 이상에 걸쳐 전국으로 확대되었다. 8월 11일 나고야의 군중이 쌀가게를 습격하는 장면(桜井清香画,「米騷動絵巻」).

1. 1918년 여름의 쌀소동

여성들의 항의활동

1918년 여름 도야마 현 니시미즈바시 초(西水橋町), 히가시미즈바시 초(東水橋町), 나메리카와 초(滑川町), 우오즈 초(魚津町) 등 동해 연안의 인구 1만 수천 명의 중소도시에 살던 여성들이 선박에 쌀을 싣는 것을 저지하고 집단적으로 관공서로 몰려갔다. 남성들은 홋카이도와 사할린으로 원양어업에 나갔기 때문에 여성이 행동에 나선 것이다.

지역신문인 〈다카오카신문(高岡新聞)〉은 여성들의 움직임을 전했고, 〈오사카아사히신문〉과 〈오사카마이니치신문〉(8월 5일 자)도 '다카오카 전보'를 통해 '여성들의 봉기(잇키, 一揆)'로서 보도했다. 당시 상황에 대해서는 "지금 도야마 현 일대는 물가등귀로 인해 빈민의 궁상이 격심하다. ……우오즈, 나메리카와, 미즈바시 등의 마을에 봉기가 일어나 불온한 기운이 넘쳐흐르고 있다. 8월 3일 어부의 부인들 300여명이 같은 시간 (오후 7시 무렵) 해변에 모여 물가등귀는 쌀 때문이라며 큰소리로 외쳤고, 우리는 굶어죽을 수밖에 없다고 절규했다"고 한다. 그리고 여성들은 유산자에게 '탄원'하여 쌀가게에 쌀을 반출하지 않도록 '협갈(脅喝)'하고, 반출했을 때에는 불태우겠다고 협박했다고 한다 (《大阪朝日新聞》, 8월 5일).

쌀소동의 발화점

이 지역에는 지금까지도 쌀을 둘러싼 소동이 발생했지만, 최근 수년간 쌀값의 폭등으로 1918년 1되가 36전 8리(7월 16일)였던 것이 60전 8리(8월 8일)로 인상되었다. 여기에 여름철 단경기(端境期)에 접어들어 쌀의 품귀 현상과 시베리아 출병으로 인한 매점매석은 사태를 더욱 심각하게 만들었다. '물가의 등귀'와 '생활난'이라는 말이 잡지와 신문에 자주 등장하고 부업이 장려되었다.

이러한 상황에서 여성들은 미곡의 이출에 불쾌감을 품고, 염가로 판매되는 수입미인 '외미(外米)'에 대한 거부감이 생겼다. 무엇보다도 대전경기로 생활에 어느 정도 여유

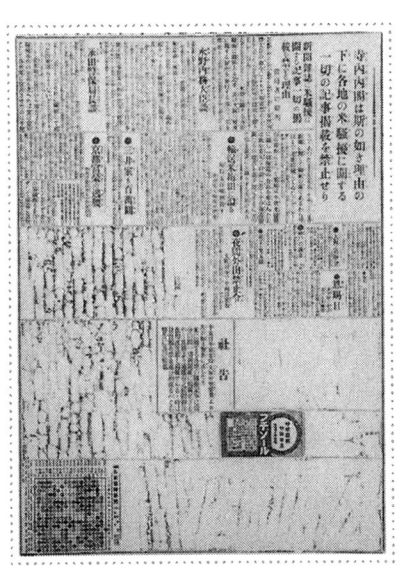

▶사진 3-1. 쌀소동 기사를 삭제한 《오사카아사히신문》(1918년 8월 15일). 쌀소동은 지역의 지방신문이 전개 양상을 자세히 전했다. 이 때문에 정부에 의한 신문게재금지와 발매금지가 연이었고, 8월 14일에는 '쌀소동'에 관한 모든 기사의 게재가 금지되었다. 기자들은 집회를 개최하여 언론 옹호를 주창했다.

가 생겨났지만, 미가의 등귀는 곧바로 생활의 하강으로 이어질 수밖에 없었다. 항의의 목적에는 생활 방위가 있었다.

도야마 현 여성들의 움직임을 계기로 1개월 반에 걸쳐 전국에서 사람들이 집단적으로 시위 행동에 들어갔다. 또 공장과 농촌에서도 미가 폭등을 이유로 쟁의와 지주에 대한 요구가 빈번히 일어났다. 더욱이 광산지대에서도 쟁의와 폭동이 일어났다. 1918년 여름의 쌀소동이다.

연쇄반응

'다카오카 전보'를 통해 쌀을 둘러싼 소동은 관서 방면으로 전해지고, 8월 8일 오카야마 현(岡山県) 오치아이 초(落合町)에서는 유지회(有志会)가 계획되었다. 다음 날 아침 주민들은 마을 관공서에 집합하여 정민대회(町民大会)를 개최하고, 미곡의 이출금지와 염매를 요구했다. 이후 소동은 오카야마 현 전체로 확대되었고 신문은 '형세가 불온'하다고 보도했다(《東京日日新聞》, 8월 10일).

긴키(近畿) 지방의 대도시에서는 시민대회 개최가 예고되어 소문에 그친 경우도 있었지만 사람들이 모여들었다. 오사카에서는 8월 11일 덴노지(天王寺) 공회당에서 미가조절오사카시민대회(국민당 주최)를 개최하고 연설회와 더불어 선언과 항의문을 낭독했다. 이어서 사람들은 '모두 함께 부청(府廳)으로 가자'며 거리를 행진하여 니혼바시로 진출했다. 당시 상황에 대해 신문은 "부근 쌀가게를 습격하여 25전에 달아서 팔기 시작하고 부근 아녀자들은 양동이와 밥통을 들고 가게로 몰려들어 아주 복잡했다"(《東京日日新聞》)고 말했다. 또 공회당에 들어가지 못한 사람들은 광장에 모여 '노천연설'을 시작하고 3천 명의 군중이 부근 쌀집을 습격했다. 이후 소동은 더욱 확대되었다. 시내 각지의 쌀집이 습격을 당해 "오사카 전시가지가 괴멸 상태"(《大阪朝日新聞》, 8월 14일)에 빠졌다. 오사카는 8월 14일 부령(府令)을 통해 야간 외출을 금지시키고 오후 8시 이후에는 전차 운전을 중지시켰다.

또 고베에서는 8월 12일 미나토가와(湊河) 유원지에 모인 수천 명의 사람들이 미곡의 이출입을 담당하던 스즈키상점(鈴木商店)을 포위하고 '뒷문으로부터 난입하여 폭행'하기 시작했다. 군중은 전등이 파괴되고 어두워지자 '석유통'에 불을 붙여 스즈키상점을 불태웠다(《東京日日新聞》, 8월 13일).

도쿄에서도 〈도쿄니치니치신문〉(8월 10일)에 미야타케 가이코쓰(宮武外骨)가 '미가 폭등 문제에 대해 시민 여러분과 상담합니다'라는 광고를 게재했고, 시민대회를 개최한다는 소문이 퍼졌다. 대회 당일인 8월 13일에는 히비야공원에 수백 명의 군중이 모여 소요를 일으켰다.

전국으로 확대된 쌀소동

쌀소동의 발생 건수가 최대에 달한 것은 8월 13일이었다. 이 시기에는 긴키로부터 주고쿠(中國), 시코쿠(四國) 지방의 각 도시와 마을로 쌀소동이 연쇄적으로 파급되었다. 각 현의 유력 도시와 군대가 주둔한 도시에서도 쌀소동의 움직임이 감지되었다. 구레(嗚) 시에서

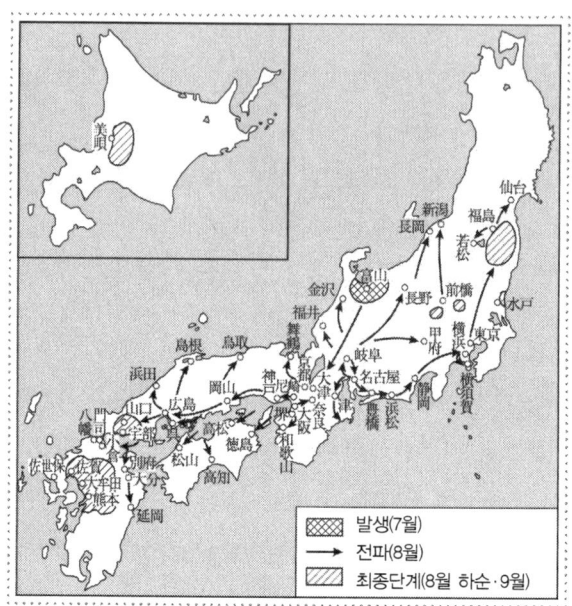
▶그림 3-2. 쌀소동의 확대(『図説 昭和の歴史』2).

는 해군공창의 노동자가 봉기하여 육전대(陸戦隊)와의 시가전으로 확대되어 사망자가 발생했다. 현재까지 쌀소동이 확인되지 않은 곳은 아오모리(青森), 아키타(秋田), 이와테(岩手), 도지키(栃木), 오키나와(沖縄)이며 전국적인 소요가 발생했다. 전체적으로 1도 3부 38현, 49시 217정 231촌과 탄광 29곳에서 쌀소동이 일어났다. 또 최근에는 이와테, 도지키에서도 움직임이 있었다고 한다. 8월 17일 이후에는 건수 그 자체는 감소했지만, 소동은 홋카이도, 도호쿠 지방 혹은 규슈 지방으로 확대되었다. 군대가 출동하여 많은 사상자가 속출한 지역도 확인된다.

규슈와 주고쿠 지방에서는 탄광에서의 폭동이 연이어 보도되었다. 우베(宇部) 탄광에서는 6월 이후 임금 인상을 요구했지만, 8월 16

일 "폭동이 일어나 공부(工夫) 인부 등 약 4천 명이 미곡상과 기타 상점을 습격했다. 더욱이 우베경찰서를 파괴하며 전신·전화선을 끊었고, 나아가 탄광사무소와 탄광주임사택 등에도 방화하고, 마을 유곽을 습격하여 재로 만들었다"(《東京日日新聞》, 8월 19일)고 한다. 소동이 시가지까지 확대되었고, 다이너마이트를 사용했다는 기사도 보도되었다.

또 쌀소동에는 피차별부락민도 참가했다. 쓰(津) 시에서는 소동의 주력이 피차별부락민이었고, 와카야마 현(和歌山県)에서도 피차별부락민이 참여했다. 미가 폭등에 따른 생활고와 더불어 차별에 대한 저항을 엿볼 수 있다. 이들의 저항은 이후 재판에서 부락민의 행동을 문제 삼아 일반인에 비해 무거운 형량이 부과되는 빌미를 제공했다. 또 고베 시, 아마가사키(尼崎) 시, 우베탄광 등에서는 조선인도 소동에 참가했다.

소동을 말하는 사람들

쌀소동의 원인에 대해 일본변호사협회의 오타 스케토키(太田資時)는 ① 미가 폭등과 정부 대책의 미비에 기인한 '일반 생활의 불안', ② 광부의 폭동과 소작인의 소요에 보이는 '부덕한 부호에 대한 평소의 여분(餘憤)', ③ 피차별부락민의 '경우상(境遇上)의 불만'을 지적하면서, ④ 정당과 '위험 사상'의 영향은 보이지 않는다고 말했다(《福岡日日新聞》, 9월 26일). 오타는 마지막 원인 지적에서 쌀소동이 '계급' 의식에 의거한 계획적인 행동이 아니라는 점을 지적했다. 변호사 후세 타쓰지(布施辰治)는 생존권을 확보하기 위한 운동으로서 쌀소동의 배후를 파악했다.

쌀소동 당시 사람들의 행동 양식은 미곡상을 습격하면서 시가(대개는 폭등 이전의 1되 25전)로 판매하라고 요구하고, 그것이 받아들여지지 않을 때 강탈하는 행위가 일반적이었다. 미곡상 파괴 그 자체를 목적으로 하는 행위가 아니었다. 군중의 행위에도 통제가 작동하여 근세의 백성 봉기에서 볼 수 있는 심성인 모럴 이코노미(Moral Economy)를 지적할 수 있다.

이시바시 탄잔은 쌀소동의 성격에 대해서 생각하면 생각할수록 '그 성질이 중대'하다며 '우리나라의 정치적 위기를 보여주는 것'이라고 말했다(『東洋經濟新報』, 1918년 9월 5일).

또 잡지 『법치국(法治國)』(1918년 9월)은 지식인에게 '쌀소동의 감상과 비평'을 물었는데, 회답자는 각각 쌀소동이 종래의 소요와 다르다고 지적했다. 쌀소동이 단순히 미가 문제에 따른 것만이 아니라는 점을 강조한 것이다. 호시지마 니로(星島二郞)는 "실로 정치 문제, 사회문제, 사상 문제 기타 여러 의미가 포함되어 있다"고 말했고, 우치다 로안(內田魯庵)은 "계급전의 첫 번째 봉화"라고 말했다. 미우라 테쓰타로는 "가령 일시적이나마 정부를 인정하지 않고, 인민 자신이 정부를 대신하거나 혹은 임시정부의 지위에 서서 미가 인하를 강제했다"는 것에 주목했고, 다카바다케 모토유키(高畠素之)는 쌀소동이 "지방으로부터 도쿄로 파급했고, 여성도 참가했다"고 지적하면서, "정계의 우상(偶像)"이 참여하지 않은 것을 지적했다.

아시아 속의 쌀소동

조선에서도 1918년 미가가 폭등하여 임금 인상을 요구하는 파업이 발생했고, 8월에는 서울 시내에서 시민대회 개최를 알리는 전단과 벽보가 나돌았다. 8월 28일에는 미곡 염매소인 소학교에서 혼란이 발생하여 헌병과 경관대가 출동했다(歷史敎育者協議會編,『図説 米騒動と民主主義の発展』).

더욱이 아시아 지역의 동향에도 주목할 필요가 있다. 일본 정부는 조선만이 아니라 프랑스령 인도지나, 영국령 미얀마, 타이 등지로부터 미곡을 유입했다. 1919년도는 그 유입량이 크게 늘어났기 때문에 동남아시아 일대의 미가는 급등했다. 미곡의 수입은 아시아 각국으로부터 쌀을 빼앗는 행위였고, 아시아에 새로운 쌀소동을 연쇄시켰다.

소동 진압과 내각 붕괴

쌀소동에 대해 당시 데라우치 마사타케 내각은 긴급 수입한 '외미'와 백미의 염매정책을 통해 민심을 추스르고, 기부금을 이용하여 구제하려 했다. 기부에는 천황가 300만 엔을 비롯해 미쓰이와 미쓰비시 등 재벌과 부호가 참여했다.

쌀소동의 진압에는 경관대만이 아니라 군대가 출동했다. 병사 파견은 8월 11일 이후 122개소, 10만 1,718명에 달했다. 또 쌀소동에서는 2만 5천 명 이상이 검거당했고, 그 가운데 7,786명이 기소되었다. 사형

2명, 무기징역 12명을 포함해 무거운 판결이 내려졌다. 체포자는 직공, 일용노동자, 직인, 상인 등 '잡업층'이 많았다. 이러한 측면에서 쌀소동은 히비야 방화사건 이후에 일어난 도시민중소요의 연장으로서의 성격이 강하다(표 1-1 참조). 더불어 농촌과 공장, 탄광 등에서 중류 이하 계층의 광범한 참가가 이루어졌다.

쌀소동은 '민중'의 힘을 보여줌으로써 사회운동의 국면만이 아니라, 통치에도 커다란 전기를 만들었다. 근대 일본사에서 가장 대규모의 사회운동 중 하나이고, 데라우치 내각을 궁지로 내몰았다. 데라우치는 이미 쌀소동이 한창이던 8월 하순 사임 의향을 굳혔다며 9월 21일 소동의 진압을 기다려 사임했다.

2. 정당내각의 탄생

하가 타카시 내각의 탄생

정우회의 총재 하가 타카시(原敬は)는 쌀소동 후의 일기에 "오후 10시 반 천황을 알현했다. 데라우치 내각총리대신이 사직하니 경(卿)에게 내각 조직을 명한다는 지시가 있었다"(1918년 9월 27일)고 기록했다. 하라 타카시 내각의 탄생이다.

최초의 본격적인 정당내각인 하라 내각은 쌀소동으로 인해 실현되었다고 말할 수 있다. 쌀소동의 와중에 정권을 엿보던 하라는 신중히 행동했다. 8월 상순 쌀소동이 정점에 달했을 때 하라는 고향인 모리오카(盛岡)에 있었고, 9월 초까지 도쿄에 돌아오지 않았다. 당시 하라는 원로와 번벌 세력과의 조정을 도모했고, 결코 소동에 참가한 사람들의 편을 들지 않았다.

하라는 9월 2일 데라우치의 사임 결의라는 정보를 듣고, 4일 도쿄로 돌아와 야마가타 아리토모를 비롯한 정계 요인들과 접촉했다. 그러나 처음에는 사이온지 킨모치와 기요우라 케이고 등의 이름이 거론되었고, 하라를 수상으로 추대하는 데는 저항이 많았다. 정당내각은 아직 경계의 대상이었다.

하라 내각의 탄생은 1918년 9월 29일이었다. 외상과 육해군상을 제외한 대신을 모두 정우회 출신으로 임명한 최초의 본격적인 정당내각이었다.

하라는 당시 62세. 1914년 정우회 총재로 취임했고, 이와테 현 모리오카 시 출신으로 번벌에 속하지 않고 작위도 수여받지 않았기 때문에 '평민 재상'으로서 인기가 높았다. 요시노 사쿠조는 하라 내각의 탄생을 "무엇보다도 시세의 기운과 이에 따른 국민의 여망이다"라고 말했다(「原首相に呈する書」, 『中央公論』, 1918년 11월).

▶표 3-1. 하라 타카시 내각의 구성(1918년 9월 29일 성립 당시)

내각총리대신	하라 타카시(原敬)
외무대신	우치다 코사이(內田康哉)
내무대신	도코나미 타케지로(床次竹二郞)
대장대신	다카하시 코레키요(高橋是淸)
육군대신	다나카 기이치(田中義一)
해군대신	가토 토모사부로(加藤友三郞)
사법대신	(겸) 하라 타카시
문부대신	나카하시 토쿠고로(中橋德五郞)
농상무대신	야마모토 타쓰오(山本達雄)
체신대신	노다 우다로(野田卯太郞)
내각서기장관	다카하시 미쓰타케(高橋光威)
법제국장관	요코타 센노스케(橫田千之助)

(비고) 1920년 5월 철도성 설치에 따라 철도대신이 신설되었다.

4대 정강

하라 내각은 4대 정강으로서 ① '교육 시설의 개선 충실', ② '교통기관의 정비', ③ '산업과 통상무역의 진흥', ④ '국방의 충실'을 내걸었다. 산업 기반을 정비하고 국력의 충실을 도모함으로써 제1차 세계대전과 전후 세계에 대응하려 했다.

▶사진 3-3. 의회에서 연설하는 하라 타카시 수상(하라 타카시 기념관 소장).

①에 관해서는 중등과 고등교육의 충실을 도모하여 고등학교(10교), 실업전문학교(17교), 전문학교(2교)를 신설하고, 상업학교를 단과대학(도쿄상과대학)으로 승격시켰다. 학부 증설도 이루어져 도쿄제국대학에 경제학부가 설치되었다. 중등교육기관도 대폭 증가했고 학생 수도 격증했다. 또 1918년 12월 대학령에 의거히여 게이오기주쿠(慶應義塾)대학, 와세다(早稻田)대학, 메이지(明治)대학, 호세이(法政)대학 등 사립전문학교가 대학이 되었다.

②의 중심은 철도정책이었다. 철도원을 철도성으로 승격시키고(1920년 5월), 정책의 중점을 간선에서 지선으로 옮기면서 철도망의 정비와 충실을 도모했다. 도로도 1919년 도로법을 성립시켜 도로를 국도와 부현도(府縣道) 등으로 구분하고, 도로 등급과 관리 책임을 정했다. 또 ③에서는 도시계획법에 따라 인접 정촌을 구역에 편입시켰고, 시가지건축법으로 시가지를 주거·공업·상업의 3지역으로 구분했다. 더욱이 ④에 관해서는 역대 해군대신이 요구해 온 해군의 8·8함대(전

함 8척, 순양전함 8척)의 건조와 육군의 21개 사단의 충실, 병기 개량과 같은 군비 확장, 군비의 근대화를 도모했다.

정우회와 적극정책

하라는 적극정책을 전면적으로 추진했다. 이는 중앙 정계의 요구를 만족시킴과 동시에 지역의 이익을 유도하여 지역의 명망가인 '단나슈'를 정우회의 기반으로서 확보하는 일이었다. 이 때문에 예를 들면 효고 현(兵庫県) 북부의 다지마(但馬) 지역에서는 단나슈가 마루야마 천(円山川)의 제방 개수 촉진을 기대하여 기존의 헌정회로부터 정우회 지지로 돌아섰다(伊藤之雄, 『大正デモクラシーと政党政治』). 또 지금까지 공익 기업에 불만을 품었던 도시의 단나슈(중소상공업자)의 움직임은 세금폐지운동을 제외하고 이 시기에는 보이지 않았다.

하라는 더욱이 선거법 개정과 군제(郡制) 폐지를 통해 정우회의 기반을 확보하려 했다. 1900년의 선거법 개정으로 이미 납세 자격은 직접국세 10엔 이상으로 인하되었지만, 하라는 더욱이 3엔 이하로 낮추고(1919년 5월) 유권자 수는 134만 명에서 286만 명으로 배증했다. 아울러 소선거구제를 도입하여 의원정수를 381의석에서 466의석으로 늘렸다.

유권자와 의석 수를 확대한 다음의 총선거(1920년 5월 10일)에서 정우회가 압승하자(178의석), 야당인 헌정회도 적극정책을 펼쳤다. 이 때문에 정우회는 적극정책으로 지역 이익의 도입을 도모하고, 비정우회 세력은 부담경감론을 주장한다는 대항축이 일단 해소되었다.

보통선거운동

그러나 하라의 적극정책에는 부작용도 많았다. 중고등교육의 확충은 의무교육에 대한 교육비 충실을 무시한 채 추진되어 중고등교육에 참여할 수 없는 사람들의 불만을 샀다. 또 보통선거의 도입에 관해서는 정우회가 명망가의 질서 체제를 유지하기 위해 시기상조라는 입장을 취했기 때문에 하라 내각 시기에는 실현되지 못했다. 이 때문에 역으로 보통선거를 요구하는 운동이 고양되었다.

보통선거운동은 1897년 보통선거기성동맹회(普通選擧期成同盟会)가 나가노 현(長野県) 마쓰모토 시(松本市)에서 결성된 이래 오랜 기간 동안 추진되었다. 일시적으로 세력이 약화된 시기도 있었지만, 1919년에는 왕성한 활동을 보였다. '헌법 발포 30주년 기념일'인 2월 11일에는 학생들이 데모를 시작했고, 밤에는 기성동맹회와 학생 단체에 의한 대연설회가 개최되었다. 오사카, 나고야, 시즈오카, 다카마쓰, 가고시마, 센다이, 히로시마에서도 집회와 연설회가 개최되는 등 전국적인 규모의 운동으로 발전했다. 1920년 봄까지 이 운동은 계속되었고, '대중적 보통선거운동'(松尾尊兊, 『普通選擧制度成立史の研究』)이 전개되었다.

통치와 사회

제1차 세계대전과 쌀소동의 시기는 통치기구의 재편이 시도된 시기이다. 데라우치 내각 당시 1917년 임시외교조사위원회와 임시교육회가 이미 설치되어 새로운 국민 통합의 방책이 모색되었는데, 쌀소동을 계기로 내무성 구호과는 사회과(1919년)로 변경되었고, 1920년에는 사회국으로 승격되었다. 사회정책과 협조정책의 방향을 제시하면서 사회구조를 장악하려는 의도였다.

하라는 결핵예방법, 트라코마예방법(1919년)을 비롯해 차지법(借地法), 차가법(借家法), 직업소개소법(1921년), 건강보호법(1922년, 시행은 1927년) 등 사회구조와 관련된 법률을 연이어 제정했다. 또 차지차가조정법(1921년), 소작조정법(1924년), 노동쟁의조정법(1926년) 등 각종 조정법을 제출했다. 1919년 이후에는 노동조합법안, 소작입법안(소작법, 소작조합법)의 기본법 제정을 추진하여 역학관계 속에서 노동정책과 농업정책을 시행했다.

또 형사소송법 개정안이 제45의회(1921~1922년)에 제출되었다. 이 개정안은 인권옹호의 요구에 따라 변호권 확대와 피고인의 당사적(當事的) 지위 강화를 도모하여 미결구류 기간을 제한하고 '묵비권'을 설정했다. 한편 수사기관의 강제수사와 권한 확대를 받아들여 치안유지를 강화하려 했다. 특히 '요급(要急)사건'의 신설은 영장 없이 피의자의 구인, 구류, 신문을 인정하고 차압도 가능하도록 만들었다(1924년 시행).

1922년 공포된 소년법은 18세 미만 소년의 보호수속과 형사처분을 규정했고, 다음 해 1923년 공포된 배심법(陪審法, 실시는 1928년)은 내각 성립과 함께 입법화에 착수한 것으로 일반인으로부터 배심원을 선출하여 재판에 참가시켰다.

사회정책의 전개

이러한 일련의 입법 과정에는 사회문제와 사회운동에 대처할 때 사람들의 요구를 어느 정도 수용하면서 통치를 재편하려는 자세가 작용했다. 하라는 이미 쌀소동 이전인 1917년 10월 22일 일기에 "앞으로 민주주의의 발흥은 정말로 두려운 일이다. 이는 나만이 아니라 관료도 똑같이 걱정하는 바이다. 다만 관료는 이 조류를 차단하려는 것이고, 우리는 이것이 격성(激盛)되지 않고 상당한 소통을 통해 대해(大害)가 일어나지 않기를 바란다는 데 차이가 있다"고 말했다.

사회운동의 격화라는 '대해'를 피하기 위해 사회에 눈을 돌려 사람들의 요구를 받아들이는 '소통'을 도모한 것이다. 쌀소동 이후 이러한 방침은 일반화되어 시정촌 레벨에서도 사회국과 사회과가 설치되어 동일한 대응이 이루어졌다. 오사카 시에서는 공설식당과 공설시장, 공익전당포와 직업소개소가 설치되었다. 지금까지 재야에서 민간단체가 실시한 사회구제 사업을 시 당국이 담당했다. 또 1919년부터 『노동조사보고(勞動調査報告)』를 간행하고 방면(方面)조사제도를 창설했다(1918년).

방면조사제도는 지구(방면)마다 위원을 두고 지역 내 곤궁자의 생계와 생활 조사를 실시하고, 상담을 받아 필요에 따라 사회 시설과 연락하는 업무를 담당했다. 방면위원에는 지역의 중소상공업자(단나슈)가 많이 임명되었고, 곤궁자의 감시라는 치안 대책의 측면도 있었다.

방면조사제도는 조역(助役, 이후 시장) 세키 하지메(関一)에 의해 주도되었는데, 오사카 시만이 아니라 도쿄, 교토, 요코하마 등 대도시 이외에 지역의 중소 도시에서도 실시되었다. 또 내무성 사회국도 '불량주택지구'와 '요보호지구', 빈곤과 아동보호 등을 조사하여 사회정책을 전개했다.

교화운동과 국민 통합

더욱이 이 시기에는 교화운동도 전개되어 사람들을 정부나 시정촌과 협조적이고 조화적인 운동으로 유도하려 했다. 그 하나인 내무성의 민력함양운동(民力涵養運動)은 1919년 3월에 시작되었다. 도코나미 타케지로(床次竹二郎) 내상은 '국체'의 관념과 함께 '입헌의 사상'을 강조했다. 요컨대 '건전한 국가 관념'과 더불어 '자치'와 '공공심'의 육성을 강조함으로써 전통성과 근대성을 혼재시켰다. 그러나 실천 항목에서는 후자의 합리성에 역점이 놓였다. '근로의 취미'를 조장하고 '저축의 장려'와 '시간을 확수(確守)하는 방법' '능률 증진의 방법' 또는 '의식주의 개량'을 통한 '간이생활'과 '관혼장제송영(冠婚葬祭送迎)' '오락'의 개량이 주창되었다(『內務省史』1, 1971년). 국가에 의해 사생활 영역에 대한 합리적 개선이 시도되어 근대적인 생활을 영위하는 '국민'의 육성이 촉구되었다.

문부성에 의한 '생활개선'도 시도되었다. 1919년 신설된 문부성 보통학무국에 의해 주택, 복장, 사교 의례, 식사의 개선이 주창되어 생활개선전람회(1919년 11월~1920년 2월)가 개최되었다. 또 이를 계기로 1920년 1월 생활개선동맹(生活改善同盟)이 결성되었다. 동맹회는 신중간층 가족의 출현에 대응하여 여성에 초점을 맞추고, 생활 합리화를 통해 국가의 기초인 가정과 생활을 개선하는 것을 목적으로 삼았다. 이는 '민력 함양'과 '생활개선' 등 사생활의 영역을 공공화하여 주체성을 통한 동원을 도모한 것이다.

새로운 통합책을 제시한 단체도 결성되었다. 1919년 12월 22일 설립된 협조회(協調会)는 도코나미 내상과 실업가 시부사와 에이치(渋沢栄一) 등이 발기한 반관반민의 성격을 지닌 단체이다. '협조회설립취의서'에서는 '자본 노동의 협조'는 산업 발달에서 '제일 중요'하고 '사회 평화'를 지키는 것이라며, 종래의 온정에 의거한 주종관계적인 노사관계를 배격했다. 자본가는 노동자의 인격을 존중하여 생활개선을 도모하고, 또 한편으로 노동자는 수양, 연마하여 스스로 '지위'의 향상을 추구해야 한다고 강조했다. 노동자와 자본가 쌍방에게 대립하는 관계의 '협조'를 표방한 것이다. 회장은 도쿠가와 이에사토, 부회장은 기요우라 케이고와 시부사와 에이치 등 대자본가와 사회정책가가 참가했다. 자본가의 주도권 아래에서의 '협조'를 추구한 단체였다.

국세조사와 식민지

이러한 분위기 속에서 제1회 국세조사가 1920년 10월 1일 실시되었다. 당초에는 1905년에 예정되었지만 러일전쟁 발발 때문에 연기되었다. 타이완에서는 1905년과 1915년에 호구조사로서 독자적인 조사가 실시되었다. 국세조사는 세대 단위로 이루어져 사회와 사람들과의 관계를 세대로 파악했다.

국세조사는 남양군도를 포함한 각 식민지에서도 실시되었지만,

조선에서는 3·1운동 때문에 연기되어 간이조사로 이루어졌다. 또 국세조사에서는 식민지와 아이누를 대상으로 민족을 기입시킨 '민적'이 조사되었다. 사할린의 경우 '민적'으로서 '아이누, 오로총, 기리야크, 산다스, 퉁구스'가 설정되었다. 민족의 명칭은 이후 변경되거나 부가되는 등 변화가 생겼다(青柳真智子編『国勢調査の文化人類学』). 이처럼 조사 또한 새로운 통치의 기법으로서 효력을 발휘했다.

'사회'에 대한 눈

그러나 제1차 세계대전과 쌀소동이라는 격동 속에서 추구된 새로운 통치와 통합의 시도는 많은 균열과 갈등을 초래했다.

먼저 사회정책, 사회연구, 사회조사 영역에서의 관과 민의 대항이다. 경제학자로서 개조의 조류에 속하는 후쿠다 토쿠조는 잡지『해방(解放)』창간호(1919년 6월) 권두에「해방의 사회정책(解放の社会政策)」을 기고하여 관과는 다른 민의 입장에서 사회정책을 논했다. 또 구시다 타미조(櫛田民蔵)는 '조사(앙케트)'는 '민본적 사상의 산물'이라며 '방빈(防貧)의 근본책'이 결여된 채 이루어지는 정부의 조사를 비판했다(《大阪朝日新聞》, 1918년 1월 3일~4일).

또 사회문제를 지적하면서 체제 고발이 이루어졌다. 이쿠타 조고(生田長江)·혼마 히사오(本間久雄)가 펴낸『최근사회문제12강(最近社会問題十二講)』(1919년)을 비롯해, 아베 이소오(安部磯雄)와 야마카와 히토시(山川均), 사카이 토시히코 등이 집필한 방대한『사회문제강좌(社会問題講座)』(1924~1925년) 등이 간행되었다. 또 높은 유아사망률을

문제시한 데루오카 기토(暉峻義等)의 『유아사망의 사회적 원인에 관한 고찰(乳児死亡の社会的原因の関する考察)』(1921년)도 출판되었다.

그중에서도 '진정한 조사'(「国勢調査実施の急務」, 『国家学会雑誌』, 1917년 5월)를 주장한 다카노 이와사부로(高野岩三郎)가 실시한 쓰키시마(月島) 조사(1916년)와 오하라사회문제연구소(大原社会問題研究所)의 설치(1919년 2월)는 주목할 필요가 있다. 오하라사회문제연구소는 1920년 『일본노동연감(日本勞動年鑑)』, 1923년 8월부터는 『오하라사회문제연구소잡지(大原社会問題研究所雑誌)』를 간행하기 시작해 노동자의 입장에서 조사와 보고를 계속했다. 또 다카노의 조사는 노동자의 세부적인 생활에 대해서뿐만 아니라, 그 현상에 대한 비판과 분노를 표출했다.

이처럼 조사와 연구, 정책 영역을 둘러싸고 당시 정부와 시정촌, 재야 학자들과의 사이에는 일종의 경합이 일어났다. 조사의 수법, 더욱이 조사의 내용과 목적도 달랐다.

지방적 시민정사(市民政社)의 대두

균열의 두 번째 현상은 지역에서의 기존 명망가 질서에 변용이 일어났다는 점이다. 적극정책을 통해 확실히 명망가 일부는 포섭되었지만, 이반된 부분도 적지 않았다. 하라의 계획에도 불구하고 기존 정당에 일정한 거리를 두고, 지역의 이해로부터 출발하여 비명망가층을 구심으로 삼으려는 움직임이 보였다. 비정우회 세력에 접근하는 자와 노동운동에 공감하는 자 혹은 재향군인회를 결집점으로 삼는 자 등 지역에 따라 그 양상은 달랐지만, 각지에 마쓰오 타카요시(松尾尊兊)가 말한 '시민정사'가 대두했다.

시민정사로는 돗토리 시 연합청년당(돗토리), 경제동지회(구레), 아키타 시 청년회(아키타), 오카야마 입헌청년당(오카야마), 도야마 현 입헌청년당(도야마), 석춘회(惜春会, 쓰치우라), 교우회(校友会, 가와사키), 이시카와 현 입헌청년당(가나자와) 등이 알려져 있는데, 모두 전통적인 명망가 질서에 대항하는 움직임을 보였다. 청년들이 대표가 된 점도 특징의 하나인데, 새로운 세대에 의한 지역 질서가 모색되었다. 주민운동이 지각을 흔드는 시기에서 시민정사가 지역 질서를 위협하는 시기로 바뀌기 시작했다. 마스미 준노스케(升味準之輔)가 지적한 대로 기존의 지역 명망가를 대신하여 '역직명망가(役職名望家)'가 등장했다.

의혹 사건과 암살

또 하나의 사건은 의혹의 다발이었다. 하라 내각 시기에는 적극 정책과 관련된 이권 구조가 만들어져 번벌과 결탁한 업자와는 다른 파이프가 형성되었다. 새로운 이권은 오직(汚職)으로 적발되어 불상사가 속발했다. 1919년 말에는 관동청 아편국 주사의 아편밀매사건이 적발되었고, 더욱이 관동청 고관이 관동주 내에서 몰수한 아편을 중국에 밀수한 사건이 밝혀졌다. 또 다음 해 5월에는 만철 부사장이 고가로 탄광과 선박을 구입하고 그 대가로 정우회에 헌금을 요청한 만철사건이 일어났다. 도쿄에서도 '도쿄 시 독직(瀆職)사건'이라 불리는 의혹 사건이 이어졌다. 더욱이 1920년에는 메이지신궁 참배 도로의 자갈 공사에 도쿄시의회 의원이 관여한 사건 등으로 74명의 시의원 중 17명이 공판에 회부될 정도였다.

한편 헌정회도 가토 타카아키 총재가 우치다 노부야(內田信也)로부터 헌금을 받고, 그 무렵 보통선거를 추진하던 오자키 유키오와 시마다 사부로를 원조하지 않겠다는 서간이 문제되었다. 이른바 '진품 5개 사건'이다. 가토는 사실무근이라고 변명했지만, 이를 둘러싸고 오자키는 제명당했고 시마다가 탈당하는 등 혼란이 이어졌다.

더욱이 1920년 말에는 궁중모중대사건(宮中某重大事件)이 발생했다. 이는 황태자비 후보였던 구니노미야(久邇宮) 집안의 질병을 문제 삼아 이를 제안한 야마가타 아리토모가 약혼을 취소시키려 한 사건이다. 이에 대해 스기우라 주고(杉浦重剛)와 도야마 미쓰루(頭山滿) 등 국수주의자들은 격렬히 반발했고, 오카와 슈메이(大川周明)와 기타 잇키(北一輝) 등도 이에 동조했다. 해를 넘기도록 혼란이 가중되자 궁내대신이 사임하여 문제를 수습했다.

이런 과정에서 1921년 11월 4일 정우회 긴키대회에 출석하기 위해 도쿄 역을 출발하려던 하라 타카시는 한 청년에 의해 암살당했다. 그 청년은 정우회와 관련된 의혹 사건에 분개했다고 말했다.

3. '개조'의 여러 조류

잡지 『개조(改造)』

쌀소동 이후 창간된 잡지의 하나로 『개조』가 있다. 이 잡지는 1919년 4월 야마모토 사네히코(山本實彦)의 개조사가 발행했다. '개조'는 이 시기를 대표하는 말이고, 이를 증명하듯 기존의 사회를 변혁하려는 움직임이 여러 분야에서 표출되었다.

잡지 『개조』는 처음엔 그다지 주목을 받지 못했지만, 같은 해 7월호(제1권 제4호)부터 커다란 반향을 불러일으켰다. 이 호는 표지에 크게 'THE RECONSTRUCTION'이라는 레이아웃을 붙이고 '노동문제 사회주의 비판호'로 간행되었다. 노동자와 사회운동의 새로운 동향을 포착하고 이를 지면에 삽입시켜 잡지로서 높은 평판을 얻었다. 이후 잡지는 '자본주의 정복호'(1919년 8월), '노동조합 동맹파업 연구호'(9월, 발매금지), '계급투쟁호'(12월) 등을 편성했다.

『개조』 지상에는 그리스도교 신자이자 사회운동가인 가가와 토

요히코(賀川豊彦)의 반(半)자전적인 소설「사선을 넘어(死線を越えて)」(1920년 1~5월)를 게재했다. 이 소설은 무거운 병을 극복한 주인공이 슬럼에서 포교 활동을 실시한 경험을 사실적으로 묘사하여 반향을 불러일으켰다. 식자공이 눈물을 흘리면서 활자를 짰다는 일화가 회자될 정도였다. 또 1924년 9월부터 11월에 걸쳐『개조』에는 호소이 와키조(細井和喜蔵)의「여공애사(女工哀史)」가 게재되었고, 다음 해 7월에는 단행본으로 간행되었다.『개조』는 사회문제를 지적하는 데에 머물지 않고, 한걸음 나아가 '민중'에 시점을 맞추어 사회개조를 주창함으로써 인심을 파악했다.

지역의 문화 활동

한편 지역에서도 다양한 문화 활동이 전개되었다. 구마모토 현 구마 군(球磨郡)의 청년 교사 하시모토 겐조(橋本憲三) 등의『소수파(少数派)』와『슈드라(スードラ)』(1917~1919년), 가나가와 현 오다하라(小田原)의 소학교 교사이자 시인인 후쿠다 마사오(福田正夫)와 이노우에 야스후미(井上康文) 등의『민중(民衆)』(1918년), 아오모리 현에서 아와야 유조(淡谷悠蔵)가 중심이 된『여명(黎明)』(1919년), 나가노 현 시모이나 군(下伊那郡) 청년들의 단가(短歌) 잡지『석학(夕鶴)』(1921년), 돗토리 현의 하시우라 야스오(橋浦泰雄)와 와쿠시마 요시히로(涌島義博) 등의『괴인(壞人)』(1921년)과『수맥(水脈)』(1922년), 아키타 현 쓰치자키 항(土崎港)에서 프랑스에서 귀국한 고마사 오미(小牧近江) 등이 간행한『씨 뿌리는 사람(種蒔く人)』(1921년) 등 청년들을 중심으로 많은 동인지가 생겨났다. 이들 잡지는 모두 사회의 개조와 그 주체로서의 자신들의 사명을 주장했다.

또 1921년 11월 나가노 현 우에다(上田)의 치이사가타(小県) 지역에 탄생한 우에다 자유대학도 농촌 청년이 조직한 문화교육운동이었다. 우에다에 거주하는 가나이 타다시(金井正), 야마코시 슈조(山越修蔵), 이사카 나오카즈(猪坂直一) 등 3인의 청년이 재야 철학자 쓰치다 교손(土田杏村)과 연계하여 철학강습회를 열었고, 나아가 장기 강좌를 정기적으로 개설했다. 이로써 농한기에 1일 평균 3시간, 1강좌 평균 5일간을 개강하는 우에다 자유대학이 시작되었다. '자유'라는 말에서 청년들의 사회 변혁에 대한 의지를 엿볼 수 있다. 강사에는 쓰치다 이외에 쓰네토우 교(恒藤恭, 법철학), 다카쿠라 테루(高倉輝, 문학), 이데 타카시(出隆, 철학), 신메이 마사미치(新明正道, 사회학) 등이 참여했고, 1925년 11월 제5기까지 개최되었다. 중단 이후에도 3학기가 개강되었다.

자유대학은 이나(伊那), 마쓰모토(松本, 나가노 현), 우오누마(魚沼), 하쓰카이(八海, 니가타 현), 군마에도 설립되었고, 미야기와 아오모리, 효고 현 등지에서도 비슷한 움직임이 있었다. 이나(伊那) 자유대학은 사회주의운동에 참가했던 청년들이 '프롤레타리아 문화'의 입장에서 추진하여 쓰치다 등에 비판적이었다.

또 계보는 다르지만 도시부에서는 나고야 시민대학이 개설되었다. 1920년 2월 고바야시 기쓰센(小林橘

▶사진 3-4. 우에다 자유대학에서의 강의 풍경. 강사는 문학자인 다카쿠라 테루(『図説 昭和の歴史』 2).

128 | 다이쇼 데모크라시

川), 기류 유유(桐生悠々) 등이 시작한 여성 교육을 위한 강좌를, 이노세쓰조(井筴節三)가 '각자의 교양'을 연마해야 한다는 구상으로 발전시켜 강좌를 개강함과 동시에 주간 기관지『시민대학(市民大学)』을 발행했다.

무샤노코지 사네아쓰(武者小路実篤)의「신촌(新しき村)」(1918년)이 미야자키 현에 만들어지고,「선언 하나(宣言一つ)」(『改造』, 1922년 1월)를 통해 아리시마 타케오(有島武郎)가 홋카이도 가리부토(狩太, 지금의 니세코)의 농장을 소작인에게 해방하여 '가리부토 공생농장'을 실현한 것도 지역에서의 문화적·사회적 실천의 흐름으로 파악할 수 있을 것이다.

자유교육의 시도

이러한 문화 실천의 움직임은 제도를 동요시켰다. 예를 들면 교육의 영역이다. 야마모토 카나에(山本鼎)는 자유화(自由畵) 교육을 주장했고, 기타하라 하쿠슈(北原白秋)는 문부성 창가(唱歌)를 비판했다. 아시다 에노스케(芦田惠之助)는 글짓기 교육을 전개했다. 이들은 모두 신민 양성을 위해 아이들을 틀에 맞추고 개성을 억압한 강권적 교육에 대한 비판이었다.

치바(千葉)사범 부속소학교와 나라(奈良)여자고등사범 부속소학교, 이바라키 현 이시게 초(石下町)의 정립소학교 등에서도 자유교육을 실천했다. 이는 하니 모토코(羽仁もと子)에 의한 자유학원, 아카이 요네키치(赤井米吉)의 명성학원, 니시무라 이사쿠(西村伊作)의 문화학

원 혹은 교육세기사(教育の世紀社)의 아동촌(児童の村) 소학교 등 민간에서의 움직임과 더불어 다이쇼 자유교육이라 불리는 교육 면에서의 개혁이었다. 기존의 공교육은 교육 목적에서부터 지도 방법에 이르기까지 획일적으로 통제되었는데, 이에 반하여 다이쇼 자유교육은 아동에 착목하여 다채로운 교육 실천을 시도했다. 이는 1920년대 전후의 조류 속에서 주요한 위치를 점하게 되었다.

사회 개혁의 네 가지 조류

이러한 사회개조를 주장하는 움직임과 의식의 태동이 시작된 쌀소동 이후, 즉 1920년 전후 시기에는 네 가지 사회개조의 조류를 확인할 수 있다. 첫 번째는 민본주의자에 의한 논의의 계속과 진전이다. 쌀소동 이후에도 요시노 사쿠조는 변치 않는 활동을 전개했다. 요시노는 "이제 시세가 변했다. 부국강병은 더 이상 국가 생활의 유일한 이상이 아니다"(「国家生活の一新」, 『中央公論』, 1920년 1월)며 정당정치의 확대와 민의의 존중을 주장했다.

두 번째는 대역사건 이후 활동을 봉쇄당한 사회주의운동이 복권되었고, 또 기존의 차별받던 사람들 스스로가 목소리를 내면서 개혁을 추구하는 움직임이 시작되었다. 세 번째는 일본과 천황을 전면에 내세워 '국체'에 입각한 개조를 추구한 국가주의단체가 결성되었다. 더불어 네 번째는 국가와 시정촌도 종래의 통치 방식을 변경하여 새로운 방책을 통한 사회의 편성을 시도했다.

이는 모두 쌀소동 이후 제국일본의 개혁을 둘러싼 네 가지 방향과 실천이었다. 최근 역사가들 중 예를 들어 가노 마사나오(鹿野政直)는 '개조'라는 용어를 사용하여 쌀소동 이후 1920년대의 역사를 고찰하고 있다. 재야에서 개혁을 추구한 세 가지 운동과 그에 대한 대처를 포함한 정부와 시정촌의 새로운 통치가 시작된 것이다. 네 번째 움직임은 앞 절에서 살펴보았기 때문에 여기에서는 첫 번째 개조의 움직임을 검토하고, 두 번째와 세 번째 개조의 조류에 대해서는 다음 절에서 살펴보겠다.

요시노의 입회연설회

첫 번째 개조는 '데모크라시' 논의를 기조로 이루어졌다. 여기에는 앞의 두 번째와 세 번째 조류의 개조였던 사회주의와 국수주의의 조류가 교착하여 상호 비판 관계가 보이는 등 복잡한 관계를 형성했다.

요시노 사쿠조는 1918년 11월 23일 도쿄 간다의 남명구락부(南明俱樂部)에서 우파를 대표하는 도야마 미쓰루 등 낭인회(浪人会)와 입회연설회를 열었다. 연설회의 계기는 10월 낭인회가 〈오사카아사히신문〉 기사의 한 구절인 '흰 무지개가 해를 가리다(白虹貫日, 국가에 대란이 벌어질 전조를 의미—옮긴이)'를 문제시하여 아사히신문사를 국체 옹호의 명문에서 공격했기 때문이다. 이 사건의 처리를 둘러싸고 민본주의 거점의 하나였던 〈오사카아사히신문〉은 도리이 소센(鳥居素川), 마루야마 간지(丸山幹治), 오야마 이쿠오(大山郁夫), 하세가와 뇨제칸 등 편집간부를 퇴사시켰다. 동시에 요시노는 「언론 자유의 사회적 압박을

배격한다(言論自由の社會的圧迫を排す)」(『中央公論』, 1918년 11월)에서 낭인회의 행위를 '오늘날의 최대 불상사'라고 비판했다. 이에 대해 낭인회는 요시노에게 따지며 견해를 밝히라고 요구했기 때문에 교섭 끝에 입회연설회를 열게 되었다.

입회연설회는 낭인회 측과 요시노가 교대로 자신들의 의견을 주장했는데, 회장 안팎에서는 요시노를 지원하는 사람들이 압도적이었다. 그러나 군중은 '천황폐하만세'를 삼창한 다음 연설회를 마쳤고, 요시노와 낭인회 모두 '국체'를 지킨다는 점에서는 일치했다.

여명회의 결성

요시노는 이후 후쿠다 토쿠조와 함께 민본주의 지식인 집단인 여명회를 결성했다. 이마이 요시유키(今井嘉幸), 니토베 이나조, 오야마 이쿠오 등도 가담하여 12월 23일 첫 모임을 가졌다. 여명회는 '완명사상(頑冥思想)'인 종래의 고루한 사상을 배격하고, '전후 세계의 새로운 추세'에 '순응'할 것을 내세웠지만, 아울러 '일본의 국본(國本)'을 학리적으로 천명(闡明)'할 것을 목적으로 삼았다(「大綱」, 『黎明講演集』 4, 1919년). 여명회는 강연회를 열고 팸플릿을 간행하는 등 계몽 활동을 전개했다.

여명회의 멤버 중에는 도쿠다 후쿠조와 오야마 이쿠오 등의 활약이 눈부셨다. 후쿠다는 '해방의 사회정책'(『解放』 창간호, 1919년 6월)을 내세우고, 그 관점에서 민본주의론을 주장했다. '무단적'뿐만 아니라 '경제적'인 침략주의도 거부하고, '모든 국민을 포함한 데모크라시'를 새

롭게 표방하면서 '신개(新箇)의 데모크라시'라고 주장했다(「資本的侵略主義に対抗 真正のデモクラシーを発揚」,『中央公論』, 1919년 1월).

또 오야마 이쿠오는 정치적 차원만이 아니라 '경제적' '사회적'인 차원에서의 '진정한 데모크라시'를 제창했다(「社会改造の根本精神」,『我等』, 1919년 8월). 당시 오야마는 단순히 '각종 특권계급을 부인'하는 것에 그치지 않고, '별도의 새로운 사회 상태'를 구상한 '개조'를 말했다. '인간답게 살아가는' 사회 상태의 건설을 제언했다.

'인간'에 대한 시점

가가와 토요히코와 하세가와 뇨제칸 등도 '인간'을 내세우며 '데모크라시'를 주창한 논자였다. 가가와는 고베의 빈민가에서 '빈민'과 관계를 맺으면서 사회운동에 참가했다. 1921년에는 후술하는 고베의 가와사키조선소 쟁의를 지도하고, 소비조합운동과 불우이웃돕기 운동, 농민운동에도 관여했다. 『자유조합론(自由組合論)』(1921년)에서는 생산자인 노동자를 사회의 중심으로 삼는 이상사회를 제시하고, 노동조합을 기초로 하는 신사회를 주장했다. 그러나 그리스도교 신자인 가가와에게는 인격의 수양이야말로 추구해야 할 것으로 '폭력'을 통한 변혁은 배척했다.

한편 가가와는 직접적인 정치가 아니라 내면('심리')에 착목하여 그 변혁을 통한 사회개량을 주장하면서, 『빈민심리의 연구(貧民心理の研究)』(1915년)와 『정신운동과 사회운동(精神運動と社会運動)』(1919년)을 간행했다. 가가와는 사회모순에 대항하여 사회문제의 현장에 파고들

어 가는 행동력을 보여 주변 사람들에게 강한 영향력을 끼쳤다. 그 반면 사회관계를 변경하지 않은 채 문제를 해결하려는 가가와의 논의에서는 때때로 현상 유지의 국면이 확대되기도 했다.

이상 첫 번째 개조의 조류에서는 종합잡지를 거점으로 민본주의를 고취시킨 『중앙공론』과 앞에 소개한 『개조』, 오야마 이쿠오와 하세가와 뇨제칸 등의 동인잡지 『아등(我等)』(1919년 2월), 『해방』(1919년 6월) 등이 새로 창간되었다. 첫 번째 조류에서는 제1차 세계대전과 쌀소동에 의한 사회의 변화에 대응하여 종래의 번벌 대 정당, 권력 대 민중의 틀, 혹은 전제와 저항이라는 양자간 대립에 머물지 않는 관계를 중심으로 논의하려 했다. 1920년대 상황은 '데모크라시' 논자에게는 순풍이었지만, 그들의 논의는 여전히 '국민'을 근거로 이루어졌고 쌀소동을 포함한 이류의 거리는 멀리 나아가지 못했다.

야마카와 히토시의 비판

이 때문에 두 번째 조류인 사회주의자들은 요시노를 비판했다. 요시노에 의한 '국민'의 입장으로부터의 '개조'는 단지 개량에 불과하다는 '계급'과 '인민'을 근거로 한 비판이었다. 그 대표격은 야마카와 히토시였다. 야마카와는 「요시노 박사와 기타 교수의 민주주의를 꾸짖다(吉野博士及北教授の民主主義を難ず)」(『新日本』, 1918년 4월)에서 요시노가 '주권 운용'과 '주권 존재'를 단절시켰다고 주장했다. 데모크라시론이 선거권 확장의 논의로 축소되어 요시노의 논의는 '암초'에 걸렸다고 비판했다.

더욱이 야마카와는 오야마 이쿠오도 비판의 대상으로 삼아(「沙上に建てられたデモクラシー」, 『新社会』, 1917년 3월), 오야마는 '거국일치' 위에 데모크라시를 세우려는 것이라고 평가했다. 야마카와는 오야마가 말하는 '국민의 공동 이해 관념'이야말로 '계급'의 분열과 대립을 은폐하고 있는 것으로, 오야마의 논의로는 '한 계급의 이해'를 '다른 계급의 이해'로 '예속'시키는 것이라고 비판했다. 야마카와는 '데모크라시'는 '권력계급의 대변자'가 되려는 것인가, 라고 오야마를 다그쳤다.

야마카와와 요시노·오야마 사이의 대립점은 데모크라시의 담당자와 그 논의의 범주에 있었다. 그러나 오스기 사카에가 적당히 얼버무리면서 요시노와 오야마를 비판하는 태도와 비교할 때, 야마카와는 첫 번째 조류와 접점을 갖고 있었다.

개조를 둘러싼 재야의 세 조류는 상호 대립하고 대항했다. 즉 첫 번째 개조의 조류 내부에서도 비판 관계를 확인할 수 있다. 무로부세 코신은 요시노와 같은 개인에 기반을 둔 18세기 데모크라시가 아니라, 국가와 민족 등 단체주의적인 '현대 데모크라시'를 주장하여 요시노와 논쟁을 펼쳤다. 이밖에도 요시노와 후쿠다 토쿠조, 무로부세와 오야마 이쿠오 사이의 논쟁도 전개되었다. 더욱이 첫 번째와 세 번째의 국권론자(요시노와 기타 레이키치[北昤吉]), 첫 번째와 두 번째의 사회주의자(야마카와 히토시와 무로부세 코신), 두 번째와 세 번째(야마카와와 기타 레이키치) 등 각각의 입장에서의 응수도 이어졌다.

신인회와 그 변화

한 사람의 사상가와 하나의 단체가 조류를 넘어 사상 내용을 변화시킨 경우도 있었다. 가와카미 하지메와 오야마 이쿠오는 첫 번째 조류에서 출발하여 이후 두 번째 조류인 사회주의의 논객이 되었다. 또 첫 번째 조류에 위치하는 무로부세 코신은 두 번째 조류를 거쳐 1930년대에는 세 번째 조류로 입장을 바꿨다. 1920년 전후의 시기는 매우 유동적인 시기였다. 이를 체현한 단체 중의 하나가 신인회이다.

신인회는 1918년 12월 요시노 사쿠조의 강한 영향을 받아 생겨난 학생 단체였다. 신인회는 아카마쓰 가쓰마로(赤松克麿)와 미야자키 류스케(宮崎龍介) 등 도쿄제국대학 웅변부 학생을 중심으로 이미 졸업한 아소 히사시(麻生久)와 사노 마나부(佐野学)의 협력으로 결성되었다. 강령은 '세계의 문화적 대세인 인류 해방의 신기운에 협조하고 이의 촉진에 노력한다' '현대 일본의 정당한 개량운동에 따른다'는 것이었다(『デモクラシイ』, 각 호에 게재).

신인회는 '네오 휴머니즘'(『デモクラシイ』, 1919년 3월)에서 출발했지만 곧바로 '브나로드'(민중 속으로)를 내걸어 급속히 급진화했다. 데모크라시의 주장으로부터 계급의 강조로 선회한 것이다.

원래 신인회의 기관지는 『데모크라시(デモクラシイ)』(1919년 3월부터), 『선구(先駆)』(1920년 2월부터), 『동포(同胞)』(1920년 10월부터), 『나로드(ナロオド)』(1921년 7월부터)로 여러 차례 변경되었다. 발매금지를 포함한 압력에 대해 매체를 바꾸어 대항한다(혹은 그럴 수밖에 없었다)는 측면도 있지만, 신인회의 기관지 변경은 그 이상의 의미를 갖는다. 즉『데모크라시』는 잡지 발간의 '궁극적인 목표'로서 '모든 인간은 자유를 갖고' 있으며 '인간의 가치' 향상을 추구하는 것에 두었고(觀風子[赤松克麿],「發刊の辞」), '개조의 주동자'는 '청년 자신'이라고 간주했다. 그러나 당시 이들은 기관지의 변화를 구상하여 "『데모크라시』라는 이름만으로는 우리가 생각하는 사상과 사업을 나타내기에 불충분하다고 생각했다"(「編輯余録」,『デモクラシイ』, 1919년 7월)며 제호 변경을 준비했다.

후계지가 된 『선구』에서는 「진리를 두려워할 뿐(眞理を怖るるのみ)」(창간호, 1920년 2월)이라고만 말했지만, 『동포』와 『나로드』의 단계에서는 목적이 선명해졌고 표현도 솔직했다. 『동포』에 게재된 「만물은 유전한다(万物は流転す)」(1920년 10월)는 '헌 옷'인 자본가와 군벌의 사회를 버리고 '새 옷'으로서의 '생산자의 세계'를 만들자고 말했다. '약탈자의 세계'로부터 '창조자의 세계'로 '전회(轉回)'하기 위해, '생산자의 세계'에 서서 '해방의 세계'로의 비약을 주장했다. 또 「미래는 민중의 손으로(未来は民衆の手に)」(『ナロオド』, 1921년 7월)는 '민중'이 '일어나야 할 때'가 왔다며 더욱 전투적으로 변했다. 신인회는 "자본가의 질곡에 괴로워하는 무산계급. 남성의 전제에 희생된 부인. (16자는 검열로 인해 복자로 처리됨)와 문명의 밑에 쌓인 미개인. 지금 일어나서 우리의 성전을 싸우자"며 협조로부터 탈피한 투쟁을 호소했다.

4. 무산운동과 국수운동

부활의 조짐

1920년 전후부터 두 번째 개조의 조류인 사회주의운동도 핍색(逼塞)의 상황을 벗어나 부활하기 시작했다. 부활의 조짐은 1915~1916년 무렵에 보였다. 사가이 토시히코는 '겨울시대'에 간행한 『수세미 꽃(へちまの花)』을 종간하고 『신사회(新社会)』를 간행하여 '작은 깃발'이 되기를 선언했다(1915년 9월). 사회주의의 새로운 전개라고 말하기보다 지켜온 불꽃을 지폈다고 말할 수 있다. 『신사회』는 당초 사카이가 개인적으로 경영, 편집했다. 1917년 8월부터는 사카이를 포함해 아라하타 칸손(荒畑寒村), 야마카와 히토시, 다카바다케 모토유키 등 6명이 공동으로 경영하면서 편집도 윤번제로 담당했다. 민본주의를 비판함과 동시에 진영 내부의 논의를 전개했다.

한편 사카이는 1917년 4월 총선거에 입후보하여 비록 낙선했지만 사회주의자의 존재를 알림과 동시에 첫 번째 개조의 조류와의 협조를 시도했다. 그리고 쌀소동과 이후의 노동운동의 활성화에 착목한 사카이는 향후 유의할 점으로 '보통선거와 노동운동의 두 문제'라는 인식을 제시했다(「普通選挙と労働組合」, 『中外』, 1918년 11월). 사카이는 초기 사회주의 이후 사회주의자들의 구심적인 역할을 수행함과 동시에 자유주의자들과도 연락을 취하는 등 폭넓게 활약했다.

일본사회주의동맹

사회주의자에게 상황이 변했다고 인식된 것은 쌀소동 이후였다. 사카이 토시히코는 1919년을 계기로 삼아 『신사회』에 '마르크스주의의 기치'를 내걸었다. 다음 해 2월에는 잡지 명칭을 『신사회평론』으로 바꾸고, 9월에는 결국 『사회주의』로 확정했다. 또 1919년 1월에는 가와가미 하지메의 개인 잡지 『사회문제연구』, 4월에는 사카이 토시히코와 아마카와 히토시에 의한 『사회주의연구』, 10월에는 오스기 사카에의 『노동운동』(제1차)이 각각 창간되었다.

사회주의운동이 부활했다는 지표의 하나는 일본사회주의동맹(日本社会主義同盟)의 결성이었다. 1920년 11월자 취의서(趣意書)에는 '넓은 의미에서 모든 사회주의자를 포섭한다'고 말했다. 발기인으로는 '각종 노동단체' '각 대학의 학생단체' '여러 사상단체' '종래의 각 사회주의자'에게 제안했다. 일본사회주의동맹은 「선언」에서 '현대의 자본가제도를 근본적으로 파괴하겠다'는 기치를 내세웠다. 그리고 자유·평등·평화·정의·우애의 '신사회' '신조직' '신문명'을 희구하고 '계급투쟁'을 수단으로 삼았다. 일본사회주의동맹에는 사카이 토시히코와 야마카와 히토시 등 마르크스주의자만이 참여하지 않았다. 오스기 사카에와 곤도 켄지(近藤憲二) 등 아나키스트와 아소 히사시(우애회) 등 노동조합과의 합류는 고심의 결과였다. 문학자 오가와 미메이(小川未明), 변호사 야마자키 게사야(山崎今朝弥), 사회운동가 시마나카 유조(嶋中雄三) 등 다채로운 인물들이 참여했고, 가맹자는 1천 3백 명을 넘었다.

그러나 1920년 12월의 발기인회는 경찰의 엄중경계 태세 아래 개최되어 창립대회로 변경하려는 순간 해산당하고 결국 결사금지처분을 받았다. 모인 사람들은 '일본사회주의동맹 만세'를 외치고 혁명가를 부르며 경관대와 난투를 벌였다. 사회주의에 대한 탄압은 여전히 계속되었다. 한편 사람들은 사회주의의 이론 이상으로 반항적이고 반권력적인 분위기에 공감했다.

또 동맹의 발기인으로 참여한 다카바다케 모토유키가 결성한 대

▶사진 3-5. 일본사회주의동맹이 개최한 연설회는 경찰의 탄압을 받았다(1920년 12월 9일, 『歷史寫眞』).

중사(大衆社, 1918년)에는 오자키 시로(尾崎士郎)를 비롯해 쓰쿠이 다쓰오(津久井龍雄) 등 우파 개혁자도 참여했다. 다카바다케는 잡지『국가사회주의』를 발간했고(1919년 5월), 부활한 사회주의의 조류 또한 단순한 양상을 보이지 않았다.

아나-볼 논쟁

사회주의 조류에서는 내부 대립도 일어났다. 이른바 아나-볼 논쟁으로 그 중심적인 인물은 오스기 사카에(大杉栄)였다. 오스기는 와다 규타로(和田久太郎)가 발행한〈노동신문(勞動新聞)〉(1918년 5월)에서 아나키즘과 신디칼리즘(syndicalism, 급진적 노동조합주의)에 대해 논평하면서 북풍회(北風會)를 결성했다. 오스기는 '전제군주인 자본가에 대해 절대적으로 복종하는 생활, 노예의 생활로부터 우리 자신을 해방시키자'고 말하면서, 노동운동을 노동자의 '자기획득운동' '자주자치적 생산획득운동'을 통한 '인간운동' '인격운동'이라고 규정했다(「勞動運動の精神」,『勞動運動』, 1919년 10월).

오스기는 노동자에 대한 밀착을 주장하여 '지식계급'을 엄격히 비판했다. 나아가 보통선거에 반대하면서 노동자에 의한 직접행동의 필요성을 역설했다. 이러한 점에서 오스기는 첫 번째 조류와는 절연했고, 의회주의를 주장하는 사회주의인 마르크스주의자(볼셰비키파)와도 대립했다. 오스기는 요시노 사쿠조에게는 물론 야마카와 사카이에게도 비판을 서슴지 않았다. 그는 "나는 지금 일본의 볼셰비키 녀석들, 예를 들면 야마카와, 사카이, 이이 타카시(伊井敬, 곤도 에이조의 별칭

—옮긴이), 아라하타 등은 모두 도둑과도 같은 놈들이라고 확신한다"고 말했다(「生死生に答える」, 『勞動運動』제3차, 1922년 9월).

아나파와 볼파가 대립하게 된 배경에는 러시아혁명에 의해 건설된 소비에트를 둘러싸고 상이한 평가 문제가 있었다. 이후 양파는 대립하면서 논쟁을 이어 나가는데, 이러한 대립은 노동운동에도 큰 영향을 미쳤다.

'방향전환'

이러한 가운데 야마카와 히토시는 신디칼리즘(syndicalism, 무정부주의적 노동조합운동—옮긴이)을 비판하면서 사회주의운동과 노동운동의 새로운 방침을 제시했다.

> 일본의 무산계급운동—사회주의운동과 노동조합운동—의 첫걸음은 먼저 무산계급의 전위인 소수자가 나아가야 할 목표를 분명히 찾는 것이었다. 우리는 분명 이 목표를 보았다. 그 다음 두 번째 걸음에서 우리는 이 목표를 향해 무산계급 대중을 움직이는 것을 배워야 한다(「無産階級運動の方向転換」, 『前衛』, 1922년 7·8월).

야마카와는 초기사회주의자의 한 사람으로 출발했다. 그는 일본의 사회주의운동이 '사상적으로 철저하고 순화'하기 위한 첫걸음으로서 '대중'과 떨어진 '고가(高價)한 대가(代價)'가 필요하다는 인식 위에서, 다음 두 번째 단계로 '대중의 실제 요구'를 떠안는 실천적인 운동의 필요성을 제기했다. 또 노동조합운동에 대해서도 동일한 인식을 표명

했다. 탄압으로 인해 대부분 삭제되어 복자(覆字)로 출판할 수밖에 없는 논문이었지만, 야마카와는 신디칼리즘에 대한 비판과 함께 보통선거를 이용하여 정치에 개입하자는 '방향전환'을 주장했다. 더욱이 야마카와는 연설회 원고를 바탕으로 집필한 『자본주의의 구조(資本主義のからくり)』를 사회주의 입문서로 보급시키는 등 계몽 활동에도 힘썼다.

이 시기 사회주의운동은 프로컬트총서의 팸플릿을 비롯해 수요회 팸플릿, 무산자 리플릿 등을 간행했다. 더욱이 사회주의자들은 운동의 기관지만이 아니라, 『개조』 등 종합잡지에도 집필하여 비판 세력으로서의 위치를 확보했다.

코민테른과 일본공산당

제1차 세계대전과 러시아혁명은 사회주의에게 순풍이었다. 제2인터내셔널의 뒤를 이어 코민테른이 결성되었고, 1918년 11월 모스크바에서 제1회 아시아공산주의자단체회의가 개최되었다. 1920년 10월 상하이에서 열린 극동사회주의자회의에 오스기 사카에가 참가하는 등 일본의 혁명이 세계의 혁명 전략 속에서 실천적으로 제기되었다.

또 일본공산당은 사카이 토시히코를 위원장으로 1922년 7월 15일 비밀리에 비합법적으로 결성되었고, 11월 코민테른으로부터 일본지부로서 승인받았다(일본공산당의 성립을 둘러싸고 1921년 3월 혹은 4월이라는 설도 있다).

사회의 근본적인 개혁을 위해 '혁명'을 시야에 넣은 사회주의운

동은 '계급'이라는 개념을 내세워 개량적인 운동을 배척했다. 사카이도 잡지『전위』에서 쓰치다 교손, 가가와 토요히코, 무샤노코지 사네아쓰, 아리시마 타케오는 물론 요시노 사쿠조 등 첫 번째 조류에 대해 '반동적' '도피적' '독선적', '현상유지주의'(『精神主義と潔癖』, 1922년 1월)라고 통렬히 비판했다. 원칙을 유지하면서 첫 번째와 두 번째 조류의 제휴는 무척 곤란해졌다. 이러한 과정에서 후세 다쓰지 등이 1921년 8월 자유법조단을 결성하여 사회주의 피고들의 변호를 담당한 것은 운동의 제휴에 역점을 두려는 시도였다.

국수주의의 태동

1920년 전후부터 우파인 국수주의의 활동도 활발해졌다. 세 번째 개조의 조류이다. 농경과 사색을 표방하는 '형제촌(兄弟村)'을 건설한 다치바나 코사부로(橘孝三郎)는 내성적인 자세로 사회개조를 실천한 인물로 농본주의에 기초를 둔 유토피아를 희구했다.

또 1918년 10월 결성된 노장회(老壯會)도 사회문제의 해결을 '국체'의 관점에서 도모했다. 노장회에는 오카와 슈메이, 기타 잇키, 미쓰카와 카메타로(滿川亀太郎), 가노코키 카즈노후(鹿子木員信), 곤도 세이쿄(權藤成卿) 등 우파활동가와 더불어 사카이 토시히코, 다카바다케 모토유키, 기타하라 타쓰오(北原龍雄), 다카오 헤베에(高尾平兵衛) 등 사회주의자로서 활동하던 인물들도 참여하여 두 번째 조류와 중복된 부분이 많다.

인적인 중첩만이 아니었다. 세 번째 조류의 대표적인 논자인 기타 잇키가 1919년 상하이에서 집필한『국가개조안원리대강(国家改造案原理大綱)』(이후『일본개조법안대강〔日本改造法案大綱〕』)은 '영미의 자유주의'를 비롯해 마르크스와 크로포트킨의 사상도 결국 '민족사상의 개화'라고 인식하고, 자신의 대강도 '일본 민족의 사회혁명론'으로서 사회개조를 위한 조류의 하나로 위치지웠다. 또 기타는 오카와와 함께 유존사(猶存社)를 결성했다. 여기에 모인 인물들은 미쓰카와, 가노코키, 니시다 미쓰기(西田税), 야스오카 마사히로(安岡正篤) 등 국가와 민족을 지상으로 삼는 국수주의자들이었다.

'국체의 심원'

또 기요하라 사다오(清原貞雄)가 집필하고 내무성 신사국이 펴낸『국체론사(国体論史)』(1921년)는 쌀소동 이후 동향에 대한 우파로부터의 대응이었다. 기요하라는 '최근 사상계의 동요' 속에서도 '국민의 대(對)국가 관념 내지 국민 도덕의 문제'가 가장 중대하다고 판단했다. 그리고 시행해야 할 조치로서 '국체의 심원'을 밝히고 이를 국민에게 이해시켜야 한다고 말했다.

기요하라는 이 저작에서 국체론의 계보와 해석의 개요를 서술하면서, 국체론을 '과학적 지식'에 저촉되지 않고 설명하려 했다. 기요하라에게는 '하나의 중심점(황실)을 향해 국민이 위집(蝟集)하여 견고한 국가를 만든다'는 인식이 자리잡고 있었다. 그러나 기요하라는 그 국체가 천황기관설을 주창하는 헌법학자와 사회주의자에 의해 위협받고, 또 식민지 영유에 따른 모순이 출현한 것을 의식하여 새로운 상황 속에서의 '국체보지(国體保持)'를 주장했다.

　기요하라는 국체론자로서 식민지 제국일본으로서의 모순, 즉 '민족'과 '국민' 사이의 관계를 어떻게 조정할 것인가의 문제에 직면했다. 기요하라는 '근간'인 '야마토 민족'을 '반석'으로 삼으면, 새롭게 '부속된 민족'인 조선과 타이완에 대해서는 '권위와 은혜'로 응대하면 모든 것이 해결된다고 말했다. 그러나 식민지의 '신부(新府) 민족'도 '동일한 범형(範型)으로 받아들일 수 있는 입국의 근본의(根本義, 근본이 되는 의의―옮긴이)'를 요구할 때에는 '도저히 종합 가족(단일된 민족―옮긴이)과 같이 완전히 견고해질 수 없다'고 말했다.

　1920년 전후 시기 사회주의자들이 사회 변혁과 혁명의 방책에 대해 논의할 때, 국수주의자들은 누구를 국체보지의 주체로 삼을 것인가에 논의를 집중했다. 개조의 기운은 각각의 진영의 근간과 관련된 논의를 요구받기도 했다.

5. 반차별의식의 태동

쟁의의 고조

노동자와 농민, 차별받는 사람들에게도 1920년 전후의 시기는 하나의 분수령이었다. 이 시기에는 노동조합이 다수 조직되어 가와사키(川崎) 조선소와 야히타(八幡) 제철소의 노동쟁의를 비롯해 아시오(足尾)와 히타치(日立) 광산 등 쟁의 건수도 늘어났다. 그중에서도 고베의 가와사키와 미쓰비시 양 조선소의 쟁의는 1921년 6월부터 8월에 걸쳐 3만 5천 명의 노동자가 참여한 대표적인 쟁의였다. 이 쟁의는 가가와 토요히코의 지도 아래 쟁의단을 결성하고 단체교섭권의 승인과 임금 인상을 요구하면서 총파업 상태에 돌입했다.

사진 3-6은 시위행동이라 불리는 데모 행진의 모습이다. 파나마 모자를 쓰고 양복을 입은 쟁의단 사람들(노동자와 그 가족, 응원자)이 깃발과 표식을 들고 가와사키조선소 앞을 행진하고 있다. 일본 전통복장을 입은 남녀의 모습도 보인다. 직장만이 아니라 거주 지역도 같은

▶사진 3-6. 가와사키조선소 앞에서 데모하는 노동자들(오하라 사회문제연구소 소장).

노동자는 생활수준도 비슷했다. 이곳을 기반으로 하는 공통 감각이 소외감과 우울감이라는 부(負)의 의식으로부터 노동자로서의 자부심이라는 정(正)의 의식으로 전환했을 때, 비로소 '계급'의 리얼리티가 자각되었다.

장기간에 걸친 쟁의 중에는 미나토가와(湊川) 신사와 이쿠다(生田) 신사에 대한 참배도 이루어졌다. 이는 그들이 다양한 의식 속에서 쟁의에 참여했다는 것을 알려준다. 당시 노동자는 인부의 우두머리(親方)가 자신의 부하를 데리고 이곳저곳의 직장을 이동하는 형태였다. 가와사키와 미쓰비시 조선소의 쟁의는 경관만이 아니라, 군대와 헌병이 출동하여 결국 노동자의 패배로 끝났다. 쟁의단 본부는 '참패'했다고 '최종 선언'을 발표했다.

문화활동과 일본노동총동맹

조합운동과 함께 노동자의 문화활동도 활성화되었다. 가토 카즈오(加藤一夫)와 후쿠다 마사오의 『노동문학(勞動文学)』(1919년), 후지이 마스미(藤井真澄)와 쓰보이 조지(坪井讓治)의 『흑연(黑煙)』(1919년), 가토 카즈오와 요시다 카네시게(吉田金重)의 『시문(シムーン)』(1922년),

하기와라 쿄지로(萩原恭次郎)와 쓰보이 시게지(壺井繁治)의 『적과 흑(赤と黒)』(1923년), 다다 간스케(陀田勘助)와 호소이 와키조(細井和喜蔵)의 『쇠사슬(鎖)』(1923년) 등 노동문학 잡지가 연이어 창간되었다. 이러한 활황 속에서 히라사와 케시치(平沢計七)는 희곡을 다수 발표하여 상연했다.

히라사와가 『노동세계(勞動世界)』(1919년 5월)에 발표한 희곡 「한 사람과 1,300명(一人と千三百人)」은 가와사키와 미쓰비시 조선소 쟁의를 연상시키는 1918년 여름의 '모 대형 조선소' 쟁의를 무대로 한 사람의 뛰어난 지도자에 따라 직공들이 '자치 자립의 정신'에 눈을 떠가는 모습을 묘사했다. 히라사와는 '민중예술혁명'을 위해 자신이 만든 노동극단(1921년 2월)을 통해 도쿄 오시마마치(大島町)의 회관에서 상연하여 많은 노동자의 공감을 얻었다.

히라사와는 연극 활동을 통해 노동자의 '자치 자립의 정신'을 육성시켰다. 또 그는 지역 단위의 활동을 구상하여 1920년 11월 오카모토 리키치(岡本利吉)와 함께 노동자를 위한 소비조합의 효시인 공동사(共動社)를 설립하여 지역 노동자에게 일용품을 저가로 제공했다. 더욱이 히라사와는 공동사의 사업으로서 노동자의 집회와 회합을 위한 노동회관을 도쿄 오시마와 쓰키시마(月島)에 설립하는 한편, 그곳을 이용해 노동자를 교육하는 문화의숙(文化義塾)과 일요노동강좌 등을 개최했다. 또 노동자를 위한 상담부와 금전을 융통하는 노동금고 등도 운영했다.

노동자의 궐기 속에서 히라사와가 소속된 우애회는 1919년 제7주년 대회에서 회명을 대일본노동총동맹 우애회로 개칭했다. 대회에서는 조직 운영을 기존의 '회장독재제'에서 '이사합의제'로 변경하고,

기관지도 『노동과 산업(勞動及産業)』에서 『노동』으로 바꿈으로써 노동조합으로서의 성격을 본격적으로 내세웠다. 그리고 다음 해 제8주년 대회에서는 대일본노동총동맹에서 '대' 자를 삭제하는 것이 제안되었다. '대영제국'이나 '대제국' 등 '대' 자를 붙인 명칭은 '매우 침략적이고 통일적 기분을 상기시킨다'며 '밀리터리즘(군국주의)과 캐피탈리즘(자본주의)을 사갈시(蛇蝎視)하는 우리 노동자'에게 '대' 자는 '불쾌한 충동을 준다'는 이유를 들었다(東京日日新聞社編, 『友愛会の組織と其内情』, 東京刊行社, 1921년). 이후 일본노동총동맹은 1922년 신강령을 채택하고 노동조합운동의 중핵을 담당했다.

일본농민조합의 결성

농촌의 상황도 제1차 세계대전 이후 상품 생산의 진전 속에서 변화되었다. 기존의 '집안(いえ)'이나 '마을(むら)'의 공동체적인 관계와 결속에 따라 이루어진 소작쟁의도 1920년 전후부터는 '마을'을 넘어선 농민조합의 지도를 통한 운동이 되었다.

1922년 4월 9일 전국 조직으로서 일본농민조합이 결성되었다. 그 '선언'에서는 '자본주의는 드디어 전원(田園)에도 침략하기에 이르렀다. 소작인은 고통받고 일고인(日雇人, 날품팔이꾼—옮긴이)은 탄식한다'며 '우리 농민은 서로 우애의 정신으로 해방의 길에 나섰다'고 말했다. 그리고 '폭력을 부정'하고 '사상의 자유'와 '사회 공익의 대도(大道)'에 따라서 '농민의 단결에 의한 합리적 생산자조합'을 통해 농민의 '해방'을 이룬다고 외쳤다(『土地と自由』4, 1922년 4월). 그러나 선언의 머리말에는 '농업은 국가의 근본이고, 농민은 국가의 보물이다'라고 밝히고 있듯이 아직 국가 의식으로부터 벗어나지 못했다. 또 '강령'에는 '지식을 기르고 기술을 갈고닦으며 덕성을 함양하자'고 말하면서 '상호부조'를 주장했다. 초기 우애회의 주장과 유사한 수양을 통한 주체의 육성이 추구되었다.

일본농민조합은 소작입법과 쟁의중재법의 제정을 요구했고, 조직 밑에는 많은 조합이 가맹했다. 결성 당시 15조합(253명)은 1924년 말 675조합(5만 명)으로 확대되었다. 소작료의 영구적인 3할 감소 요구도 여러 곳에서 실현되었다. 여기에서 소작료 3할의 근거는 모든 수확을 지주의 금리, 공조공과금과 소작인의 생산비로 나누었을 때, 지주의 소득은 수확의 3분의 1 이내가 되어야 하는데, 실제로는 수확의 6할을 징수하고 있기 때문에 '3할 감액'이 적당하다는 것이다(大西俊夫, 『農民鬪爭の戰術, その躍進』, 1928년).

농촌의 움직임은 기존의 관제 단체로서의 성격이 농후했던 지역 마을의 청년단에게 자주화를 촉구시켰다. 마을의 사정을 알리던 시보(時報)를 청년단 청년들이 편집하여 자신들의 주장을 내세우게 되었다. 그 가운데의 하나인 1919년 5월 1일 나가노 현 기하라무라(木原村)에서 창간된 『두건의 꽃(烏帽子之華)』(이후 『기하라시보〔木原時報〕』)에서는 시보를 '회원의 자유로운 논전장(論戰場)'으로 삼았다. 이들은 촌락 전체의 철저한 '자치'를 사명으로 삼았다고 한다(鹿野政直, 『大正デモクラシーの底流』).

신부인협회와 적란회

여성운동 조직도 1920년 전후부터 새로운 움직임을 보였다. 1920년 3월 28일 결성된 신부인협회(新婦人協会)는 이치카와 후사에(市川房枝), 오쿠 무메오(奥むめお), 히라쓰카 라이테우 등이 조직했다. 창립 목적은 '상호 견고한 단결의 힘'을 통해 '사회적 지위의 향상 개선'과 '부인으로서, 어머니로서의 권리 획득'에 있었고, 남성과 '협력'하여 '전후 사회개조의 실제 운동'에 참가하려 했다. 사회개조의 가운 속에서 여성이 일어서지 않는다면, '미래 사회 또한 부인을 제외한 남성 중심의 사회가 된다'는 위기감이 작용했다.

신부인협회는 『여성동맹(女性同盟)』을 기관지로 여성의 선거권 실현, 화류병 남성 결혼제한법의 제정 등을 위해 적극적으로 활동했고, 여성의 정당 가입과 정치 집회의 주최와 참가를 금지한 치안경찰법 제5조의 개정에 성공했다. 정치운동과 사회운동으로서의 성격을 지닌 운동이었지만, 화류병에 걸린 남성의 결혼 금지 요구는 '여성으로서의 부인'의 측면을 강하게 표출했다.

히라쓰카는 신부인협회와 청탑사(青鞜社)를 비교하면서 청탑사는 '일종의 정신(혹은 종교) 운동'으로 '사회운동으로까지는 나아가지 못했다'고 말하고, 이어서 '여성으로서의 부인을 무시하고 있다'고 규정했다(「社会改造に対する婦人の使命」,『女性同盟』, 1920년 10월). 히라쓰카는 이러한 점에서 '부인의 천직'은 '어머니'인 것에 있다고 인식했고, 연애, 결혼, 생식, 육아, 교육을 통한 '인류의 개조(사회의 근본적 개조)'와 '사랑의 해방' '어머니로서의 권리 요구'를 주장하게 되었다.

또 계급적인 입장을 강조하는 여성운동도 시작되었다. 야마카와 키쿠에(山川菊栄), 사카이 마가라(堺真柄), 구쓰 미후사코(九津見房子), 이토 노에 등은 여성을 '궁핍과 무지, 예속으로 침륜시킨 모든 압제에 대해 단호히 선전을 포고한다'며 1921년 4월 사회주의 단체인 적란회(赤瀾會)를 결성했다. 같은 해 5월의 메이데이에서 적란회를 소개하기 위해 야마카와가 작성하고 배포한 '부인에게 격(檄)한다'에서는 '가정 노예'와 '임금 노예' 이외의 생활을 허용하지 않는 '자본주의 사회'를 비판했다.

적란회는 신부인협회에 대한 대항 의식을 숨기지 않았다. 히라쓰카가 '여성'으로서의 '사회개조'를 말했을 때, 야마카와는 '계급'을 우선하는 변혁을 주장했다. 이들은 모두 여성에 의한 개혁을 논하면서도 쌍방의 역점은 서로 달랐다.

전국수평사의 결성

'개조'의 기운 속에서 차별에 직면한 사람들도 당사자로서 목소리를 높이고 조직을 만들어 행동하기 시작했다. 피차별부락의 해방을 추구한 전국수평사의 결성은 그 대표적인 움직임이다. 1922년 3월 3일 교토의 오카자기(岡崎) 공회당에서 개최된 전국수평사 창립대회에서는 '선언'과 '강령' 그리고 '결의'가 발표되었다. 참가자 수는 기록에 따라 다르지만 700명 정도라고 추정된다(朝治武, 『水平社の原像』).

피차별부락에 대해서는 러일전쟁 이후의 지방개량운동 과정에서 풍속과 경제의 개선을 통해 차별을 해소하려는 정책이 전개되었다. 그러나 피차별부락민은 대화동지회(大和同志會)를 결성하여 이러한 움직임을 비판했다. 또 1914년에는 제국공도회(帝国公道会)를 조직하여 융화 단체의 전국 조직을 결성했다. 그러나 '융화'로는 차별 문제를 해결할 수 없다는 비판이 속출했고, 이러한 연장선 위에서 전국수평사가 탄생했다.

'전국수평사 창립선언'은 '전국에 산재하는 우리 특수부락민이여 단결하라'는 문구로 시작했다. 선언문은 사이고 만키치(西光万吉)와 히라노 쇼겐(平野小劍)이 기초한 것에 사카모토 세이치로(阪本清一郎)가 가필하여 창립대회에서 강령과 함께 낭독되었다. '선언'에서는 '우리는 필히 비굴한 말과 비겁한 행위를 통해 조상을 욕되게 하거나 인간을 모독해서는 안 된다' '마음으로부터 인생의 열(熱)과 빛(光)을 간절히 바라고 예찬하는 바이다'라고 말하고, '인간'이라는 말을 10회 이상 반복했다. 기관지의 발간에 앞서 간행된 리플릿「인간으로 돌아가라(人間にかえれ)」(1922년 4월)에는 1920년 전후부터의 '인간'을 근거로 한 개조의 기운이 공유되었다.

전국수평사의 '강령'은 '특수부락민은 부락민 자신의 행동을 통해 절대 해방을 도모한다' '우리 특수부락민은 절대로 경제의 자유와 직업의 자유를 사회에 요구하고 그 획득을 도모한다' '우리는 인간성의 원리에 각성하고 인류 최고의 완성을 향해 돌진한다'라고 말했다. '특수부락'이라는 말은 1905년 무렵부터 부현의 행정 담당자가 사용한 차별 용어이다. 이들은 특수부락이라는 용어를 일부러 사용함으로써 당사자 자신에 의한 해방운동을 선언했고, 차별받아 온 주체를 해방하는 주체로 전환했다. 그리고 기관지『수평(水平)』(1922년 7월)에 게재된 「내무성의 진보적 개선책을 평한다(内務省の進歩的改善策を評す)」에서 '단순한 물질적 개선'이 아니라 '정신적 개선'을 위한 정책을 요구한다고 말했다.

이후 부현과 지역에서 수평사가 설립되어 그 수는 240개에 달했다. 지역 속에서 비판적인 주체 의식이 제시되었다는 것은 큰 의미를 지녔다. 수평사의 설립은 촌락 내부에서 지배층과의 대립을 가져왔지만, 또 한편으로 피차별부락민에게 차별과 대결하는 행동에 나서게 만들었다. 또 조선의 차별철폐운동인 형평운동과도 연대했다.

전국수평사는 20년의 역사와 16회의 대회를 개최했지만, 1924년 3월 제3회 전국대회 무렵부터 운동의 방향과 조직을 둘러싸고 사고방식과 노선의 차이가 표출되었다. '선언'과 '강령'도 수정되었다. 전국수평사청년동맹은 사회주의적인 계급투쟁을 주장하고 계급의 입장을 받아들였다. 물론 차별 철폐를 근저에 두고 차별적인 인습과 천시에 대해 '규탄'하고 '사죄'를 요구하는 활동은 계속되었고, 차별에 대한 비판은 일관되게 이루어졌다.

아이누와 오키나와에 대한 시선

아이누 민족도 차별의 대상이었다. 〈도쿄아사히신문〉(1914년 9~10월)에 홋카이도의 아이누 민족을 방문한 기사가 연재되었을 때, 그 생활은 '불결'하며 '원시적'이라고 묘사되었고 '비참한 생활'로 낙인찍었다. 아이누 민족도 당사자의 입장에서 해방을 희구하는 작품으로서 이보시 호쿠토(違星北斗)의 『마을(コタン)』(1930년), 바체라 야에코(バチェラー八重子)의 『젊은 우타리에게(若きウタリに)』(1931년) 등을 간행했다.

오키나와 사람들에게도 동일한 차별의 시선이 향해졌다. 이러한 분위기에서 히로쓰 카즈오(広津和郎)의 소설을 둘러싸고 '오키나와청년동맹'과 전개된 논쟁은 차별 비판의 진전을 보이는 것이었다.

히로쓰의 소설 「방황하는 류큐인(さまよえる琉球人)」(『中央公論』, 1926년 3월)이 발표되었을 때, 오키나와청년동맹은 '현민 대중의 오해를 불러일으킬 염려가 있는 점'이 있다고 항의했다. 작품 안의 여러 부분을 구체적으로 지적하면서, 히로쓰의 묘사에서는 오키나와 현민이 "도덕관념이 다른 인간이다, 믿을 수 없는 불한당이다, 파렴치도 보통으로 행한다, 신용할 수 없는 사람들이라는 인상을 남기고 있다"고 말했다. 오키나와 현 출신의 인물을 모델로 삼았을 때, 그 조형과 묘사가 주인공을 업신여기고 파렴치한 인물로 형상화된 것에 대해 항의한 것이었다. 또 타이틀에 대한 의문도 제기되었다.

이에 대해 히로쓰는 『중앙공론』(1926년 5월)에 「오키나와청년동맹으로부터의 항의서(沖縄青年同盟よりの抗議書)」라는 제목으로 응답을 게재하여 '돌이킬 수 없는 행위를 했다는 자책과 고통'을 표명했다. 그리고 '애매한 인식 부족의 후의(厚意)'가 자칫하면 '달갑지 않다'는 것을 깨달았다고 솔직한 심경을 밝히고 사죄했다. 히로쓰는 동시에 작품의 절판을 선언했다.

오키나와청년동맹이 말한 바와 같이, 문제는 히로쓰가 '내지에서도 보통 흔해 빠진 한두 사람의 소업'을 '방황하는 류큐인'이라며 오키나와 사람들에게까지 확대한 것과 차별적인 문맥에서 '류큐인'이라는 말을 사용한 것이었다. 히로쓰는 이 항의를 정면에서 받아들이고 '이른바 내지에서의 오키나와 인에 대한 차별적 대우는 일본 국민의 부끄러움이다'라며 오키나와 인에 대한 차별에 눈감지 않고 스스로 그 가운데 있음을 명시했다.

또 이후에도 구시 후사코(久志富佐子)의「멸망하는 류큐 여성의 수기(滅びゆく琉球女の手記)」(『婦人公論』, 1932년 6월)에 대해 '오키나와현 학생회' 등의 항의가 이어졌고, 구시는 다음 7월호『부인공론』에 변명의 글을 게재하기도 했다(『滅びゆく琉球女の手記』についての釈明文』).

식민지로부터의 목소리

일본이 제국이었다는 사실을 고려할 때, 식민지의 동향을 주의 깊게 살펴보아야 한다. 차별의 시선에 대해 식민지로부터도 목소리가 울렸다. 도원생(桃源生)의「하야시 후미코의 '타이완 풍경'을 반박한다(林芙美子の「台湾風景」を駁す)」(『台湾民報』303, 1930년 3월)는 그 가운데 하나인데, 하야시의 작품(「台湾風景」, 『改造』, 1928년 3월)에 대해 혹독하게 비판했다. 고교생이라는 도원생은 하야시의 기술에서 타이완을 '도둑과 시정의 무뢰한이 거리에 모여 있다'고 묘사한 것에 대해 '당신은 한쪽 눈으로만 타이완을 바라보고 있다. 게다가 정말로 타이완의 껍데기만을……'이라고 비판했다. 또 그는 하야시가 분명 '토인(土人)'이라고 표현했고, '토착민'의 의미일지 모르겠으나 '타이완 사람은 그렇게 해석하지 않는다'고 반박했다. 이어서 그는 '타이완의 한(漢)민족'에 대해서 '본도인(本島人)'이라는 말이 있는데, '주저하지 말고 사용하세요'라며 불쾌감을 표출했다. 이처럼 차별을 문제시하는 운동이 여러 분야에서 확대되었고, 그 심도를 엿볼 수 있는 언사가 표출되었다.

제4장 식민지의 광경

(상) 3·1운동 당시 서울 종로를 데모 행진하는 여학생들.
(하) 5·4운동 당시 베이징 천안문 앞에 모인 학생들.

1. 식민지에 대한 시선

침투하는 제국의식

1914년 여름 중국(상하이, 난징, '만주')과 조선에 수학여행을 나선 히로시마 고등사범학교 학생들은 상하이에서 첫 날을 맞이하면서 "어렴풋이 밝아오는 아침, 호텔 3층 창을 통해 시가지를 바라보자 무수한 지나인이 왕래하고 있다. 4분의 3 정도는 나체 상태로 상복과 같은 것을 허리춤에 걸치고 있을 뿐이다"라고 기록했다(広島高等師範学校編, 『大陸修学旅行記』, 1915년). 그리고 중국인은 '더러운 차죽(茶粥, 찻잎을 달인 물로 끓인 죽―옮긴이)'을 계속 먹고 있다고 말하고, 이어서 그들의 의복과 행동, 도로 등 거리의 설비를 '일본'과 비교하여 중국인의 '독립 자주'의 결여를 지적했다. 또 젊은이들은 러일전쟁의 전쟁터였던 '뤼순의 전적(戰跡)'에 가서 자신들의 '오늘날 성덕(聖德)의 은택'은 이들 '전사'들의 '숭고한 희생'에 따른 것이라며 고맙게 여겼다. 더욱이 청일 전쟁의 전쟁터를 방문하여 이 땅은 '우리 제국'이 세계의 무대로 나설

수 있는 '최초의 커튼'을 연 곳으로 '만감이 교차한다'고 말했다(広島高等師範学校編, 『大陸修学旅行記』, 1915년). 중국에서 대국 일본의 영화에 취하여 청일전쟁과 러일전쟁의 기억을 직접 확인한 것이다.

더욱이 조선 평양을 방문한 학생들은 교육이 활성화되었다고 기록했다. 그러나 그리스도교도가 많고 '신부(新附)의 민(民)'의 '애국심'에 해를 끼치는 것은 아닌가, 라고 식민지 사람들을 걱정했다.

제국의 활동은 종주국과 식민지 사이에 사람들의 이동을 활성화시켰지만, 문화와 관습의 차이가 서열이 있는 것으로 파악되어 대국의식을 무의식적으로 노정하는 경우가 많았다. 20세기 일본인들에겐 이러한 제국의식이 만연했다. 1908년 창간된 잡지 『식민세계(殖民世界)』는 발간 취지에 '만주의 땅' '한국의 땅' '남미의 옥야' '신영토인 사할린과 타이완'은 '모두 우리 방인(邦人)이 와서 이주'하기를 기다리고 있다고 말했다.

하이쿠 시인(俳人) 다카하마 쿄시(高浜虛子)는 1911년 6월 부산을 거쳐 대구에 있는 숙부 일가를 방문했는데, 조선인들을 '쇠망의 국민'으로서 '불쌍한' 존재로 인식했고, 이에 반해 '정말 일본인은 위대하다'며 대국의식을 숨기지 않았다. 동시에 다카하마의 눈에는 숙부 일가는 실패자로 비춰져 식민지로 건너간 사람들에 대한 폄하도 엿보인다(『朝鮮』, 1911년). 다카하마의 친구 나쓰메 소세키(夏目漱石)도 소설 『명암(明暗)』에서 식민지로부터 돌아온 인물을 독자의 공감을 얻기 어려운 인물로 설정했다.

식민지 도시의 광경

식민지 조선의 도시에서는 조선인과 일본인의 거주 지구가 구분되었다. 이미 예전부터 조선의 왕도였고 성곽도시였던 서울의 경우, 청계천을 경계로 조선인이 거주하는 '북촌'과 일본인이 살던 '남촌'으로 분화되었다. 1914년에는 거리 이름을 조선식인 '동(洞)'과 일본식인 '정(町)'으로 나누었다. 번화가도 북쪽 종로에는 조선인이 많았고, 남쪽의 본정(本町), 황금정(黃金町), 명치정(明治町) 등에는 일본인의 모습이 많았다. 더욱이 식민지정책의 전개로 인해 토지를 잃고 서울에 올라온 조선인 농민은 구시가지 주변에 거주했고, 1930년대에는 토지를 무단 점거하여 대자리와 함석으로 가설주택을 세워 거주하는 '토막민'이 급증했다.

또 1880년대부터 거류지에 일본인 '창부(娼婦)'가 건너와 조선에도 유곽이 형성되었다. 1916년 3월에는 대좌부창기취체규칙(貸座敷娼妓取締規則)이 공포되어 일본과 동일한 공창제도가 도입되었다. 유곽도 일본인 경영과 조선인 경영으로 구분되었고 지대 분포도 각각 달랐

▶사진 4-1. 한국병합 당시의 서울 종로(『韓国写真帖』).

다. 더욱이 서울에는 조선신사가 1919년 3·1운동 이후 남산에 세워졌다. 천조대신과 메이지천황을 제신으로 삼았고, 1925년에는 조선신궁으로 승격되었다. 군대 주둔과 함께 신사와 유곽의 설치는 일본의 식민지 도시에

서 빼놓을 수 없는 광경이었다(橋谷弘, 『帝国日本と植民地都市』).

위생과 문명

경성협찬회가 발행한 이시하라 토메키치(石原留吉)의 『경성안내(京城案內)』(1915년)는 재조일본인의 감각을 체현한 안내기이다. 병합 이후 총독부는 한성을 경성으로 바꾸었으며 인구는 24만 1,085명이었는데, 일본인은 6만 2,914명이었다.

이시하라는 경복궁, 덕수궁 등 조선왕조 시대의 궁전과 파고다 공원, 남대문 등 '명승고적'을 기록하면서, 병합 이후 발전도상의 양상에 대해 "당국의 원대한 계획 아래 착착 정돈되고 개량되어 지금은 그 면목이 완전히 변했다"고 평가했다. 그리고 방사선 모양의 거리에 간선도로가 설치되어 전차, 마차, 보도를 구분하고, 주요 도로의 교차점에 광장이 설치된 것을 자랑했다. '구미 도시와 비슷한 광경이다'라고 반복 서술하고 있듯이 '구미'를 기준으로 병합 이후의 발전이 강조되었다. 또 일본이 문명을 들여오기 이전의 조선은 공업 등 '중세 시대의 조직'조차 성립하지 않은 후진적인 모습이었다.

의료 위생도 강조되었다. 조선에서는 위생상의 '미신'이 만연하고, 의사의 대부분은 한방의로 음료수도 열악하며 청결의 관념이 없는 것으로 비추었다. 거리는 '악취'로 어지럽고 매우 '불결'하여 천연두와 장티푸스, 콜레라 등 전염병이 유행했다. 그런데 병합 이후 위생기관이 정비되고 상하수도 외에 총독부병원, 전염병원(순화원) 등이 설립되었고, 시뇨의 처리, 공중변소의 설치, 도로와 도랑의 청소, 분진 제거

등이 실현되었다고 말한다.

이시하라에 의하면 조선인은 일본의 통치 덕분에 문명적인 태도를 익히면서 사회질서도 보장받았다는 것이다. 보호자 의식이 전면에 표출되었다.

'문명'의 높은 견지에서

〈도쿄아사히신문〉에 6회에 걸쳐 연재된「시정 5년의 조선(施政五年の朝鮮)」은 서울에 거주한 것으로 추정되는 이치노미야 아오타카(一宮蒼鷹)가 부산을 비롯해 대전, 대구 등 도시를 방문하여 '일본인'의 활동, 특히 산업의 양상을 일본의 높은 문명이라는 입장에서 조선의 '뒤처짐'을 강조하였다. 이른바 종주국 의식의 표출이다.

예를 들면 부산 거리는 "매립지 일부를 제외하면 시가지도 안정되었다. 주택도 좋고 도로도 넓다. 농후한 일본적 색채는 완전히 일본의 작은 도시와 같다. 그러나 상업기관의 정비, 완전한 해륙교통은 도저히 일본의 중(中) 이하의 도시에서는 찾아볼 수 없다"(1915년 9월 5일)고 말했다. 부산은 1876년 일본의 거류지가 설정되어 본격적인 도시건설이 시작되었다. 부산은 조선 제2위의 도시였다. 인구는 6만 804명, 그 가운데 일본인은 2만 9,890명으로 일본인의 비율이 높았다(『朝鮮總督府統計年報』, 1915년도판). 이치노미야는 부산 거리가 일본과 비슷하여 '내지인'을 끌어들이는 매력을 지녔다고 역설했지만, 조선인에 대해서는 냉담했다. 조선인 가옥은 '4, 5평의 초가집'으로 조잡한 가옥에 많은 사람들이 우글거렸고, 조선인은 '빈약'하고 '부의 정도'는 낮을 뿐이었다.

여성에 대한 편견은 더욱 노골적이었다. 「조선여성(朝鮮の女)」(《日の出新聞》, 1915년 8월 30일)에는 서울에 거주한 일본인 변호사의 이야기를 인용하여 '조선 부인'은 남성에 '굴종'하여 '노예'로까지 지위가 떨어졌다고 말한다. 하루라도 빨리 자각하여 '가정적 기반(羈絆)'으로부터 벗어나 '사회적 질곡'을 돌파할 수 있는 '큰 용기'를 가져야 한다고 강조했다. 조선 여성의 괴로움을 말하려는 이러한 일본인에게는 일본 여성이 안고 있는 동일한 문제는 존재하지 않는다. 남성/여성의 관계에 일본/조선을 중첩시켜 일본인 여성과 조선인 여성 사이에 서열을 부여했는데, 일본 여성들의 '큰 용기'에 대해서는 언급하지 않았다.

공감하는 일본인

그러나 완전히 다른 의식을 지닌 사람도 있었다. 가네코 후미코(金子文子)는 병합 2년 후인 1912년 가을부터 7년간, 9살부터 16살까지 경부연선에 있는 부강(芙江)이라는 작은 마을에서 살았다. 가네코는 그곳에서 5~6군데의 산림을 소유하고 조선인을 상대로 '고리대'를 경영하던 숙모 부부의 양녀가 되었는데, 매일 조모로부터 학대를 받아 자살까지 시도한 생활환경에서 자랐다. 이 과정에서 가네코는 조모 주변에서만도 상당히 존재했던 '압박과 학대를 받고 착취당하는 불쌍한 조선인'에게 '동정의 마음'을 품었다고 말했다(『何が私をかうさせたか』, 1931년). 가네코는 이후 조선인 박열(朴烈)과 결혼하고 사회운동에

투신했다.

또 1914년 5월 아사카와 타쿠미(淺川巧)는 13살 때 형 노리타카 (伯教)가 있는 서울에 와서 조선인에게 공감한 인물이었다. 아사카 와는 조선총독부 임업시험장에 근무하면서 산림의 녹화를 위한 수목 연구에 종사하다가 이후 조선의 공예품에 관심을 갖게 되었다. 그는 1922년 2월 1일 일기에 "음력 새해가 지난 지 오늘로 5일째. 매일 아침 밥은 점쇠(点釗)네 집에서 먹었다. 나의 배와 눈은 완전히 조선식으로 길들여졌다. ……저녁밥은 점쇠네 집에서 내가 만든 스키야키를 먹었 다. ……노파와 점쇠 그리고 여자아이들과 함께 배불리 먹은 다음 꽃 맞추기 놀이를 하면서 놀았다"고 말했다. 조선인들과의 교류를 기록 한 아사카와는 조선총독부의 정책에도 비판적이었다. 조선신사는 '일 선(日鮮) 양 민족의 융화'를 도모하는 '근본의 힘'을 지니지 못할 뿐 아 니라, 앞으로 '문제의 소지'가 될 것이라고 말했다(1922년 6월 4일).

조선인으로부터의 비판

식민지를 지배하는 오만하고 거만한 '일본인'에 대한 비판은 불 복종과 직접행동으로 표출되었는데, 언론으로서 전개된 사례도 보인 다. 예를 들면 서울에 거주하던 조선인 남궁벽(南宮璧)이 일본어로 쓴 「조선인이 쓴 기고(鮮人の草したる寄稿)」(《朝鮮新聞》, 1913년 6월 14~15일) 는 '여보(ヨボ)'라는 말이 '경모(輕侮), 조소, 모욕'의 의미를 포함한다 며 일본인이 조선인을 '여보'라고 부르는 것을 비판했다. 남궁벽은 더 욱이 '일시동인(一視同仁, 모든 사람을 하나로 평등하게 보아 똑같이 사랑한다는 뜻─옮긴이)'이라는 대권 밑에서는 일본인과 조선인이 '동일한 신민'이라고 주장하면서 일본인의 멸시에 반격을 가했다. 그는 3·1운동 이후에도 「조선통치정책에 대해서(朝鮮統治政策に就いて)」(『太陽』, 1919년 8월)를 공표하여 '조선인은 조선인이다'라며 동화정책에 대한 비판을 전개했다.

타이완의 저항운동

타이완에서는 1912년부터 다음 해에 걸쳐 농민들의 무력저항운동이 연이어 전개되었다. 1913년 10월에는 전통적인 사상과 자유평등의 이념을 품은 뤄푸싱(羅福星)이 가혹한 세금과 경관의 횡포에 맞서 타이완총독부의 시정을 비판하고 무장봉기를 계획하다가 사전에 발각된 묘율사건(苗栗事件)이 발생했다. 또 1915년 여름에는 타이난(台南)에서 유칭팡(余淸芳) 등이 '항일봉기'를 일으킨 서래암사건(西來庵事件)이 일어났다. 그러나 봉기는 실패하고 66명이 사형선고를 받았다.

무샤노코지 사네아쓰는 「800명의 사형(八百人の死刑)」이라는 글에서 서래암사건에 대해 언급하면서 '수백 명의 인간을 사형에 처하고도 아무렇지도 않는 인간의 얼굴을 보고 싶다'며 타이완총독부를 비판했다. 그리고 당국자가 그들을 '인간'으로 생각하지 않는 것에 '무서움을 느낀다'고 덧붙였다(『白樺』, 1915년 11월).

'만주'의 일본인

'만주'의 상황은 어떠했을까. 만주는 철도를 이용하면 파리까지 2주일 걸린다. 해로에 비해 6분의 1 정도 걸리고 비용도 3분의 1 정도라 유럽 문명을 받아들이는 창구였다. 또 소련과 국경을 마주하여 코뮤니즘(communism, 공산주의)과 대치하는 장소였다.

〈만주일일신문(滿洲日日新聞)〉의 앙케트(1924년 2월 19-21일)에 따르면, 만주에 거주하는 '일본인' 아이들은 중국인을 불결하고 비위생적이며 도벽이 있고 예의가 없으며 또 정직하지 못하고 욕심이 많다고 바라보았다고 한다. 이에 반하여 중국인 아이들은 일본인의 결점으로서 거만, 조급함, 사치, 술주정, 여성 복장의 화려함 등을 들었다(塚瀬進, 『滿洲の日本人』).

만주에서는 1910년대의 상품 수출과 철도 광산 사업으로부터 조선은행과 요코하마정금은행(橫浜正金銀行)에 의한 투자 활동으로 중

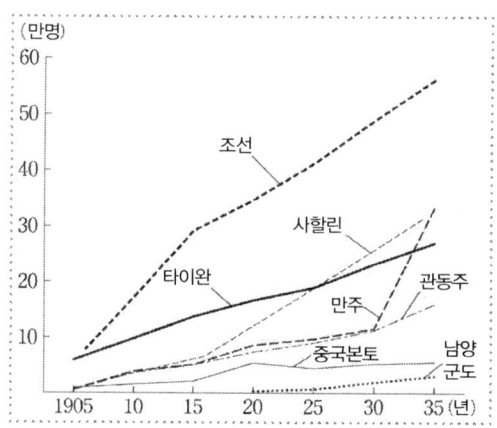

▶그림 4-2. 식민지와 중국 각지의 일본인 수 추이(1905~1935년).
(岡部牧夫 『海を渡った日本人』 16頁より作成)

점을 바꾸었고, 1920년대 후반에는 만철콘체른(푸순탄광〔撫順炭鑛〕, 안산제철소〔鞍山製鐵所〕, 해운 등)에 의해 봉천군벌 장쭤린(張作霖)을 이용한 간접적인 지배가 이루어졌다. 이 때문에 만철에는 종래의 조슈벌(長州閥)을 배경으로 한 총재를 대신하여 정당의 의향을 직접 반영시킬 수 있는 총재를 임명했다.

남양으로의 진출

한편 일본인은 제1차 세계대전 이후 베르사이유회의에서 위임통치를 인정받은 '남양'에도 진출했다. 1922년 남양청(南洋廳)이 설치되었지만, 그 전년에 설립된 남양흥발(南洋興發)과 마쓰에 하루지(松江春次)의 존재를 무시할 수 없었다. 남양흥발은 반관반민의 국책회사로 주로 감자를 재배했는데, 사이판을 비롯해 티니언(Tinian, 태평양 서쪽 마리아나 제도 남쪽의 작은 화산도. 태평양전쟁 때 미·일이 격전지―옮긴이)과 팔라우(Palau, 태평양 캐롤라인 제도 서쪽에 있는 섬의 무리로 이루어진 공화국―옮긴이)로 사업을 확대했다. 오키나와로부터 이민을 많이 고용하고 현지 카나카와 차모로 사람들을 사역시켰다.

심상소학교 국정교과서 『국어독본(国語読本)』 제3기(1918~1932년)에는 「트럭섬 소식(トラック島便り)」이 실려 있다. 이 글은 숙부가 소년에게 보내는 편지 형식으로 구성되었는데, "이곳은 겨울이나 봄에도 마치 내지의 여름과 같다. ……내지로부터 와서 가장 먼저 눈에 띄는 것은 식물이고, 그중에서도 특히 진귀한 것은 야자나무 열매와 빵나무이다"라며 이국 정서로 가득한 남양을 묘사하였다. 말미에는 '원주민

은 아직 열려 있지 않다'면서도 '성질'은 순하며 아이들은 '아주 능숙하게 일본어'를 말하고, 소녀는 '기미가요'를 잘 부른다고 전했다.

해외 이민

원래 일본의 해외 이민은 도항이 자유로워지면서 하와이로의 '관약(官約) 이민'을 시작으로 1880년대에는 북아메리카, 하와이를 중심으로 확대되었다. 그러나 1907년 캘리포니아에서 일본인에 대한 이민 배척운동이 일어나 마찰이 생기고, 멕시코와 페루 등 중남미로의 이민이 유행했다.

더욱이 1924년 7월 미국에서 신이민법(배일이민법)이 실시되어 일본과 미국의 대립은 국민 감정으로까지 심화되었다. 6월 5일자 〈도쿄아사히신문〉 등의 신문은 '배일이민법 반대'를 선언했다. 1924년 미국으로의 이민 금지는 쿠바, 아르헨티나, 브라질로의 이민을 증가시켰고, 동시에 조선과 만주로의 이주자도 늘어났다. 또 사할린, 남양제도 나아가 동남아시아로의 진출도 시작되었다. '민중'이 만들어 낸 제국의 세계지도는 이동과 함께 확대되었다(그림 4-2).

2. 3·1운동과 5·4운동

베르사이유회의

제1차 세계대전과 이후의 세계는 동아시아에도 커다란 영향을 미쳤다. 제1차 세계대전의 강화회의는 1919년 1월부터 6월까지 파리 교외 베르사이유에서 개최되었고, 일본의 전권으로 사이온지 킨모치와 마키노 노부아키가 출석했다. 최근 베르사이유회의에 관한 연구에서는 일본이 인종적 차별 대우에 철폐를 요구한 것에 대해 언급하고 있는데, 이 철폐 법안은 미국에서의 일본인 이민 배책에 대한 견제의 측면이 크다. 일본의 발언은 이밖에도 독일령 남양제도 할양과 중국 산둥 성의 독일 이권에 관한 것이었다. 전자에 대해서는 일본의 위임통치가 승인을 받았고, 후자는 중국의 반대에도 불구하고 각국의 타협을 끌어냈다.

회의의 추세는 영국과 프랑스에 의한 독일 제재가 주로 거론되었다. 그러나 미국 대통령 윌슨은 비밀 외교의 배격, 군비 축소, 식민지 요구의 조정, 국제 연맹의 결성 등 14개조에 걸친 새로운 세계 질서 이념을 주창했다. 당시 윌슨은 이와 더불어 민족자결을 주창했다. 이에 자극을 받아 조선에서 3·1운동, 중국에서 5·4운동이라는 민족운동이 일어났다.

만세와 선언서

3·1운동이 일어난 계기의 하나는 1919년 1월 21일 급사한 고종의 죽음에 일본이 관련되어 있다는 소문이었다. 때마침 일본 정부는 고종의 후손과 일본 황족과의 결혼을 획책하였는데 고종은 이에 반대를 표명했었다.

각각 별도로 움직이던 각 세력들은 곧바로 연락을 취하며 선언서 발표를 계획했다. '대중화' '일원화' '비폭력'의 3원칙을 확인하고 고종의 국장일(3월 3일)에 맞추어 준비했지만, 그들 중에는 청일전쟁 후에 전개된 반일민족운동인 의병운동을 경험한 자들이 많았다. 그리스도교와 천도교의 지도자, 학생들을 중심으로 교사, 지방관리, 자영업자, 신문기자 등이 참여했다.

예정보다 빨리 3월 1일에 사람들은 서울 중심지에 있는 파고다공원에 모여 '선언서'를 낭독하고 독립만세를 불렀다. 조선총독부 편 『조선의 독립사상과 운동(朝鮮の独立思想及運動)』은 직공, 상인, 점원, 차부, 농부 등 '모든 계급'이 남녀노소를 불문하고 파고다공원에 모였다고 기록하고 있다. 일본에서 만세는 대일본제국헌법 발포 당시부터 시작되었는데, '국민적' '민족적'인 단결의 의사를 표시하는 상징적인 동작이자 공감의 표현일 것이다. 이 때문에 3·1운동은 만세사건이라고 부르기도 한다. 선언서 이외에 다수의 신문과 격문이 배포되었고, 선언서는 각 가정에도 배포되었다.

사람들은 광복가를 부르고 만세를 외치면서 서울 거리를 행진했다. 일본 관헌은 선언서에 서명한 대표자를 비롯해 150명 이상을 체포했다. 행동은 평양, 선천, 원산 등지에서도 동시에 시작되었고, 운동이 사전에 면밀하게 준비되었다는 것을 알 수 있다.

3·1운동의 '선언서'는 조선 각지에서 독자적으로 다수 작성되었다. 그중에서도 3월 1일 33인의 지도자가 서명한 선언서에서는 '우리는 우리 조선이 독립된 나라인 것과 조선 사람이 자주 국민인 것을 선언하노라'며 '민족적 독립'을 선언했다. 또 도쿄에 있던 유학생들(전조선청년독립단)은 '2천만 조선 민족을 대표'하여 '정의와 자유의 승리'를 얻은 '세계 각국' 앞에 '독립'을 선언했다. 이를 '2·8선언문'이라고 부른다. 2월 8일 유학생대회에서 그들은 '대한독립만세'를 외쳤다.

조선 전역으로

조선 전국으로 확대된 운동은 3월 2일 이후 점차 격화되었다. 사람들은 지도자의 체포에 항의하여 헌병분견소와 경찰관주재소로 몰려가 경관, 헌병과 충돌했다. 또 상점을 닫은 '철시(撤市)'도 평양을 비롯해 각지에서 이루어졌다.

조선헌병대사령관은 3·1운동을 '소요'라고 폄하했다. 조선총독부는 모든 수단을 동원해 '예방'하려 했지만 '점차 북한과 남선 지방으로 만연'되었다(『現代史資料』25). 3월 하순부터 4월에 걸쳐 운동은 고양되었다. 도시부만이 아니라 농촌부에서도 운동이 활발해졌고, 시장(市場) 소재지에서 운동이 많이 일어났다. 3월부터 5월까지 시위 횟수는 1,548회, 참가 인원 205만 명이었다(朴殷植, 『韓国独立運動之血史』). 일부 지역에서는 곤봉과 낫, 죽창으로 '무장'한 폭동으로 발전했고 관공서를 습격하기도 했다. 3·1운동은 민족주의에 의거하여 식민지로부터의 독립을 선언하고 조선 전토로 확대되었다.

또 중국(간도 지역, 상하이)과 소련(시베리아 연해 지역)에 거주한 조선인 혹은 일본에 있던 조선인, 특히 학생들도 동조했다. 호놀룰루, 블라디보스토크 등에는 이미 임시정부가 수립되었는데, 1919년 4월 10일 상하이에 '대한민국임시정부'로서 가정부(假政府)를 만들었다. 임시정부는 프랑스에 있던 김규식(金奎植)을 베르사이유회의에 출석시키려 했다. 김규식은 결국 참가하지 못했지만 '임시정부 한국독립승인청원서'를 회의에 제출했다.

운동의 진압

조선군사령관 우쓰노미야 타로(宇都宮太郎)는 3월 12일 각 도에 출동지령을 내리고, 4월 3일까지 120개소에 군대를 파견했다. 4월 4일에는 일본군의 증원이 각의에서 결정되었고, 4월 8일에는 히로시마의 제5사단, 히메지(姫路)의 제10사단이 출발하여 부산에 상륙했으며, 다른 사단도 순차적으로 조선에 파병되었다. 조선헌병대사령부 편 『1919년 조선소요사건상황(大正八年 朝鮮騷擾事件狀況)』은 운동이 반

년간 계속되어 군대와 경찰이 탄압한 사실을 기록했다. 또 재향군인, 소방조원, 민간 일본인도 운동의 진압에 나섰다(『警察の處理に關する證言』,『現代史資料』26). 3·1운동에서 조선인 사망자는 7,509명, 부상자 15,849명, 체포자 46,306명에 달했다. 이 가운데 체포된 이화학당의 여학생 유관순(柳寬順)은 재판을 거부하고 고문으로 인해 옥사했다. 그녀는 '조선의 잔 다르크'로 기려진다.

독립운동에 대한 시선

일본 내지의 신문은 3월 7일까지 기사 규제 조치를 받았다. 해금 후에도 3·1운동을 '폭동'이나 '소요'로 부르고 '선인(鮮人)'이라는 멸시어를 사용하면서 '폭도' 혹은 '폭민'이 수비대와 '충돌'하고 '습격'했다고 보도했다.

또 〈도쿄니치니치신문〉(4월 10일)은 3·1운동의 원인을 '총독부 정치에 대한 불평'과 '외국인의 선동' 등이 교착되어 복잡하다고 말하면서도, '그릇된 민족자결주의'가 운동을 유발시켰다고 강조했다. 또 신문은 동시에 무단통치를 비판하기도 했다. 〈요로즈초호〉(3월 27일)는 언론에 '불필요한 속박'을 가했다고 비판했지만, 또 한편으로 조선인을 '열등민'으로 간주하는 멸시감을 표출했다.

일본에서 3·1운동에 공감하는 사람들은 소수였지만 존재했다. 그중의 한 사람 요시노 사쿠조는 조선인은 일본의 지배를 바라지 않는다는 점에 '동정과 이해'를 표명하면서, 적어도 '도덕적'으로 그들의 입장은 부당한 일이 아니라고 말했다(『朝鮮の暴動について』,『中央公論』,

1920년 11월). 김우영(金雨英) 등 재일조선인 유학생과의 교류를 통해 요시노는 예전의 선정주의(善政主義) 입장으로부터 전환했다.

무단통치에서 문화통치로

당시 하라 내각은 1919년 8월 20일 조선총독부 관제 개혁을 실시하여 문관총독 임용의 길을 열었다. 또 헌병경찰제도를 폐지하고 대검(帶劍)을 중지시켰다. 그러나 경찰서와 경찰관 수는 오히려 증가했고 경찰비도 증액되었다. 더욱이 다음 해에는 통치 방침을 '문화의 발달과 민력(民力)의 충실'로 '변경'하여 '문화통치'를 추진했다. 〈동아일보〉, 〈조선일보〉, 〈시사신문〉 등 조선어신문도 창간되었다. 그러나 사할린과 타이완에는 문관 장관과 총독이 부임했지만, 조선총독은 사이토 마코토(斎藤実) 해군 예비역대장이 부임했다. 이후에도 조선에서는 문관이 취임하지 않았다.

'무관총독제'를 폐지해야 한다는 의견을 제출한 신문에서는 비판이 이어졌다. 〈도쿄아사히신문〉(8월 7일)은 사설에서 사이토의 취임은 군부에 대한 '타협'이고, '조슈파를 대신한 사쓰마파' 혹은 '육군을 대신한 해군파'를 충당한 것에 불과하다고 비판했다. 사이토는 착임 당시(1919년 9월 2일) 서울 남대문 역에서 독립운동가 강우규(姜宇奎)의 폭탄 세례를 받았고, 조선인의 불만과 비판은 계속되었다.

사이토는 지역 관공서에 조선인의 '관리등용'을 실시하고(1920년 7월), 조선인 지주와 자본가 등 부유층을 회유하여 친일파를 육성했다. 또 조선인과 일본인의 결혼도 장려했다.

더욱이 1920년 11월 조선교육령을 개정하여 보통학교의 수업연한을 4년에서 6년으로 연장했다. 조선어를 수의과목(隨意科目, 선택과목)으로 만들었고(일본어는 '국어'), 교과목에 '일본 지리'와 '일본 역사'를 추가했다. '내지연장주의'를 표방하여 조선인 교육과 일본인 교육의 구별을 폐지하는 동화정책을 추진했다. 제2차 조선교육령(1922년)에서는 이러한 공립학교의 보급을 확대했다. 타이완에서는 1919년 10월 처음으로 문관총독 덴 켄지로(田健治郎)가 동화주의를 통한 식민지 통치를 실시했다. 같은 해 제정된 타이완교육령에서는 전문학교의 설치를 인가했다. 1924년에는 경성제국대학, 1928년에는 타이베이제국대학이 개학했다.

일본에 도항하는 조선인

1920년대 식민지 조선에 시행한 정책은 산미증식계획이었다. 내지의 식량 부족을 해결하기 위해 조선을 일본의 식료 창고로 위치지우고 미곡 증산 계획을 실시했다. 품종개량 등 기술적 대응만이 아니라, 관개시설의 설치와 경지 정리를 통한 증산 계획으로서 조선 농민들의 강한 반발을 샀다. 산미증식계획은 대지주의 이익만을 추구했고, 연간 300~700만 석의 미곡이 조선으로부터 일본으로 이출되었다. 조선 농민은 '외미(外米)'와 '만주콩'을 수입하여 먹었고, 조선인의 미곡소비량은 감소했다. 1920년 이후 50정보 이상을 소유하는 조선인 지주는 감소하고, 1정보 미만의 지주와 함께 소작농민이 늘어났다.

이 결과 토지를 빼앗겨 생활할 수 없는 조선인이 일본으로 도항했다. 부산으로부터의 출항이 많았지만, 1920년대 후반에는 연간 거의 10만 명에서 십 수만 명을 넘어섰다. 일본에 있는 가족과 지인을 찾아 도항한 경우도 있었지만, 이 시기에는 도항이 제한되기도 했다. 중국인 노동자의 입국 금지와 함께 국내 실업자에 대한 대응 때문이었다. 그러나 제한이 적용되지 않았던 제주도민의 도항을 포함해 이주자는 증가했다. 1927년에 '내지' 도항자는 18만 3천 명, 귀환자는 9만 3천 명으로 한 해에만 9만 명이 일본에 거류한 셈이다.

일본에 건너간 조선인은 도시 변두리에 집단 거주하는 경우가 많았다. 그들의 직업은 직공, 일용노동자, 품팔이 등 미숙련 노동자로서 육체노동에 종사했다. 재일조선인은 경찰과 지역 사회과의 조사와 감시 대상이었다. 조사 자료에 따르면 그들의 대부분은 농민으로 '노동을 위해' '생활난'으로 일본에 건너갔다. 조선인에 대해서는 직업적인 차별과 식민지인이라는 것에 대한 멸시, 더욱이 문화와 관습의 차이에 따른 편견이 일상적으로 행해졌다.

5·4운동

3·1운동을 전면적으로 지지한 중국에서도 항일운동이 일어났다. 산둥 성에 대한 독일의 권익을 일본이 계승한 것에 반대하여 1919년 5·4운동이 전개되었다. 5월 4일 베이징대학의 학생들은 천안문 광장에서 집회를 개최하고, 산둥 성에 대한 구독일의 권익 반환을 요구했다. 또 친일파 정부 요인인 차오루린(曹汝霖), 장쭝샹(章宗祥), 루쭝위(陸宗輿) 등을 비판하고, 21개조 요구의 취소도 내걸었다. 이는 일본의

아시아 정책에 대한 전환의 요구였다. 학생들은 집회 이후 차오루린의 집으로 몰려가 저택을 불태웠다. 그리고 각국 공사관으로 향했지만, 경찰과 군대의 출동으로 저지당했다. 또 상하이에서는 일본 제품의 불매운동이 시작되었고, 상점의 철시와 학생 노동자의 파업이 중국 각지로 확대되었다.

5·4운동에 관해서도 일본 신문은 '베이징 배일 폭동'이라고 전했고(《東京朝日新聞》, 1919년 5월 6일), 논단의 논조도 이에 거의 공감하지 않았다. 그러나 요시노 사쿠조는 민족자결을 존중한다는 입장에서 5·4운동에 공감을 표명하여 '자발적'이고 '확신적 정신'을 지닌다고 말했다(「北京学生団の行動を慢罵する勿れ」, 『中央公論』, 1919년 6월). 여기에서도 요시노는 기존의 21개조 요구에 찬성을 표명했던 입장으로부터 전환했다.

요시노 사쿠조와 동아시아

3·1운동과 5·4운동에 대한 대응은 식민지 지배에 대한 하나의 시금석이라고 말할 수 있다. 요시노 사쿠조는 운동이 일어난 다음 해에 예전 중국에서 가르친 적이 있던 리다자오(李大釗)와 함께 '지식인 교류계획'을 시작하여 베이징대학 관계자를 일본에 초청하려 했다. 연락 담당자로 신인회 관계자를 중국에 보내, 이미 졸업하여 만철에 근무하던 구로다 레이지(黒田禮二)가 베이징을 방문한 것을 시작으로, 사노 마나무는 '만주', 미야자키 류스케는 상하이로 건너갔다. 1920년 5월에는 베이징대학의 학생 5명이 일본에 와서 여명회와 신인회 관계

자들과 교류하여 환영을 받았다. 요시노의 5·4운동에 대한 논고는 리다자오를 통해 중국 신문에 게재되어 많은 반향을 불러일으켰다. 더욱이 교류의 중심이었던 신인회는 조선 문제를 둘러싸고 급진화되었다. 신인회는 식민지 문제로서의 조선에 관심을 표명했고, 조선 문제에 대해 발언한 기관지는 모두 발매금지 처분을 받았다.

　요시노는 이후에도 조선인이 중국 간도 지구의 일본영사관을 불태운 것에 대한 보복으로 일본 군대가 출동하여 조선인을 탄압한 그리스도교도학살사건(간도사건, 1920년 10월)과 수원에서 조선인을 학살한 사건(제암리학살사건)에 대해 언급하면서 식민지에서 어떤 사태가 일어나고 있는지를 알렸다(「朝鮮問題に関し当局に望む」, 『中央公論』, 1921년 2월). 『개조』(1920년 12월)의 특집이 '조선적화(朝鮮赤化) 대응책'이고, 1926년 6월 10일의 6·10만세사건을 대부분의 논자가 무시했던 사실을 고려하면 요시노의 자세는 높이 평가할 수 있다. 동시에 '동화정책'에 대해 '일본인이 말하는 대로 되어라'라는 것은 '요구'라고 비판한 요시노는, 식민지에서의 문제를 묵시하는 것은 '제국의 건전한 발전'에 '지장을 주는 일'이고, '야마토 민족의 도덕적 생명'의 발달에 '꺼림칙한 일'이라고 말했다. 총독부를 먼저 비판하지 않고서는 향후 논의가 곤란하다는 점을 강조한 것이다.

3. 식민지통치론의 사정(射程)

야나이하라 타다오의 조선통치론

제1차 세계대전 후에는 '무단통치'로부터 '문화통치'로 식민지정책이 전환되었을 뿐 아니라 식민지통치론도 논의되었다. 도쿄제국대학에서 식민정책학을 담당했던 야나이하라 타다오는 「조선통치의 방침(朝鮮統治の方針)」(『中央公論』, 1926년 6월)을 기고하여 3·1운동을 무단통치에 대한 조선 민족의 '불신임'이라고 평가했다. 그리고 이후 문화통치 또한 조선 민중을 두렵게 만드는 것으로, 조선 사회의 '저류'에는 조선 민중의 '절망적 불안'이 보인다고 말하면서 일본의 식민지 통치 수법에 의문을 던졌다.

식민정책학은 러일전쟁 이후 아카데미즘 속에 위치를 차지하여 1907년 도호쿠(東北)제국대학에 식민학강좌가 개설되었다. 1909년에는 도쿄제국대학에서 니토베 이나조가 식민정책강좌를 담당했고, 야나이하라는 그 후임이었다.

야나이하라는 식민지 통치의 일반적 이론으로서 ① 전제적 착취, ② 동화정책, ③ 자주정책을 제시하면서 ①은 시대착오라며 배척하고 ②와 ③의 두 가지 방향을 거론했다. 그리고 두 노선이 대항적으로 존재하는 속에서 야나이하라는 ③의 '자주' 노선에 입각하여 별개의 '역사적 사회'를 지닌 조선인과 '협동'하는 방향을 찾으려 했다. 야나이하라는 구체안으로서 '조선인의 참정(參政)'을 제시하면서 제국의회에 조선인의원을 보내는 방식과 조선의회 방식을 거론한 다음, 후자의 실현을 주장했다.

그러나 야나이하라에게도 조선의 독립은 선택지가 아니었다. 조선인의 '인격의 자주독립'을 존중하고 조선의 '자주적 지위'를 용인한 다음의 참정권 부여이고, 조선과 일본과의 '제국적 결합'을 '견고'하게 만들기 위한 식민지통치론이었다. 더불어 야나이하라에게 회피해야 할 것은 식민지인의 '반항'이고 이를 위한 자주 노선이었다. 그리고 조선이 독립국가로서의 실력을 갖춘다면 이는 '우리 식민정책의 성공'이고, '일본 국민의 명예'라고 말했다. 어디까지나 가정이지만 '분리 독립'을 말한 점에 야나이하라의 리버럴한 성격을 엿볼 수 있다.

야나이하라의 타이완통치론

야나이하라는 타이완에 관해서도 『제국주의하의 타이완(帝国主義下の台湾)』(1929년)을 발표했다. 야나이하라는 타이완의 '자본주의화'에 역점을 두고 민족과 계급의 복잡한 양상에 주목하면서 타이완의 '계급운동'은 필연적으로 '민족운동성'을 지닌다고 지적했다.

야나이하라는 동시에 타이완 통치는 식민지경영이 '성공한 희유(稀有)의 모범'이라고 말하면서도, 타이완에는 주민의 참정권이 없고 '총독의 전제가 극단적인 점'에서 '세계 중 희유의 사례'에 속한다고 비판했다. 그리고 타이완 통치 '성공'의 결과 그 자체는 통치정책의 변혁을 불가피하게 하는 물적·인적조건, 즉 저항운동을 만들어 내어 '제국주의의 발전은 즉 제국주의적 모순의 발전'을 이룬다는 결론을 내렸다.

야나이하라의 논의는 식민지의 '내지화' 즉 동화주의에 대한 비판이고, 전제성과 결합된 일본 통치에 대한 비판이었다. 그러나 중국으로부터 분리되어 식민지 통치를 받은 타이완과, 일국이 식민지화된 조선과는 양상이 다름에도 불구하고 통치론에서는 양자에 차이가 없다. 또 통치당한 측에서 말한다면 독립의 길은 애당초 존재하지 않는다. '일본 국민'으로서의 권리인가 아니면 '식민지'에서의 자치인가의 선택을 강요받을 수밖에 없다. 야나이하라는 나름대로 개량의 경계까지 논의를 펼쳤지만 독립이라는 문제를 넘어서지 못했다.

'동화'와 '자주'

이 점은 다른 논자들도 비슷했다. 교토제국대학에서 식민정책학을 강의한 야마모토 미오노는 '조선통치의 근본 방침'은 '자치주의'에 두어야 한다고 말하면서, 조선총독부를 비롯해 행정 각 부에 '유식한 조선인 중에 선출된 민선의원'과 '소수의 관선의원'으로 구성한 '행정평의회'를 설립할 것을 제안했다. 그리고 '서서히 대의제도'를 인정하여 장래에는 조선을 '자치령'으로 전환할 것을 촉구했다(「朝鮮統治問題私見」, 『太陽』, 1920년 5월).

또 타이완총독부의 기사(技師)로 동화정책에 비판적인 도고 미노루(東郷実)는 교육제도에 착목하여 '민족적 특성'과 '고유의 사회제도'를 '근본적으로 파괴'하지 않는 정도로 방침을 정해야 한다고 주장했다. 도고는 '두 이민족'을 '동일방침'으로 함께 교육하는 것은 불가능하며 '완전한 국민'을 만들 수 없다고 말했다(「植民地教育制度論」, 『太陽』, 1927년 3월).

이상은 모두 자주론에 입각한 주장이었는데, 또 한편으로 동화론의 입장에서 임계점까지 논의를 전개한 자도 있었다. 정치가 우에하라 에쓰지로는 대일본제국을 의회제로부터 개혁하여 데모크라시화한 일본에 조선을 동화시키자고 말했다. 『데모크라시와 일본의 개조(デモクラシーと日本の改造)』에서는 조선과 타이완에 대일본제국헌법을 시행하여 동화를 통해 차별을 없애야 한다고 주장했다. 정책으로서 동화를 철저히 시행해야 한다는 것을 강조하는 논의였지만, 이러한 주장은 총독부 통치에 대한 비판으로 작용했다.

'동화'와 '자주'의 관점은 철저한 논의 과정을 거치면서 총독부 통치에 대한 비판으로 이어졌다. 총독부가 동화정책을 기조로 하는 정책을 펼치는 한, 자주론은 비판적인 의향이 강할 수밖에 없었다.

의회설치운동

이러한 분위기에서 식민지의 저항운동도 양상이 변해갔다. 타이완에서는 무력에 의한 대규모 저항운동은 1915년 서래암사건 이후 종식되었는데, 이 시기에 새로운 형태의 두 가지 저항운동이 전개되었다. 하나는 의회설치운동으로 다이쇼 데모크라시의 영향을 받은 항일운동이었다.

제국의회에 대한 타이완의회설치의 청원은 민본주의자의 한 사람인 다가와 다이키치로를 소개의원으로 삼아 카이페이휘(蔡培火), 린셴탕(林獻堂) 등이 추진했다. 이후 1934년까지 15번의 청원이 이루어졌다. 또 조선에서는 중의원의원선거법의 시행 청원이 1920년부터 18회기에 걸쳐 이루어졌다.

식민지의 의회설치운동은 참정권 부여인가 아니면 의회 설치인가라는 선택지의 문제이지만 논의는 단순하지 않다. 참정권 부여의 요구는 '일본인(국민)'으로서 참정권을 주장하여 자신들의 대표를 도쿄의 제국의회에 내보내는 요구로서 동화론을 근거로 삼았다. 역으로 의회 설치는 자주론에 의거한다. 의회설치론은 조선인과 타이완인이 '국정'에 참가하면 제국의회에 혼란을 초래할 수밖에 없기 때문에 이를 회피하겠다는 논점도 존재한다.

아무튼 의회설치운동은 식민지의회의 요구라는 점에서 일본으로의 통합과 일본으로부터의 이탈이라는 양면성을 지닌다. 총독부에 대한 대항이면서 제국의회에 포섭되는 것이다(若林正丈, 『台湾抗日運動史硏究』). 그러나 일본으로부터의 식민지로 이주한 일본인들은 의회 설치에 강력한 반대를 표명했다.

백화문운동

또 하나의 새로운 항일운동으로는 타이완에서 민족주의적인 문화계몽운동을 전개한 타이완문화협회의 설립이었다. 1923년에는 타이완문화협회의 기관지 『타이완(台湾)』이 창간되어 '민중'의 구어체에 기초를 둔 새로운 구어문을 만들어 보급시키려는 백화문(白話文)운동이 전개되었다. 『타이완』의 시도는 새로운 문어체를 통해 '타이완 국민'을 형성하려는 움직임이고, 타이완총독부의 지배에 대해 별종의 '국민' 의식으로 대항하려는 것으로서 타이완 민중이 표출한 근대화의 희구라고 말할 수 있다.

야나기 무네요시와 조선

조선인과의 연대도 시도되었다. 야나기 무네요시(柳宗悦)는 「조선 친구에게 보내는 글(朝鮮の友に贈る書)」(『改造』, 1920년 6월)을 통해 조선에 대한 심정을 밝혔다. 야나기는 이미 「조선인을 생각한다(朝鮮人を想ふ)」(『読売新聞』, 1919년 5월 20~24일)를 기고하여 조선(인)에 대한 생각을 피력했다. 이 문장은 실리지 못한 복자 부분이 많았지만, 서간 형식을 통해 조선인과 일본인의 '두 마음'이 서로 만날 것을 촉구하고, '정(情)'과 '애(愛)', 더욱이 '도덕'의 측면으로부터 대화할 것을 시도했다. 야나기는 여기에서 '힘의 일본'을 부정하고 '정의 일본'을 강조하며 '인간으로서의 일본인'을 말했다.

『백화』의 동인답게 야나기는 '마음'의 세계를 통해 일본인과 조선인의 대화를 시도했다. 그는 일본과 조선의 관계에 대해 '나는 지금의 상태를 자연적이 아니라고 생각한다'며 '부자연적인 것'이 '도태'되는 것은 '이 세상의 굳은 이법(理法)'이라고 단정했다(이 부분은 복자. 또 조선어로 번역되어 게재된 《동아일보》는 연재 도중에 중지).

그러나 야나기는 종주국과 식민지 사이의 비대칭적인 힘의 관계에는 생각이 미치지 못했다. 또 '조선과 그 민족'에 대한 '정애(情愛)'는 '예술로부터의 충동'으로서 전개되어 조선의 미에서 '비애의 미'를 찾았다. 이 때문에 그의 인식은 '감상적인 언설'이라는 비판도 제기되었다(최하림, 「야나기 무네요시의 한국미술관」, 『전망』, 1976년 7월). 그러나 야나기는 조선의 미를 '민족 예술'이라고 평가하면서 '예술의 미'는 언제나 '국경'을 넘어 '마음과 마음이 만나는 장소'라고 말했다. 1924년 4월 야나기는 경복궁 안에 백자와 목공예를 전시하는 조선민족미술관을 설립했다.

야나기의 행동은 조선을 '안으로부터 이해'하는 행위의 실천이고, '내적인 조선'에 들이가려는 시도였다. 일본 군부가 광화문을 철거하자고 주장했을 때, 야나기는 「사라지려는 한 조선 건축을 위해(失われんとする一朝鮮建築の爲に)」(『改造』, 1922년 9월)를 발표하여 공개적으로 비판했다.

아사카와 노리타카(淺川伯教)는 야나기에게 조선의 미를 가르쳤다. 아사카와는 조선왕조 시대의 자기에 매료되어 동생 아사카와 다쿠미와 함께 조선인의 친구를 자처했다. '민족' 단위의 사

▶사진 4-3. 광화문과 조선총독부 청사. 광화문 철거안에 대해 야나기 무네요시 등은 보존을 주장했다. 조선총독부 청사는 1995년 철거되었다.

제4장 식민지의 광경 | **187**

고방식으로 각각 총독부 통치를 비판했다.

반(反)식민지 소설

반식민지소설을 집필한 작가로 나카니시 이노스케(中西伊之助)의 이름이 자주 거론된다. 나카니시는 교토에서 태어나 1910년 무렵〈평양일일신문(平壤日日新聞)〉기자로 조선에 건너왔고, 이후 '만주'에서 만철 사원이 되었다. 1914년 무렵 일본으로 돌아와『자토에 싹튼 것(赭土に芽ぐむもの)』(1922년)과「불령선인(不逞鮮人)」(1922년) 등의 소설을 발표했다.

「불령선인」은 3·1운동에 참가하여 죽은 딸의 부친을 주인공이 방문하는 이야기를 그린 단편으로, '증오와 복수'에 불타는 눈으로 부친이 자신을 공격하지 않을까 하는 감정에 휩싸인 주인공의 모습을 묘사했다. 그리고 그 불안과 걱정을 '우리 민족이 모두 떠안아야 할 죄'라는 말로 끝을 맺는다. 죽은 딸의 피로 물든 의복을 묘사한 장면은 대부분 복자로 처리되거나 삭제당했다.

또 아쿠타가와 류노스케(芥川龍之介)는〈오사카마이니치신문〉의 해외시찰원으로서 1921년 3월부터 7월에 걸쳐 중국을 방문하고『지나유기(支那遊記)』(1925년)를 간행했다. 그리고 당시의 체험을 소설「후난의 부채(湖南の扇)」로 발표하여 동아시아 사람들과의 대화를 시도했다.

역사와 전설

대일본제국은 식민지 역사의식을 재편성하기 위해 1925년 조선사편찬을 시작했다. 여기에는 이완용(李完用, 조선총독부 중추원)과 박영효(朴泳孝) 등의 조선인과 이마니시 류(今西龍) 등 일본인이 참여했다. 그 가운데 한 명인 이나바 이와키치(稻葉岩吉)는 '올바른 조선사'를 만들어 '조선인에게 이해(理解)'를 주어 '일선 양 민족의 이해에 일조하고 싶다'고 말했다(《大阪每日新聞》, 1925년 6월 10일). 이나바는 '한국은 악정(惡政)이 이어져 항상 동양의 화란(禍亂)의 원천이 되었기 때문에 동양의 평화와 인민의 복지 증진을 위해 병합했다'는 '병합의 목적'을 편집 방침으로 삼는다고 말했다.

또 타이완총독부가 편찬한 교과서(「수신」, 「국어」, 「한문」)에는 한민족의 민간신앙에서 유래한 오봉(嗚鳳) 전설이 게재되었다. 이 전설은 타이완의 통사(通事) 오봉(한민족)이 선주민이 제사를 지낼 때 사람(한민족)의 목을 바치는 '악습'을 없애기 위해 자기 몸을 희생한다는 것으로, 오봉의 자기희생에 의해 선주민은 감화를 받아 '악습'을 그만두었다고 한다. 타이완총독부가 사당과 기념비를 세워 오봉을 현창한 것은, 야만적인 선주민을 문명화한 한민족을 매개로 하여 문명을 가져다준 '일본'을 치켜세우는 행위가 되었다(駒込武, 『植民地帝国日本の文化統合』). 식민지 통치는 복잡한 양상으로 전개되었다.

4. 워싱턴체제

전후체제와 국제협조

　제1차 세계대전 이후 베르사이유조약의 일부로서 국제연맹규약이 채택되어 1920년 1월 10일 국제연맹이 발족되었다. 일본은 영국, 프랑스, 이탈리아와 함께 상임이사국이 되었다. 국제연맹에는 42개국이 가맹했는데, 제창자인 미국은 참가하지 않았고 혁명이 일어난 소련은 1934년까지 가맹하지 않았다. 이 때문에 하라 타카시 내각과 다카하시 코레키요(高橋是清) 내각(1921년 11월 13일 성립)에서 외상이었던 우치다 야스야(內田康哉)는 제45의회에서의 연설(1922년 1월 22일)을 통해 '국제협조'를 제창했다. 연설은 "실로 현대 세계의 대세는 각국 모두 배타적 이기주의를 버리고 정의와 평화를 위해 국제협조의 달성을 도모하고 협심육력(協心戮力)하여 인류의 공존공영의 내실을 거둘 수 있도록 노력하고 있다"라는 내용이었다. 이는 물론 '제국의 영원한 이익'에 합치되고, '제국 국운의 융창'을 도모하는 방침으로서 대일본제국의 입장에 의거한 인식과 대응이었다. 우치다 내상이 언급한 내용은 마침 개최된 워싱턴회의에서도 제기되었다.

워싱턴회의

동아시아를 둘러싼 국제관계 또한 제1차 세계대전 이후 변화하기 시작했다. 중국에서 민족운동이 전개되었지만, 또 한편으로 독일의 패전과 러시아혁명에 의해 동아시아의 '대국'은 영국과 미국 그리고 일본이었다.

동시에 제1차 세계대전 이후 강국 간의 협조체제인 베르사이유 체제는 동아시아 지역에도 영향을 미쳤다. 하라가 암살된 이후 1주일이 지난 1921년 11월 12일부터 다음 해 2월에 걸쳐 개최된 워싱턴회의에서는 미국 대통령 하딩(Harding)의 주창에 따라 일본, 이탈리아, 프랑스, 영국, 중국, 미국, 네덜란드, 포르투갈, 벨기에 등 9개국이 참가하여 군비 제한 문제, 중국 문제, 태평양 문제 등을 토의했다. 회의 의제는 민족자결과 해군군축이 중심이었으며, 일본에서는 전권으로 해상인 해군대장 가토 토모사부로(加藤友三郞)와 귀족원의장 도쿠가와 이에사토, 특명전권대사인 주미대사 시데하라 키주로(弊原喜重郞)가 참가했다.

회의에서는 먼저 일본, 미국, 영국, 프랑스의 4개국 조약이 체결되어 태평양의 현상 유지가 확인되었다. 태평양 방면의 도서(島嶼)인 속지와 영지에 관해 상호 권리를 존중한다는 것이었다. 또 영일동맹에 미국의 참여가 일시적으로 논의되었지만, 미국은 영일동맹이 일본의 아시아 침략을 조장하는 것으로 인식하여 이를 폐기시켰다.

더욱이 해군력의 확대 경쟁을 억제하기 위한 해군군축조약이 체결되었다. 조약 가맹국들이 보유할 수 있는 주력함(전함, 순양함)의 각국별 비율은 미국과 영국이 각각 5, 일본이 3, 프랑스와 이탈리아가 각각 1.67로 확정되었다. 이 조약에 따라 일본해군의 8.8함대(전함 8척, 순양함 8척)는 수정되었고, 건조 중이던 것을 포함해 전함 등이 폐기되어 각국의 전함 경쟁은 규제를 받게 되었다.

네덜란드, 포르투갈, 벨기에와 중국이 참여한 9개국 조약은 중국의 '주권'과 '독립' 그리고 '영토보전'의 존중을 내세워 일본의 '만몽특수권익'이 확대되는 것을 부정하고, 중국에 대한 문호 개방과 기회 균등을 주창했다. 또 미국과 영국의 입회 아래 일본과 중국의 직접 교섭이 이루어져 일본은 산동 성에 대한 구독일 이권의 대부분을 중국에 반환했고, 21개조 요구의 일부도 파기되었다. 일본이 시베리아로부터 철병하는 것도 표명되었다.

회의의 결과, 일본과 미국 그리고 영국의 세력 관계는 일시적으로 균형을 이루어 긴장이 부분적으로 완화되었다. 이러한 동아시아 태평양지역의 국제협조질서를 워싱턴체제라고 부른다. 그러나 영일동맹에 이어 미국과의 사이에 중국에 대한 기회 균등을 결정한 이시이-랜싱(石井-Lansing)협정(1917년 11월)도 파기되어 일본은 새로운 국제관계를 맞이하게 되었다.

군축론과 군부개혁

일본 국내에서도 이러한 제1차 세계대전 이후의 조류에 대응하는 움직임이 보였다. 러일전쟁 후인 1906년 10월 야마가타 아리토모가 입안한 러시아와 중국을 가상적국으로 삼은 제국국방방침(1907년 4월 결의)도 1918년 6월 제1차 개정, 1923년 2월 제2차 개정을 통해 미국과 러시아(소련) 그리고 중국을 가상적국으로 간주했다.

또 한편으로는 군비제한에 대한 논의가 전개되었다. 〈동양경제신문(東洋經濟新聞)〉은 「군비제한, 태평양과 극동 문제에 관한 회의에 대한 권고(軍備制限並に太平洋及び極東問題に關する會議についての勸告)」(1921년 9월 24일)를 게재했다. 또 오자키 유키오, 시마다 사부로, 다가와 다이키치로, 미우라 테쓰타로, 이시바시 탄잔, 미즈노 히로노리(水野廣德) 등에 의한 군축축소동지회(1921년 9월)가 결성되었다. 불황도 겹쳐 군축론은 점차 지지를 얻게 되었다.

제45의회(1921~1922년)에서는 군축축소론과 군부개혁론이 논의되었다. 육군의 군축에 관해 헌정회는 병사의 복무연한 단축을 중심으로 논의를 펼쳤고, 여당인 정우회도 육군의 정리축소안을 제출했다. 논의의 대부분은 재정에 알맞은 군비를 강조하는 축소론이었다. 특히 오자키 유키오는 육군의 21개 사단은 과잉으로 '도리에 맞지 않는 무법'을 가져온다는 관점에서 군축을 주장했다. 또 헌정회와 국민당은 육해군대신에 무관이 임명되면 군축이 곤란하다며 군부대신의 무관전임제 폐지를 주장하면서 군부개혁과 군축론을 결부시켰다.

다카하시 코레키요가 내각 내부의 불일치로 퇴진한 다음, 뒤를 이어받은 가토 토모사부로 내각(1922년 6월 12일 성립)은 7월 3일 워싱턴

▶사진 4-4. 35식 보병총을 검사하는 병사들. 일본 군대의 '근대화'는 잘 이루어지지 않았다(『陸軍寫眞帖』).

조약에 의한 해군군비제한안을 발표하고, 다음 날 육군의 군축계획안을 제출했다. 이 계획안은 1925년도까지 이어졌는데 보병의 복무일수 40일 단축, 실질적으로 5개 사단에 상당하는 인원과 마필(馬匹)의 축소, 센다이 육군유년학교 등 시설 정비를 제시했고, 이밖에도 칭다오와 사할린 파견군의 일부 철수도 포함되었다. 1923년도에는 2,760만 엔이 절감되었지만, 정리 축소에 대처하기 위해 신식 병기의 도입(연도별로 200만 엔)을 도모하여 기관총부대와 중포대, 항공대를 증설했다.

이러한 일련의 군축은 하라 내각부터 가토 내각까지 육군대신이었던 야마나시 한조(山梨半造)가 추진했기 때문에 이를 야마나시 군축이라고도 부른다. 실제 감액은 전년도에 비해 불과 617만 엔에 불과했다. 또 군부대신 무관제는 그대로 존재했다.

'우가키 군축'

야마나시의 후임이었던 우가키 카즈시게(宇垣一成)는 기요우라 케이고(清浦奎吾) 내각부터 가토 타카아키 내각(제1차, 제2차), 와카쓰키 레이지로(若槻禮次郎) 내각(제1차)의 육군대신이었다. 우가키는 제50의회(1924~1925년)에 4개 사단을 폐지하고, 이에 따른 장비의 개선을 포함하는 정리안을 제출했다. 특과대(特科隊)를 창설하고 총동원체제를 추진하는 안이었다. 우가키는 일기에 군대가 축소되면 지역 경제에 곤궁이 초래될 것으로 예상했고, 육군의 정리를 단순히 추진하지 않았다.

우가키 군축이라고 불리는 육군정리는 인원(약 3만 4,200명)과 마필(약 6천 두)의 감소로 절약된 경비를 전차대와 고사포대 그리고 항공대로 충당하고, '화학병기' 연구기관과 신식 총포의 도입을 통해 실질적인 군비의 충실을 도모했다. 군사예산의 절감과는 관계없는 육군의 정리와 충실을 시도한 계획이었다(井上淸, 『宇垣一成』).

더욱이 우가키는 중등 이상의 남학교에 현역 육군장교를 배속하여 학생의 군사훈련을 정식 과목으로 배정했다. 또 청년훈련소를 설치하고(1926년 4월), 소학교 졸업 이후 진학하지 않은 청년에게 군사훈련을 실시했다. 군사교련에 반대한 학생들은 전국학생군사교련반대동맹을 결성했다.

우가키는 제국재향군인회에도 주목하여 1925년 규약을 개정하여 직접 군부와 연계를 맺었고, 공장에도 분회 결성을 시도했다. 재향군인회는 '군인정신'의 향상을 목적으로 조직되어 소집사무에 협력하면서 기관지 『전우(戰友)』와 『우리집(我が家)』 이외에 『대정공론(大正公論)』을 발행했다.

우가키는 이처럼 '20여 만의 현역군인' '3백여 만의 재향군인' '5, 60만의 중상급 학생' '천여 만의 청소년'을 육군이 장악하게끔 획책했지만(『宇垣一成日記』, 1925년 12월 30일), 우가키의 시도는 군축이라는 말을 빌린 군비와 군대의 합리화에 불과했다. '국민'의 군대를 재편하여 총력전단계의 편성 장비에 가까운 시도였다. 총력전이란 군대만이 아니라 경제와 사상 등 국가의 총력을 펼쳐 물자와 인원을 동원하여 전투하겠다는 전쟁 형태를 말한다. 세계사적으로는 제1차 세계대전이 총력전의 전형이었다. 일본의 관료와 군부도 유럽에 가서 총력전체제에 대한 조사와 학습을 실시했다.

패도(覇道)인가 왕도(王道)인가

이시바시 탄잔은 「대일본제국의 환상(大日本帝国の幻想)」(《東洋経済新聞》, 1921년 7월 30일~8월 13일)을 반복 강조했다. '대일본제국', 즉 '일본 본토 이외에 영토 혹은 세력 범위를 확장하려는 정책'은 '경제상'과 '군사상'에 '가치'가 없다는 것이다. 또 이시바시는 조선, 타이완, 중국은 일본인이 '백인' 흉내를 내면서 자기들을 '압박'하는 것에 '분개'하고 있다며 평화주의를 제창했다. 이시바시의 논의는 건전한 일국 단위 경제(국민경제)의 추구가 동아시아에 대한 자세와도 관련된다는 것이다. 이런 측면에서 이시바시가 제국일본에 대해 한 비판의 목적은 쑨원과 공통점을 갖는다. 쑨원은 1924년 11월 고베에서 있던 '대아세아문제'라는 강연에서 유럽의 '패도문화'와 아시아의 '왕도문화'를 대비하면서 일본은 쌍방을 모두 갖고 있다고 말했다. 그리고 쑨원은 서양 패도의 '번견(番犬)'이 될 것인지, 동양 왕도의 '간성(干城)'이 될 것인지를 물었다.

제5장 모더니즘의 사회공간

(상) 왼쪽부터 『킹(キング)』, 『이에노히카리(家の光)』, 『주부지우(主婦之友)』, 『부인구락부(婦人俱樂部)』.
(하) 서점의 잡지 매장(『日本地理大系』).

1. 관동대지진

대지진과 화재

1923년 9월 1일 오전 11시 58분, 관동 지방에 대지진이 발생했다. 사가미 만(相模灣)을 진원지로 매그니튜드 7.9, 중앙기상대 지진계 침이 심하게 흔들려 계측할 수 없을 정도였다.

건물도 붕괴했지만 특히 지진 이후의 화재로 인한 피해가 컸다. 피해는 1부 6현, 340만 4,898명에 달했다. 내무성 사회국의 조사(『大正震災志』, 1926년)에 따르면 사망자 9만 1,344명, 그 가운데 화재로 사망한 자가 7만 5,953명으로 83%를 차지했다. 중경상자 5만 2,084명, 행방불명자 1만 3,275명으로 대부분 화재에 의한 피해였다. 강으로 도망쳐 익사한 자도 많았다.

화재는 지진 직후부터 발생하여 9월 3일까지 계속되었다. 도쿄시 84만 3천 세대 가운데 30만 924세대가 전소되는 피해를 입었다. 도쿄 니혼바시 구 내의 건물 가옥은 전소했고, 간다 구, 아사쿠사 구, 혼조 구(本所区)의 가옥도 거의 불탔다. 도쿄 시가지의 44%가 소실되었다. 대부분 목조 가옥이고 인구밀도가 높은 데도 불구하고 피난할 수 있는 공터가 별로 없었고, 도시계획도 체계화되지 않았기 때문에 큰 피해를 불러일으켰다. 혼조의 육군피복창 터에는 피난하는 사람들이 계속 몰려들었는데, 쌓아 놓은 짐에 불이 옮겨 붙고 용오름이 일어나 4만 명 이상이 불타죽었다. 그러나 요코하마공원의 경우에는 분수와 나무가 많아 사망자는 소수에 불과했다.

보도와 기억

도쿄에서는 신문사가 붕괴되어 신문 발행이 불가능했다. 다른 지역의 석간과 호외에서는 「희유의 격진 일어나다(稀有の激震起る)」(《大阪毎日新聞》, 1923년 9월 2일 석간. 당시 석간은 다음 날 날짜로 발행)고 전했다. 당초 보도는 피난민의 이야기와 소문을 바탕으로 이루어져 피해 상황이 판명되지 않았고 정보도 혼란스러웠다. 9월 5일 무렵부터 피해 범위의 대강을 파악할 수 있었고, 소실 지역과 건물의 유소(類燒) 상황이 판명되었다. 도쿄의 신문도 다시 발행되기 시작하여 여진과 구원, 교통수단과 원조활동 정보를 제공하고 부상자의 행방도 전했다.

▶그림 5-1. 스미타가와(隅田川)의 다리에서 떨어지는 피해자. 피난자의 짐차와 짐수레에 불에 옮겨 붙어 주변이 연소되는 계기가 되었다.

관동대지진의 체험은 심각했기 때문에 『개조』, 『태양』, 『실업지일본』 등 잡지는 특집호를 편성했고, 『아사히 그래프(アサヒグラフ)』, 『대진재사진화보(大震災写真画報)』 등은 시각적인 기록을 남겼다. 진재공동기금회가 펴낸 『11시 58분(十一時五十八分)』(1930년) 등을 비롯한 체험기가 모집되었고, 공적 기관에 의한 조사서도 다수 간행되었다. 또 영화 기록도 만들어졌다.

1923년 10월 대일본웅변회 고단샤(講談社)가 간행한 『다이쇼 대진재 대화재(大正大震災大火災)』는 표지부터 속표지에 걸쳐 불에 휩싸여 불타는 도쿄 거리를 묘사하면서 '아! 비절, 처절, 공전의 대참사!!'라며 최대급 형용사를 사용하면서 피해의 개황과 양상 이외에 이재(罹災)의 체험기와 피난기를 게재했다. 또 복구의 진척을 기록하고 진재 당시의 일화와 비화를 수록했다. 더욱이 '귀신도 얼굴을 돌려버릴 비화, 참화' '인정미의 발로! 미담, 가담(佳談)' 등 지진에 따른 '미담'과 '애화'도 게재했다. 이재민의 체험이 도쿄 사람들의 체험에 그치지 않고 널리 '국민'의 경험으로서 공유되어 관동대지진은 시대 인식으로서 의식되었다.

학살사건

진재 직후에는 정보 부족으로 인해 '대해일이 온다' '대지진이 다시 일어난다' 등의 소문이 떠돌았다. 그러나 심각한 사태를 불러일으킨 것은 '조선인'에 관한 유언비어였다. 9월 1일 오후 3시 무렵, '사회주의자와 선인이 많이 방화한다'는 말이 나돌고, '불령선인이 습격한다' '우물을 마시고 과자를 먹는 것은 위험하다'는 유언비어가 널리 퍼졌다(警視庁,『大正大震火災誌』, 1925년). 유언비어의 발생에 대해서는 '자연발생설'과 권력자에 의한 '특정한 예단'설이 있는데, 유언비어의 급속한 확대에 군대와 경찰이 관여했다는 사실은 의심의 여지가 없다.

당시 경시총감 아카이케 아쓰시(赤池濃)는 조선에서 폭탄을 맞은 경험이 있어 치안유지에 과민했다. 진재가 발생하자 동시에 군대가 출동하여 9월 3일부터 11월 15일까지 히비야 방화사건 이래 계엄령이 내려졌다. 그리고 군대와 경찰은 조선인과 사회주의자를 보호라는 명목으로 검속했다. 이는 일반인에게 유언비어가 진실이라는 환상을 주었다.

도쿄의 주민들은 유언비어를 의심하지 않고 지역마다 자경단을 결성했다. 친족과 지인의 안부를 확인하려고 왕복하는 사람들을 힐문하여 조선인을 발견하면 갖고 있던 죽창이나 쇠갈고리로 학살했다. 이후 요시노 사쿠조와 김승학(金承学)이 조사한 기록에 따르면 학살된 조선인은 6천 명이 넘는 것으로 추정된다. 또 최근에는 군대에 의한 조선인 학살이 자행된 것도 사료적으로 밝혀졌다.

더욱이 사회운동가 왕시티엔(王希天)을 포함한 중국인과 장애자도 학살되었다. 무정부주의자 오스기 사카에와 이토 노에 그리고 이토의 조카는 아마카스 마사히코(甘粕正彦) 등 헌병대에게 학살당했고, 가메이도(亀戸)에서 노동운동에 관여한 히라사와 케시키(平沢計七)와 가와이 요시토라(川合義虎) 등 10명의 활동가도 가메이토 경찰서 안에서 학살되었다. 이들 사건에 대해 하수인 추방은 거의 이루어지지 않았다. 잡지『씨 뿌리는 사람』의「제도진재호외(帝都震災号外)」(1923년 10월)가 학살 사태를 간단히 전했을 뿐이다.

잡업층과 단나슈

조선인 학살에 직접 관여한 자가 '민중'이었다는 사실은 식민지 사람들을 차별, 배제하면서 그들에게 공포의 심성을 품은 제국 사람들의 존재 양태를 보여준다. 지금까지 정부를 향해 도시민중소요를 일으켜 온 '잡업층'이 진재 당시에는 식민지인에 대한 공격에 나섰다. 조선인은 '일용노동자'와 '심부름꾼'으로서 단순노동에 종사했는데, 그들로 인해 자신들의 일자리가 빼앗길 수도 있다는 잡업층의 불안이 진재 사태 속에서 분출되었다. 학살이 일어난 것은 아라카와(荒川) 주변 등 조선인과 일자리를 경합한 지역이었다. 또 각지의 자경단은 지역의 '단나슈' 주도로 그들의 일과 관련된 직인과 날품팔이, 소방대원 등 잡업층이 실동부대가 되었고, 도시의 지역 질서 아래에서 결성되었다.

복구에서 부흥으로

이재민들은 황거 앞 광장과 히비야공원으로 피난하여 텐트 생활을 하면서 도시 설비가 파괴된 데 따른 불편한 생활을 감내할 수밖에 없었다. 가스, 전기와 상수도의 불비, 전차와 철도의 불통은 도시의 생활 시스템에 적응한 사람들에게 커다란 불편을 강요했다. 더욱이 도로에는 소실된 건물의 잔해가 즐비했고, 쓰레기와 오물 처리도 지체되었다.

사태가 수습되면서 사람들은 거주하던 곳으로 돌아와 판잣집을 세워 살기 시작했다. 또 히비야공원과 우에노공원, 구단사카우에(九段坂上) 등에는 공설 판잣집이 세워졌다.

이러한 혼란의 와중에 관동대지진 부흥계획이 개시되었다. 진재 이후 시기에는 도시에 대한 관심이 높아져 도시계획의 비전문가를 포함해 민간으로부터 제출된 부흥안이 140개에 달했다(『帝都復興ニ関スル意見並陳述書摘要』 全3輯). 또 건축 기술자와 시정 담당자 등 전문가가 적극적으로 발언하면서 『중앙공론』과 『개조』 혹은 『건축잡지(建築雜誌)』 등에 부흥계획안을 기고했다. 도쿄시정조사회, 건축학회, 토목학회 등 전문 학회의 움직임도 활발했다. 복구와 더불어 내진과 내화의 거리 만들기를 추진하는 도시개조가 시도되었다.

고토 신페이와 제도(帝都) 부흥

당시 정부는 지진의 와중에 텐트를 치고 9월 2일 조각을 실시하여 야마모토 곤베에 내각(제2차)을 세웠다. '진재 내각'의 부흥계획은 도쿄 시장을 역임하고 '만주'에서 도시계획을 담당한 적이 있는 고토 신페이 내상에 의해 수행되었다. 고토는 미국 학자 찰스 비어드(Charles Beard)와 상담하여 제도부흥성(帝都復興省)에 의한 철저한 도시개조를 입안하고, 30억 엔 규모의 장대한 구상을 세웠다. 그러나 이 구상은 정부 내부의 반대에 직면하여 축소되어 후퇴할 수밖에 없었다. 이후 계획은 제도부흥원(帝都復興院, 이후 부흥국)에 의한 5억 7,343만 엔으로 축소되고 말았다.

더욱이 이러한 제도부흥원의 원안조차도 자문기관인 제도부흥

심의회가 예산의 과잉을 이유로 강경히 반대했다. 도시개조의 핵심인 토지 문제에 관해서는 당초 토지수용안이 토지구획정리로 후퇴했다. 토지구획정리는 토지 소유자를 '대체지(換地)'로 이동시키고, 그 교환의 대가로 소유지 1할을 무상제공(減步)받는 것이었다.

고토가 총재인 제국부흥원은 유능한 기술자를 모집하여 도로와 공원, 교량을 중심으로 부흥 계획을 추진했다. 긴자 방면에서 도쿄를 남북으로 가르는 '쇼와 거리', 구단시타(九段下)로부터 동서로 달리는 '다이쇼 거리'(현재의 '야스쿠니 거리')를 중심으로 52개의 간선도로가 도쿄 역을 중심으로 환상선과 방사선 도로 체계로 정비되었다. 도로는 도로 폭을 넓혀 포장했고 가로수를 심었다. 또 내진내화 다리가 스미타가와에 건설되어 새로운 명소가 되었고, 스미타(隅田)공원과 하마마치(浜町)공원 등도 조성되었다. 소학교에 인접하는 작은 공원도 배치되었고, 동윤회(同潤会)에 의한 내진내화 아파트도 건설되었다.

그러나 부흥의 실시 과정에서 반대운동도 전개되었다. 1925년 2월에는 니혼바시 구와 시타야 구(下谷区) 등 중소상공업자('단나슈')가 각구연합 구획정리제도 개선기성동맹회(各区聯合区画整理制度改善期成同盟会)를 결성하여 대체지로의 이동과 감보(減步)에 반대했다. 진재 직후 가건설을 본격화하여 현재 장소에서 장사하던 그들에게 이전은 '새로운 진재'였다. 개선기성동맹회는 주민운동을 주도하던 다카키 마스타로를 중심으로 팸플릿 24책을 발행하고 강연회도 100회 넘게 열었다. 일시적으로 개선기성동맹회의 간판이 니혼바시 부근에 걸릴 정도였다.

아울러 후세 다쓰지를 중심으로 한 차가인동맹(1922년 결성)은 가옥은 소실되었지만 차가권(借家權)은 남아 있다는 입장에서 차가인이 차가의 불탄 공지에 가설주택을 세워 거주하는 것을 옹호했다. 이는 잡업층과 노동자가 중심이 된 운동으로 단나슈(집주인)와 대결했다.

이러한 과정을 거쳐 1930년 3월 24일 제도부흥축제가 개최되었다. 천황이 참석한 아래 축하회가 열렸다. 꽃전차가 달리고 음악회가 개최되는 등 도쿄의 외견은 화려했다.

천견론(天譴論)과 도시문화

관동대지진이라는 충격적인 사태를 둘러싸고 '진재는 하늘의 충고'라는 천견론이 대두되었다. 화살은 도시문화로 향했다. 개인주의의 진전과 모더니즘 문화의 대두, 사회운동과 개조의 전개가 도시문화의 발전과 중첩되어 바람직하지 않은 것으로 공격받았고 내셔널리즘이 일어나기 시작했다. 1923년 11월 내려진 '국민정신작흥조서(國民精神作興詔書)'는 이러한 의식이 표명이고, '국체(國體)'와 '순풍미속(醇風美俗)'을 전면에 내세워 도시화에 따른 문제를 해결하고 국민 통합을 강화하려는 것이었다.

그러나 도시화는 진재를 계기로 착착 진행되었다. 1923년 2월 도쿄 빌딩가가 준공되었고 시부야(澁谷)와 신주쿠(新宿) 등에는 터미널도 출현했다. 사철(私鉄)이 발달하면서 택지 개발이 이루어졌고 교외에는 문화주택이 세워졌다. 번화가도 도쿄의 경우 기존의 아사쿠사(浅草)와 긴자(銀座)는 더욱 화려해졌고, 새로운 번화가로 신주쿠가 발전했다.

2. '주부'와 '직업부인'

주부잡지

1925년 2월호 『주부지우』의 권두에는 그래픽 페이지로 '부인미(婦人美)를 발휘하는 체조'가 게재되었다. 잡지는 이어서 독자로부터의 응모원고와 평론, 상담을 게재하고, '하오리(羽織, 일본 옷 위에 입는 짧은 겉옷-옮긴이)를 예쁘게 입는 법'이나 '주부 시간을 어떻게 만들어야 하는가' 등 가사에 대한 전문가의 제안을 실었다. 실용 기사로는 '아름다운 손을 위한 주의와 손질법' '마멀레이드를 간단히 만드는 법' '추울 때 환영받는 뜨거운 우동요리' '불필요한 기모노를 부인 양복으로 고치는 법' 등 실제 의식주 생활에 관련된 것이고, 옷을 만들거나 수를 놓을 때 쓸 수 있는 형지(型紙)와 조리법 등이 첨부되었다.

『주부지우』에는 거의 매호마다 아동복 만드는 법을 다루었고, 식사 메뉴는 4인분을 표준으로 삼았다. 주부와 아동의 핵가족을 염두에 둔 지면 배치였다. '부인미'를 체현하고 가사와 관련된 일을 능숙하게 해내는 여성이야말로 처, 어머니 그리고 '주부'로서 남편과 아이들을 잘 돌보고 그러한 가정을 꾸리는 것을 이념으로 삼았다.

부부관계라는 측면에서도 『주부지우』는 여성으로서 남편에 대응할 필요성을 강조했다. 「양인 조종의 비결 100가지(良人操縱の秘訣百カ条)」(1925년 9월)에서는 '양인에게

▶사진 5-2. 쓰메모노(漬物) 강습은 '주부'로서의 역할을 익히는 곳이었다(도쿄가정학원 소장).

매력 있는 여성이 되자'고 말했다. '진정한 부인미'는 '올바른 마음'과 '순수하고 아름다운 모습'이 합해져야 한다며 미용과 화장의 필요성도 강조했다. 한편 부부의 '성적 생활'도 강조되어 적극적으로 장려되었다. '부부의 화합'에 중대한 관계를 갖는 것으로 '부부의 성적 생활'이 거론되었고, '부부 불화'의 대부분의 원인은 '성적 생활의 불완전'이라고 말했다(小油井不木, 「性的生活から觀た夫婦和合の秘訣」, 1927년 5월).

산아조절

이와 더불어 산아조절 기사와 체험담도 게재되었다. 출생률은 1920년을 경계로 저하했는데, 『주부지우』에서는 예를 들어 「임신 조절에 고심한 부인의 경험(姙娠調節に苦心した妻の経験)」(1928년 6월)을 응모했다. 세 명의 자녀를 둔 오카야마 현의 여성은 유산을 포함해 매년 임신했고, '자신의 몸'과 자녀교육비 등으로 인해 '바라지 않는 임신'을

피하려 했지만 네 번째 아이가 생기고 말았다. 결국 의사와 상담하여 페서리(pessary)를 사용하게 된 경험을 말했다.

또 의사 오기노 큐사쿠(荻野久作)의 논문「누구라도 알 수 있다. 임신하는 날과 그렇지 않는 날의 판단법(誰にもわかる. 姙娠する日とせぬ日の判断法)」(1927년 12월)이 잡지에 게재되어 피임법으로서 읽혔다. 더욱이 오기노식에 의거한 체온표가 부록으로 첨부되는 등『주부지우』를 무대로 산아조절이 실천되었다.

당시에는 산아조절이 커다란 문제가 되었다. 사회운동에 참여한 아베 이소오는 '아이들이 너무 많아 어렵게 생활하는 많은 사람들'을 볼 때마다 자녀는 생활 형편에 따라 갖도록 '조절'해야 한다고 말했다(《大阪每日新聞》, 1928년 12월 7일). 가토 시즈에(加藤シヅエ)가 발행한『소가족(小家族)』도 산아조절을 주창했다. 한편 성과학을 강의한 야마모토 센지(山本宣治)는 1922년 마거릿 생어(Margaret Sanger)가 일본을 방문한 것을 계기로『산아조절평론(産児調節評論)』(이후『性と社会』)을 창간하여 산아제한운동을 펼쳤다. 아베와 야마모토 등은 노동자를 대상으로 육아제한을 홍보했다.

한편『주부지우』에는「불임 주부가 아이를 낳은 경험(不姙の人が赤坊を産んだ経験)」(1928년 9월)과 같은 기사도 적지 않게 등장했다. 이러한 의미에서 잡지에서는 산아조절이라는 말을 사용했다.

신중간층과 전업주부

여성잡지로는 1903년에 창간된『가정지우(家庭之友)』(이후『婦人

之友』,『부인공론(婦人公論)』(1916년) 등이 있고, 1920년에는『부인클럽(婦人くらぶ)』(이후『婦人俱樂部』)이 창간되었다. 1920년대 후반에는『부인지우』가 20만 부 이상 발행되었다. 여성의 식자율 향상이 그 배경의 하나인데, 서로 돌려서 읽는 사람과 노점에서 과월호를 구입하는 경우가 많았다. 방대한 여성잡지 독자가 존재했다.

『부인공론』은 논의가 앞서 나가 주로 지식인이 애독했고,『주부지우』에는 실용 기사가 많이 게재되는 등 약간의 차이가 있었다. 그러나 이들 잡지는 모두 도시에 생활하는 신중간층 가족을 모델로 삼았다. '중류'의 이념과 규범을 제시하여 새로운 가족상과 가정상의 정립을 유도했다. 상정된 남편의 직업은 관공리, 교사, 회사원, 직업군인 등 봉급생활자였다. 중소상공업자('단나슈')와 같이 가업을 이어받는 직업이 아니라, 학교교육(학력)을 통해 사회적인 지위를 획득한 남편을 가진 가족이었다. 이러한 가족에서는 전업주부인 모친의 애정과 교육이 아이들에게 집중되었다.

'진정한 여성'와 연애

가족을 둘러싼 논의도 전개되었다. 히라쓰카 라이테우의 「모성의 존중에 대해서(母性の尊重に就いて)」(『文章世界』, 1926년 5월)는 '과거의 부인 문제가—이른바 예전의 여권론자들의 주장에 포함된 부인 문제가 〈여성이여, 사람이 되자〉'라고 말했다면, '더욱 진화되고 발전한 오늘날의 부인 문제는 〈사람인 여성이여, 진정한 여성이 되자〉'는 것이라고 말했다. 여성성 발현의 탄생과 더불어 주장된 연애가 사회적으

로 정착되어 구리야가와 하쿠손(厨川白村)의 『근대 연애관(近代の恋愛観)』(1922년) 등은 베스트셀러가 되었다.

이러한 분위기에서 획득한 연애를 어떻게 위치 지울 것인지 논쟁도 일어났다. 『부인공론』을 무대로 전개된 야마카와 키쿠에와 다카무레 이쓰에(高群逸枝)의 논쟁은 그 대표적인 것이다. 마르크스주의 입장에 서서 경제제도에 착목한 야마카와의 주장은 계급적인 입장을 강조했다(「景品つき特価品としての女」, 1928년 1월). 이에 반해 다카무레의 주장(「山川菊栄氏の恋愛観を難ず」, 1928년 5월)은 여성의 미에 대해 고찰하고 여성의 원리에 초점을 맞추었다. 두 사람 사이에 전개된 논쟁은 연애를 대상으로 삼으면서 여성의 사회적인 해방의 방향을 논한 것이다.

새로운 남녀

1920년대 후반 가족의 양상을 민감하게 묘사한 그룹은 광범한 독자를 상대로 신문과 잡지를 발표 무대로 삼은 소설가였다. 유머 작가 사사키 쿠니(佐々木邦)는 「주권처권(主権妻権)」(1924년) 등에서 가족 본위로 부부와 자녀의 생활 속에서 작은 행복을 찾으며 사생활을 중시하는 셀러리맨 가족을 등장시켰다.

남성과 여성의 관계가 억압적인 관계를 내포한다는 입장으로부터는 여성 간의 관계가 희구되었다. 여성들에게 압도적인 인기를 얻은 요시야 노부코(吉屋信子)의 소설에는 여성 사이의 우정을 묘사했다. 요시야 소설의 저류에는 새로운 가족 형태에서도 여전히 가부장적인 행동을 일삼는 남성에 대한 강한 불신감이 흐르고, 권력 관계가 없는 여성의 상호 관계가 이상적으로 묘사되었다.

또 '새로운 남성'이라고 말할 수 있는 존재의 등장에도 주목할 필요가 있다. 화가 다케히사 유지(竹久夢二)는 그 가운데 한 사람으로 가부장적인 존재로서의 자신을 부정했다. 다케히사가 묘사한 여성상은 전혀 의존적인 존재가 아니었고, 여성에게 남성성을 대치시켜 여성을 떠받드는 것을 거부했다.

'직업부인'

근대 가족의 확대에 따른 '주부'의 확립은 '직업부인'의 존재와 병행되었다. 1920년대 후반 여성의 직장 진출은 양적으로도 영역적으로도 증가했다. 오쿠 무메오(奧むめお)가 중심이 된 결사는 그 명칭을 직업부인사(職業婦人社)로 정했고, 기관지도 『직업부인(職業婦人)』이었다. 창간호(1923년 6월)에 기고한 이토 나쓰코(伊藤夏子)의 「직업부인이 일어나야 할 때(職業婦人の起つべき時)」에서는 '노동부인'이란 '방적여공'만이 아니라 '여교사' '여사무원' '여의사' '간호사' '여점원' '타이피스트' 등 다양하게 존재한다고 말했다. 그리고 스스로를 '중류부인'이라며 '여공과 같은 노동자가 아니다'라는 '묘한 자존심'을 품은 여성을 비판했다.

여성의 직장 진출과 직종의 다양화는 현저했고, 각 관공서도 조사를 실시했다. 도쿄 시의 조사 『부인직업전선의 전망(婦人職業戰線の展望)』(1931년)에 따르면 직업으로서 '타이피스트' '사무원' '급사'가 다

수를 차지했고, 여공과 교사, 간호사가 대부분이었던 무렵과는 크게 변했음을 알 수 있다. 취직 경로는 8할이 '지인이나 친척의 소개'이고, 그 다음이 '학교의 소개'였다. '여자부(女子部)'를 개설한 부기학교와 상업학교의 창설은 이를 위한 회로였다.

남성 사회에 대한 물음

『직업부인』(1923년 6월)은 '직업부인으로서의 나의 불평, 불만, 포부, 기쁨, 희망!'을 특집으로 편성하여 남성 사회에 직면한 여성들의 다양한 목소리를 게재했다. 전화교환수 마쓰무라 요시코(松村よし子)는 동료들은 그 직업을 창피해 하며 '여학생'인 것처럼 흉내를 내지만, '교환수라고 말하면 바보 취급을 받지 않는다'고 말해주면 '보잘것없는 허영심'은 사라졌다고 말했다. 우체국 직원 마에다 토시코(前田とし子)는 '남성 사무원'이 '싫어하는 일이나 귀찮은 일'은 '여성에게 시킨다'고 비판했다. 소학교 교사인 가네코 리키(金子りき)도 월급이 남성보다 적고 교장도 남성에게만 허용되는 것은 '죄'가 된다고 호소했다.

또 은행원 오카야마 시즈(岡山しづ)는 '시집가기 전까지의 일'로 바라보는 사고방식을 사회와 '직업부인 자신'부터 없애야 한다고 말했고, 직업을 밝힐 수 없다는 요시자키 이토코(吉崎いと子)는 '생활 때문에' 위협받는 '경우'를 사례로 들면서 '이 문명과 사회가 저주스럽기 그지없다'고 말했다. 평의회에서 부인부 논쟁이 일어나 여성 노동자의 독자성이 논의된 것은 1926년 4월 무렵이었다.

『주부지우』와 『부인공론』 등 '주부'를 대상으로 한 잡지는 분명 차별 의식을 내포하지만 '직업부인'이라는 용어를 사용했다. 「직업부인에 대한 사용주로부터의 주문은 무엇인가?(職業婦人に対する使用主からの注文は何か?)」(『主婦之友』, 1924년 8월)에서 시라키야(白木屋) 포목점 서무과장은 직업부인에 대해 '향상심의 결여'와 '친구 간의 질투'가 보인다고 말했고, 저금국 서무과장은 '체질이 약하다'와 '능력이 낮다'고 평가했다. 또 체신차관은 '풍기 문제'를 '매우 엄중하게 다스려' 직원 간의 결혼을 인정하지 않겠다고 말했다.

▶사진 5-3. 오사카 시영 버스의 여성 차장. '직업부인'은 다양한 직종으로 진출했다(아사히신문사).

3. '상민(常民)'이란 누구인가

'문명화'된 농촌

1920년대 후반 농촌 사회의 변용은 다양한 국면으로 나타났다. 농상무성에 근무하는 오모 타케오(小野武夫)는 기차, 승합자동차, 자전거와 같은 교통수단과 행상인이 들여온 유행, '모양이 들어간 옷감' 등을 예로 들면서 이제 '일본의 시골 구석'까지 '문명 개화의 폭풍'이 불고 있다고 말했다(『村の辻を往く』, 1926년).

또 1926년 2월 15일에 발행된 〈벳쇼시보(別所時報)〉는 '마을신문'으로서 '문화의 향상'에 도움이 되겠다고 선언했다. 더욱이 '타향에 있는 사람'의 '위안'과 '그리운 고향 소식'을 알리겠다고 말했다. 또 '시사문제의 해설'을 게재하여 지역의 정치와 예산 등을 해설했다. 이 가운데에는 '부모와 집을 버리고, 화려함과 향락의 갈림길을 달린다' '아! 정말 놀랄 일은 부박(浮薄)한 물질문명이다'(浮草生,「ヘンテコな文化」, 1928년 2월 10일)라는 반(反)도시주의도 표출되었다.

더욱이 이 시기에는 각지에 자기 스스로를 표현하는 농민들이 나타났다. 구주쿠리(九十九里)의 이토 야와라(伊藤和,『馬』『泥』), 야마가타(山形)의 가토 키치지(加藤吉治,『野良着』), 후쿠오카(福岡)의 사다무라 히로시(定村比呂志,『鴉』) 등을 비롯한 농민 시인이 각각 동인지를 발행했다(松永伍一,『日本農民時史』).

1925년 11월에 결성된 농민자치회는 '자치'를 표방하면서 또 한편으로 반(反)도시의식을 표명했다. '제국극장' '미쓰코시' '빌딩거리' '라디오' 등을 예로 들어 도시는 날로 '풍요함'으로 넘쳐나지만, 반대로 농촌은 변함없이 '곰팡이 슨 소금에 절인 물고기'나 '선반에서 썩어가는 떡'을 먹으며 그것조차 '두더지처럼 흙투성이가 되어 빈곤에 흐느끼는 무산 농민'은 쉽게 손에 넣을 수 없다고 한탄했다(渋谷定輔,『農民哀史』).

야나기타 쿠니오의 시선

야나기타 쿠니오(柳田国男)는 이러한 농촌 사회의 변화에 주목했다. 야나기타는 이 시기에 간행된 대표작의 하나인 『메이지 다이쇼 역사 세상편(明治大正史 世相編)』(1931년)에서 당대를 '세상 속의 변화 지점'으로 파악했다. 그리고 공동성(共同性) 감각의 변화를 고찰하기 위해 '색채'와 '고향' '풍경'과 '여행' '사교'와 '단결' '가난'에 대한 감각 등에 주목했다. 즉 시각('눈에 보이는 것')에서부터 청각(소리), 후각('코의 경험'), 감촉(따뜻함)을 주목하여 꽃, 쌀과 술 그리고 소금, 화덕과 불, 신발과 유리, 자전거, 가옥과 그 재료, 더욱이 산, 항구, 도로에 이르기까

▶사진 5-4. 사이타마 현 기타사이타마 군 고구치무라(埼玉県北埼玉郡鴻茎村) 청년단의 청소 활동(일본청년관 소장).

지 모든 차원으로 눈을 돌리며 사람들의 감각의 추이를 주목했다.

또 그의 책에서 주목할 점은 서술의 기법이다. 야나기타는 '매일 우리 눈앞에 보이는 사실만으로도 훌륭한 역사를 쓸 수 있다'는 입장에서 '신문에 매일 실리는 너무 많은 기사'를 자료로 삼아 '공동의 인식'을 찾는 역사에 접근했다. 또 그는 '기존의 전기적 역사'에 불만을 품고 '고의로 고유명사를 하나라도 사용하지 않으려 했다'(「自序」)고 말했다. 이러한 실천을 통해 야나기타는 농촌의 변용, 사회의 전환 양상을 묘사하려 노력했다.

야나기타의 사회 변화에 대한 파악은 그의 '상민(常民)' 개념과 연동되었다. '상민'이란 사회의 기반을 형성하고 관습과 민속, '전통'을 담당하는 사람을 지칭하는데, 야나기타는 이 말을 1920년대 후반부터 1930년대에 걸쳐 빈번히 사용했다. 일본 사회의 변화를 '전통'과 그 담당자의 상실로서 파악하려는 의식이 '상민'의 발견과 제창으로 연결되었다.

'상민'의 발견으로

야나기타가 '상민'을 발견할 때까지는 우여곡절이 많았다. 시인으로서 출발한 야나기타는 1900년 농상무성에 입사하여 러일전쟁 이후의 사회변동을 민감하게 바라보면서 농정관료로서 농촌문제에 관여했다. 그러나 그 실효성에 의문을 품어 1909년 『후수사기(後狩詞記)』를 집필했고, 다음 해에는 『석신문답(石神問答)』과 『도노 이야기(遠野物語)』를 출판했다. 이는 산촌 사람들의 전승을 채집하여 '평지인(平地人)'의 모습을 그려내려 한 것이다.

1921년부터 1923년까지 국제연맹 위임통치위원으로 제네바에 체재한 전후부터 야나기타는 더욱 선회하기 시작했다. 동북 지역과 오키나와를 여행하면서 『설국의 봄(雪国の春)』(1928년)과 『해남소설(海南小説)』(1925년)을 간행했다. 일본 열도의 북부와 남부에 착목한 야나기타는 벼농사와 이를 바탕으로 한 신앙을 통해 '일본인'을 파악하고, 언어와 신의 공통성이 '일본 민족'을 창출했다고 생각했다.

또 야나기타는 사실의 집적을 통해 검증하는 방법을 채용하여 '얻기 쉬운 자료의 실증'에 의해 '생각하지 않은 과거'로 '귀납'하는 것을 '포크로어'(folklore, 민속학)라고 불렀다. '문학 이외의 사료'를 사용하여 '세상을 해설하는 사학'(『史学と世相』, 1935년)이었다. 그러나 야나기타는 식민지인 조선과 타이완에서는 그 소재를 찾지 않았다. 민속학은 어디까지나 국민국가 내부의 탐구이고, '일본인'과 '일본 문화'로서 구체화된 '일본적 개성'의 추구였다. 야나기타도 자신의 배움을 '새로운 국학'이라고 불렀다(『郷土生活の研究法』, 1935년).

이러한 문맥에서 바라본다면 야나기타의 '상민'은 '국민'으로서 파악된다. 야나기타는 1928년 간행한 『청년과 학문(青年と学問)』에서 '이제 출장지의 외교관이나 무인단(武人団)의 의향에 화전(和戰)을 둘러싼 판단의 열쇠를 맡겨둘 수 없다. 국민 자신이 직접 이 중요한 근본문제를 생각해야 한다. 즉 보통선거는 말하자면 이를 위한 보통선거였다'고 말했다. 그는 '국민 자신'의 판단을 중시하고, 그 맥락에서 보통선거를 언급한 것이다. 야나기타도 '개조' 조류 속의 한 사람이었다.

일본의 '원향(原鄕)'

야나기타의 학문은 일본의 시간과 공간에 대한 새로운 고찰을 촉진시켰다. 평론가 치바 카메오(千葉亀雄)는 당시 출판계의 '하나의 경향'으로서 '일본이라는 것은 어떤 것인가'에 대한 관심을 지적했다. '지금까지 역사에 나타나지 않은 것'과 '사회사 그 자체를 연구하려는 저작'은 그 일례인데, '무가사(武家史)'와 '전쟁사'를 대신해 '농민사'가 등장했다고 말했다. 또 이제 '일본의 부인'은 '낡은 일본 부인의 생활과 다른 행동'을 하려 한다는 인식에서 '과거의 자국여성연구'의 필요성을 주장했다(「女性史の研究」,《読売新聞》, 1925년 6월 26일).

이러한 경향은 일본의 '원향(原鄕)'을 병행하여 탐구하려는 것으로 표출되었다. 야나기타의 남도론(南島論)은 근대화한 제국으로 성장한 일본의 '원형'을 남도에서 찾으려는 논의가 되었다. 오키나와학의 원조인 이하 후유(伊波普猷)는 류큐의 고전인 '오모로소오시(おもろさうし, 류큐왕국의 가요집-옮긴이)'에 관심을 갖고 논문집 『고류큐(古琉球)』(1911년)를 집필했다. 이하는 일본과 오키나와의 동조론을 주창하면서 쌍방의 조화를 강조하고, 그 위에서 '류큐 민족'의 특징을 탐구했다. 생물학자이자 민속학자인 미나카타 쿠마구스(南方熊楠), 신화학자이자 국문학자인 오리쿠치 시노부(折口信夫) 등도 각자의 입장에서 '일본'의 시간과 공간을 고찰했다.

이러한 과정에서 간행된 『일본지리대계(日本地理大系)』(1925~1931년)에는 대일본제국의 지리 감각과 공간 의식이 제시되었다. 방대한 분량의 시리즈(전 12권, 별권 5권)에는 「대도쿄편(大東京編)」을 비롯해 각 지역(「간토〔関東〕」「오우〔奥羽〕」「주부〔中部〕」「긴키〔近畿〕」「주고쿠와 시코쿠〔中国及四国〕」「규슈〔九州〕」)을 서술했다. 또 제국일본을 과시하기 위해 홋카이도에는 사할린(「北海道·樺太編」)을 첨부했고, 「타이완편(台湾編)」과 「조선편(朝鮮編)」도 각각 편성했다. 더욱이 별권에는 「만주 남양편(満洲及南洋編)」과 남북 아메리카 등 이민자가 건너간 「해외발전지편(海外発展地編)」과 「후지산편(富士山編)」도 편성되었다. 『일본지리대계』의 간행은 '일본'에 대한 의식을 배경으로 이루어졌다.

4. 도시공간의 문화 경험

도시의 심성

에도가와 란포(江戸川乱歩)는 소설 「다락방의 산보자(屋根裏の散歩者)」(『新青年』, 1925년 8월)의 주인공 고우다 사부로(郷田三郎)에 대해 '어떤 놀이도, 어떤 직업도, 어떤 일을 해도, 전혀 이 세상이 재미없었습니다'라고 설명했다. 소설 속 고우다는 일정한 직업 없이 도쿄 주변을 배회하는 '유민(遊民)'이었다. 어떤 일을 하더라도 자극을 받지 못했다. 우연히 하숙집 다락방을 헤매다가 다른 사람 방과 사생활을 훔쳐보는 데에서 '쾌락'을 찾았다. 고우다는 천장에 난 구멍을 통해 숙면 중이던 남성의 입 안에 독약을 떨어뜨려 결국 그 남성은 죽고 말았다. 고우다는 그 남성에게 어떤 원한도 품지 않았음에도 불구하고 '이유 없는 살인'을 저질렀다. 란포는 대중사회화한 1920년대 후반 대도시에 거주하는 사람들이 갖는 심성의 한 국면을 폭로한 것이다.

고우다의 범행을 파헤친 탐정 아케치 코고로(明智小五郎)도 고우다처럼 일정한 직업을 갖지 못한 채 정주를 거부하는 '유민'이었다. 무엇보다 란포 스스로도 미에 현(三重県)에서 도쿄로 상경하여 다양한 직업을 경험했고, 소설 속 등장인물처럼 도쿄 이곳저곳에 살 곳을 찾아다녔다. 동일한 체험의 소유자였다. 당시 대도시공간에는 각지로부터 이동해 온 사람들과 '유민'으로서 떠도는 사람들이 많았다. 그 저류에는 원한(resentment)이 흐르고 있었다.

불안과 고독

『신청년』에 관여한 유메노 큐사쿠(夢野久作)와 에도가와 란포 등은 이러한 불안과 충동을 마음에 품으면서 도시공간에서 스쳐지나가는 '타자'를 묘사했다. 모더니즘의 진행이 가져온 합리성의 세계에 균열이 다가왔다. 합리적인 정신이 지닌 배후의 어두운 그림자를 찾기 위해 도시에 생식하는 사람들이 품은 마음의 암부를 그려냈다. 아쿠타가와 류노스케가 1927년 '어렴풋한 불안'(「或旧友へ送る手記」)이라는 말을 남기고 자살한 것도 이와 유사한 공통점을 갖고 있을 것이다.

그림 5-5의 '부채'는 자생당(資生堂)의 선전물이다. 긴자의 야경과 함

▶사진 5-5. 긴자 자생당이 선전용으로 배포한 부채에는 모던한 긴자 거리와 '모던 걸'의 모습이 묘사되어 있다.

께 배경으로 군중이 묘사되어 있고, 그 가운데 한 여성이 클로즈업되었다. 단발머리에 모자를 쓰고 스카프를 목에 두른 양장 차림 여성의 얼굴 표정은 모더니즘을 체현함과 동시에 서로 대화나 시선을 보내지 않는 '고독한 군중'의 일원이다.

1920년대 후반부터 30년대에 걸쳐 도시에서 태어난 제2세대가 성장하여 도시의 구성원도 변화하기 시작했다. 평론가 고바야시 히데오(小林秀雄)의「고향을 잃은 문학(故郷を失つた文学)」(『文藝春秋』, 1933년)은 '도쿄에서 태어난 도쿄 사람'으로서 자신은 '제1의 고향도, 제2의 고향도, 이제 고향이라는 의미를 모른다'며 '고향이 없는 정신'이라고 말했다.

'하부노미나토(波浮の港)'(1928년)를 비롯해 '사도오케사(佐渡おけさ)' '오하라부시(おはら節)' 등 신민요의 유행은 이러한 도시공간의 심성을 반영했다. 신민요는 도시 거주자에게 '향수(nostalgie)'의 감각을 제공하고 '고향' 의식을 불러일으켰다. 동시에 이러한 신민요의 감성은 레코드로 만들어진 감성이었다. 복제 기술로서의 레코드는 영화, 사진, 라디오 등과 함께 이 시기의 사회에 널리 퍼져 새로운 감성을 만들어 냈다.

대중사회의 등장

1920년대 후반부터 도시에는 영화관과 카페, 백화점과 댄스홀이 들어서 거리의 문화가 한꺼번에 꽃피웠다. 터미널이 세워져 교외 생활이 본격화되는 등 도시화가 진행되었고, 이에 따른 새로운 라이프스타일이 시작되었다. 일본식과 서양식을 절충하여 싱크대를 갖춘 부엌과 복도로 이어진 방 구조, 때로는 아이들 방도 겸비된 문화주택이 세워졌다. 또 단발머리에 양장을 입은 모가(모던 걸)와 모보(모던 보이)가 도쿄 긴자와 요코하마 이세자키(伊勢佐木), 오사카 미도스지(御堂筋) 거리를 활보하는 대중사회가 출현했다.

▶사진 5-6. 긴자 카페에서 홍차와 양과자를 즐기는 여성들(『日本地理大系』).

모던 라이프 시대

당시 이러한 도시공간의 심성과 '민중' 혹은 '군중'의 모습은 다양한 시점에서 포착되었다. 이에 관해서는 크게 두 가지 관점이 있었다. 즉 ① 신중간층에 의거한 관찰과 ② 노동자의 입장에서의 발언이다.

①은 대량으로 등장한 신중간층이 떠맡은 모더니즘 현상에 착목했다. 평론가 오야 소이치(大宅壯一)는 '모던 라이프'에 주목했고(「モダン層とモダン相」, 『中央公論』, 1929년 2월), 평론가 기요사와 키요시(清沢洌)는 '모던 걸은 부인 반역의 첫 목소리이다'(『モダンガール』, 1926년) 라고 말했다. 또 민속학자 곤와 지로(今和次郎)는 『모델노로지오(モデルノロヂオ)』에서 도시 풍속을 광범하게 수집했고, 사회학자 곤다 야스노스케(權田保之助)는 도시 오락의 탐구에 나섰다. 더욱이 경제학자 모리모토 코키치(森本厚吉)는 '문화생활'을 주창하면서 생활개선

운동을 실천했다. 이들은 모두 신중간층의 생활과 풍속에 모더니즘을 발견하고, 일본 모더니즘의 적극성과 위험성을 알리는 형식을 채용했다.

신중간층의 풍속에 대한 기술은 상하이와 서울 등 동아시아의 도시공간도 시야에 넣었다. 〈조선일보(朝鮮日報)〉의 「만화만문(漫畵漫文)」에는 서울 모던 걸의 출현을 알렸고, 혼초(本町)를 어슬렁거린다는 의미의 '혼부라(本ブラ)'라는 표현을 사용했다. 또 고토 이쿠코(後藤郁子)의 「조선추풍초(朝鮮秋風抄)」(『女人藝術』, 1928년 10월)는 '조선은 열정적인 재즈의 도시이다. 종로 긴자와 혼초 긴자. 전자는 조선 사람들의 유일한 번화가이다. 후자는 내지의 거리. 조선인 모가와 모보, 내지인 모가와 모보의 대조. 모보는 조선 청년이 스마트하다'고 말했다.

요코미쓰 리이치(橫光利一)의 『상하이(上海)』는 이러한 모더니즘 공간 속에서 일어났던 일본 자본 방적업(在華紡)에 종사하는 중국 노동자의 파업을 소재로 내셔널리즘과 모더니즘, 식민지주의와 민족주의, 자본주의와 봉건주의가 복잡하게 뒤얽힌 도시 상하이를 묘사했다.

하층사회로부터 '계급'으로

이에 대해 ②의 구사마 야소오(草間八十雄)와 이시즈미 하루노스케(石角春之助) 등은 도시의 하층사회와 번화가를 통해 도시공간을 표상하여 그 난숙한 양상을 그려냈다. 번화가와 하층사회라는 서로 상반된 현상을 통일적인 시선에서 파악함으로써 도시공간이 지닌 피상

성과 문제성을 부각시켰다. 구사마의 『밑바닥 사람들(どん底の人達)』 (1936년)은 도시 하층부로 살아가는 사람들의 생활을 직업과 수입, 심리 등 여러 사례를 열거하면서 서술했다.

②의 핵심은 일하는 사람의 실감에서 출발하고, '계급'에 입각한 기술이었다. 이미 관동대지진 이전부터 아오노 스에키치(青野季吉)는 '예술의 혁명과 혁명의 예술'을 주장했다. 이러한 프롤레타리아 문화 운동은 모더니즘의 진전과 함께 민중―전위, 도시―농촌, 일본―세계와 같은 대항관계를 의식화하면서 1920년대 후반부터 30년대에 걸쳐 커다란 조류를 형성했다.

예를 들면 『씨 뿌리는 사람』을 계승한 『문예전선(文藝戦線)』(1924년 6월)은 '우리는 무산계급해방운동에서 예술상의 공동전선에 선다'는 '강령'을 내세우고, 자신들의 싸움은 '잠시라도 자본주의와 싸우지 않고서는 있을 수 없는 운명'을 지녔기 때문이라고 말했다(今野賢三, 「突進の武器」). 또 오카시타 이치로(岡下一郎)의 「공장문학의 제창(工場文学の提唱)」(『文藝戦線』, 1926년 8월)은 '이원적인 사회 형태', 즉 '지배와 피지배' '착취와 피착취'에서 발생하는 노동자의 고민의 표현을 추구했다. 그리고 공장에서 기계 생산에 종사하는 '우리의 감각'을 기초로 하는 것이야말로 '생명을 지속하기 위한 예술'이자 '본통(本統)의 예술'이라고 강조했다.

조선과 중국에 대한 시선

문화 경험을 물을 때, 조선과 중국과의 관계도 논점이 될 수밖

에 없다. 하야마 요시키(葉山嘉樹)의 소설「그게 무슨 일인가(それや何ぞ)」(『文藝戰線』, 1926년 3월)에서는 '선인(鮮人) 노동자는 스스로 의식하지 않는 반항심을 뿌리 깊게 품고 있었다. 그들은 만약 (일본인 노동자와의) 싸움에 진다면 자신과 같은 민족, 같은 고향이 모욕당했다고 생각하지 않을 수 없었다. 이를 경멸하는 것은 일본 노동자가 미국에서 부르주아 놈들에게 모욕당한 것을 승인하는 것과 같다'며 조선인 노동자의 내면에 대한 이해를 표명했다.

나카노 시게하루(中野重治)는「비 내리는 시나가와 역(雨の降る品川駅)」(『改造』, 1929년 2월)에서 다음과 같이 노래했다.

신(辛)이여, 안녕
김(金)이여, 잘 가게
자네들은 비 내리는 시나가와 역에서 차를 탄다

이(李)여, 안녕히
또 다른 이(李)여, 잘 가시오
자네들은 자네들의 부모의 나라로 돌아간다

이 시는 복자가 많지만 조선인과의 연대를 읊은 아름다운 시이다. 조선인은 '일본 프롤레타리아의 앞에 선 후원자'로 인식되었고, 계급 개념에 민족이 포섭되었다.

또 나카니시 이노스케의 서울에서의 강연(1925년)을 계기로 조선 프롤레타리아 예술연맹이 결성되었다. 『적기(赤旗)』(1923년)에는 '무산계급으로부터 본 조선 해방 문제'라는 앙케트가 게재되었다. 또 프롤레타리아 연극 분야에서도 무라야마 토모요시(村山知義)의「폭력단기

(暴力団記)」(1929년)와 「승리의 기록(勝利の記録)」(1931년), 구보 사카에(久保栄)의 「중국호남성(中国湖南省)」(1932년) 등에는 중국 인민에 대한 시점에서 반전(反戦)을 주장했다.

『킹(キング)』, 『이에노히카리(家の光)』

이처럼 농촌 사회와 도시 사회는 요동쳤다. 이 때문에 일각에서는 가정의 건전함을 호소하기에 이르렀다. 『킹』과 『이에노히카리』는 1920년대 후반의 새로운 사회현상에 대응한 잡지로서 모두 1925년에 창간되었다. 두 잡지는 100만 부가 넘는 발행 부수를 자랑하는데, 예를 들어 『킹』의 창간호(1925년 1월)는 '중세적이 아니라 근대적이고, 전제적이 아니라 민중적이다. 총명하여 취미가 풍만하다. 가볍게 변장하고 수시로 여러 곳에 출몰하여 거의 예측할 틈이 없다'며 현대성과 경쾌함을 자인했다.

『킹』은 '한 집에 한 책'을 표방하여 연령과 성별, 직업을 초월한 '국민잡지'를 추구했다. 저명인의 논고를 비롯해 성공담과 출세담, 일화, 소설과 강담부터 실용 기사, 유머에 이르기까지 다양한 장르의 기사가 만재되어 사회 불안을 방어할 수 있는 가정의 육성을 도모했다. 농촌에도 눈을 돌려 발간 당시에는 촌장과 청년단 간부, 교장 등에도 안내문을 보냈다.

산업조합중앙회의 기관지인 『이에노히카리』는 농촌생활의 향상과 상호부조를 목적으로 삼았다. 관혼상제의 간소화와 보건위생 지식의 보급을 주창하고, 생활개선과 수양 강화(講和) 기사를 많이 게재했다. 또 '신속한 일본 옷 재봉 방법'과 '자가용 간장 만드는 법' 등 실용 기사를 게재했고, 라디오의 보급과 '농촌풍 문화주택' 등도 언급하여 농촌생활의 '근대화'를 도모했다.

5. 보통선거법과 치안유지법

제2차 호헌운동

야먀모토 곤베에(山本權兵衛) 내각(제2차)은 이미 1923년 12월 29일 총사직했다. 그 직전 제48의회의 개회를 앞두고 섭정(攝政)(다이쇼 천황의 병상이 좋지 않았기 때문에 1921년 11월부터 황태자 히로히토「裕仁」가 맡고 있었다)이 도라노몽(虎ノ門)에서 아나키스트 난바 다이스케(難波大助)에게 저격당한 사건(도라노몽 사건)이 발생하여 그 책임을 물었기 때문이다.

1924년의 정계는 기요우라 케이고 내각의 발족으로부터 시작되었다(1월 7일). 기요우라 내각의 탄생에는 정당내각을 시기상조라고 판단한 원로 사이온지 킨모치의 의향이 작용했다. 그러나 정국은 논란에 휩싸였다. 내각은 외상과 육군상을 제외하고 나머지는 모두 귀족원 의원으로 구성하여 다이쇼 데모크라시의 흐름에 역행했다. 국민정신작흥과 경제력 회복 등을 내세운 기요우라 내각에 대해 헌정회와 혁신구락부 그리고 정우회는 '헌정의 본의에 따라 정당내각의 확립을 바란다'는 의견을 모았다(1월 18일). 여기에 세 당파에 의한 내각 타도를 목적으로 한 제2차 호헌운동이 개시되었다.

혁신구락부는 1922년 입헌국민당 등 비(非)정우회계의 합동으로 성립된 당파로 오자키 유키오와 이누카이 쓰요시 등이 참가했고, 보통선거 즉시 시행과 군비축소 등을 주창했다. 작은 당파이지만 큰 정당에 가담하지 않은 사람들의 지지를 받았다. 한편 정우회에서는 반(反)기요우라 내각의 방침에 불만을 품은 도코나미 타케지로(床次竹二郞), 야마모토 타쓰오(山本達雄), 나카하시 토쿠고로(中矯德五郞) 등 149명이 탈당하여 정우본당을 결성했다(1월 29일). 정우회의 분열이다.

호헌 3파와 선거전

제48의회(1923년 12월 27일 개회)는 황태자의 성혼(1월 26일)을 맞이하여 1월 29일까지 중의원의 휴회를 결정했다. 31일 본회의가 재개되었지만, 회의장에 폭한(暴漢)이 난입했기 때문에 휴회를 선언하고 중의원은 그대로 해산되고 말았다.

당일 호헌 3파는 교대로 해산을 비판했다. 의회 관계자와 경관대와의 사이에는 '대난투'가 일어나 검속자와 부상자가 속출했다(《東京朝日新聞》, 1924년 2월 1일). 또 2월 1일 예정된 국민대회는 경관대의 저지를 받았지만, 다음 날 2일 우에노 세이요켄(精養軒)에서 열린 제2헌정옹호회 3파간친회(第二憲政擁護会三派懇親会)에는 원회 그룹을 중심으로 약 천 명의 인파가 모였다. 여기에서 정우회의 하타 토요스케(秦豊

助)는 '오늘은 정당주의가 승리하여 관료주의가 패할 것인가, 전제주의가 승리하여 입헌주의가 패할 것인가, 세키가하라(関ヶ原)의 싸움이다'라고 호소했다(《東京朝日新聞》, 1924년 2월 3일).

총선거는 5월 10일 실시되어 호헌 3파가 절대다수를 차지하여 승리했다. 헌정회가 제1당이 되었고, 기요우라를 지지한 정우본당은 이에 미치지 못해 제2당이 되었다. 그 배후에는 제1차 세계대전 시기부

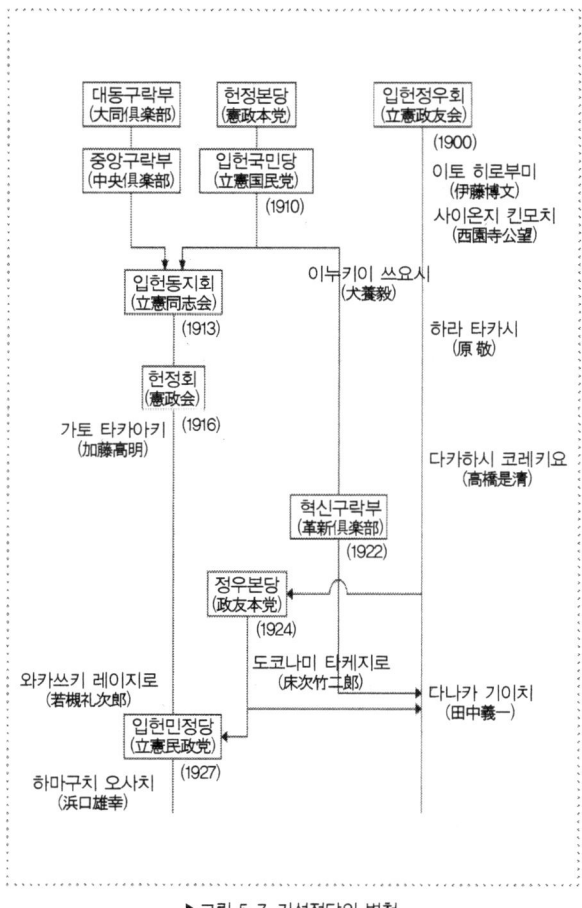

▶그림 5-7. 기성정당의 변천.

터 결성된 각지의 시민 정사(政社)의 활성화 현상이 있었다. 각지에 농민당을 표방한 지역 정당이 결성되는 등 지역에서의 다이쇼 데모크라시 조류가 밑에서 호헌 3파를 지지했다. 예를 들면 히로시마 현에서는 이미 결성된 구레보선기성동맹회(呉普選期成同盟会)와 히로시마입헌청년당(広島立憲青年党) 이외에 후쿠야마입헌혁성회(福山立憲革成会), 비난입헌청년당(備南立憲青年党), 아키청년동지회(安芸青年同志会), 고잔입헌공정회(甲山立憲公正会) 등이 결성되었다(天野卓郎,『大正デモクラシーと民衆運動』). 대부분은 헌정회 계열이었고, 그동안의 지각변동이 정당의 계열로 흡수되었다. 제2차 호헌운동은 정당 주도에 의한 선거전의 형태를 보이면서 정당이 '위로부터' 조직한 민중운동을 통해 이루어졌다.

가토 타카아키 내각과 보통선거법

총선거의 결과를 받아들여 기요우라 내각은 총사직하고(6월 7일), 헌정회의 가토 타카아키에게 조각명령이 내려져 6월 11일 가토 내각이 발족했다. 당시 수상의 추천권은 변함없이 원로가 쥐고 있었지만, 총선거에서 제1당이 된 당수(黨首)가 정권을 담당한 이래 이누카이 쓰요시 내각기까지 8년간 정당내각이 계속되었다.

가토 내각은 헌정회 출신으로 외무대신 시데하라 키주로, 내무대신 와카쓰키 레이지로, 헌정회 출신으로 대장대신 하마구치 오사치(浜口雄幸)를 포진시켰고, 정우회 총재 다카하시 코레키요는 농상무대신, 혁신구락부 맹주 이누카이 쓰요시는 체신대신으로서 입각했다.

가토 내각에서는 보통선거법안(중의원의원선거법의 개정)을 둘러싼 공방이 최대 초점이 되었다.

가토 내각에서 보통선거법이 성립되기 위해서는 추밀원, 여당 내부, 귀족원, 양원협의회 등 몇몇 장애가 있었지만, 제50의회에서 1925년 3월 29일 성립되었다. 아울러 소선거구제를 폐지하고 중선거구제를 도입했다. 보통선거법에 따라 25세 이상의 '제국신민 남성'에게 선거권이 부여되었고, 유권자는 328만 명에서 1,240만 명으로 늘어났다. 각지에서 축하회와 제등 행렬이 열렸고 선전 전단이 배포되었다. 축하회는 주로 정우회와 헌정회 각 지부의 주최로 열렸다. 나고야에서는 도카이보선연맹(東海普選連盟)이 주최한 나고야시민축하회가 쓰루마(鶴舞)공원에서 개최되었는데, 여기에는 지사를 비롯해 시의회 의장과 의원이 출석했고 아쓰다(熱田) 신궁에도 보고했다.

〈도쿄아사히신문〉(3월 30일)은 '국민의 원망(願望)'이 실현되어 '새로운 시대로의 통로를 연 국민이 잊을 수 없는 날'이고, '헌정사상 특필되어야 할 중의원 본회의'라는 최대한의 형용사를 동원해 보도했다. 그러나 「사설」(3월 30일)에서는 '축하할 일이지만…… 보통선거 문제는 이로써 해결되고 완성되었다고 생각하지 않는다'고 말했다. '보통선거의 탄생'이 마지막 단계에서 '악의에 찬 산파 때문에 상처를 입었다'고 말하면서, '국민의 기억에 이 나쁜 산파에 대한 원망이 보통선거 안건에 남은 상처와 함께 사라지지 않는다'는 비유를 사용하여 귀족원의 개입을 비판했다.

「사설」이 '상처'라고 언급한 것은 선거권자의 '결격조항'을 둘러싼 문제였다. 납세 조건의 철폐는 합의되었지만 '빈곤자'를 둘러싼 부분이 문제되었다. 결국 추밀원과 귀족원의 수정을 통해 '빈곤으로 인해 공사(公私)의 구조 또는 부조를 받는 자'는 제외되었다. 또 동일 시정촌 내에 1년 이상 거주할 것도 조건이 되었다. 지금까지 동일 선거구 내에 6개월 이상 거주해야 하는 조건이 엄격해져 이동이 잦은 '빈곤자'는 배척되었다.

여성과 참정권

또 여성의 참정권은 여전히 인정받지 못했다. 앞의 〈도쿄아사히신문〉의 「사설」도 보통선거법의 '상처'를 말하면서, 여성이 제외된 것에 대해서는 언급하지 않았다. 일본제국과 사회는 여성을 아직 '국민'으로서 인지하지 못했다.

여성의 참정권을 둘러싸고 신문지상에서 논의는 이루어졌다. 〈도쿄아사히신문〉은 1925년 2월 '부인 참정의 가부'에 대해 여성들에게 투서를 권유하고 이를 토대로 '지상토론'을 시도했다. 첫 회인 2월 18일에는 '부인 참정은 우리나라 현재의 교육 정도와 미풍양속으로는 아직 멀었다'고 평가하면서, 요구하는 자들은 '이른바 새로운 부인들'(吉本久)이라는 반대 의견과 '부인 참정은 시기상조도 아니고 불가하지도 않다'(北畠千代)는 찬성 의견이 함께 게재되었다.

이미 1924년 12월 이치카와 후사에와 구부 시로오치미(久布白落実)를 중심으로 부인참정권획득기성동맹회(婦人参政權獲得期成同盟会)가 결성되었는데, 이들은 선거법 개정 이후 1925년 4월 부선획득동맹(婦選獲得同盟)으로 개칭했다. 부선획득동맹은 '국민 반수의 부인'이 '소수의 남성과 함께 정치권 밖에 남았다'고 강하게 참정권을 호소했다. 여성이 '한 인간으로서' '한 국민으로서' 국가 정치에 참여하는 것이 '당연하고 필요'하다며 모든 힘을 여기에 집중하겠다고 선언했다(『婦選』, 1925년 10월).

획득동맹은 1928년 4월 제5년차 총회에서, 정치를 정당의 '이전투구'로부터 구하여 '청정공정(淸淨公正)한 국민의 정치'로 만들 것, '정치와 부엌의 관계'를 밀접하게 만들어 국민생활의 '안정'을 도모할 것, 그리고 여성과 아동에게 불리한 법률제도를 개폐하고 복지를 증진시킬 것을 요구했다. 남성이 주도해 온 정당정치에 대한 환멸감을 엿볼 수 있고, 직접 '국민'이 정치에 참여할 수 있는 제도를 요구한 것이다.

식민지와 참정권

또 식민지에는 헌법이 적용되지 않았기 때문에 참정권이 부여되지 않았다. 식민지 사람들과의 참정권을 둘러싸고 논의된 것은 '내지'에 거주하는 식민지 출신 남성의 경우였다. 이미 제40의회(1918년) 등에서 논의되었지만, 보통선거법의 심의과정에서 재차 논의되어 거주조건을 만족시키면 참정권을 인정하기로 결정했다. 보통선거법에서 납세 조건이 철폐되었기 때문에 결과적으로 식민지 남성의 유권자는 증가했다(松田利彦, 『戰前期の在日朝鮮人と參政權』).

『태양』(1924년 1월)은 식자에 대한 앙케트 '보통선거의 가부에 관한 명사의 의견' 속에서 내지 재주 조선인에 대한 참정권 부여를 물었다. 그러나 보통선거법에 적극적인 사람들은 친일파 조선인이었다는 경향은 부정할 수 없다.

이 밖에도 보통선거법에서는 선거운동에 대한 규제가 강화되었다. 호별 방문, 면접, 전화를 통한 운동이 금지되었고, 입후보 시의 공탁금과 법정득표수제도가 채용되었다. 그리고 선거 비용과 문서 등에 제한을 두어 유권자가 한꺼번에 증가하는 사태에 대비했다.

치안유지법

제50의회에서는 보통선거법과 함께 치안유지법이 성립되었다. 1925년 4월 22일 공포, 5월 12일에 시행된 치안유지법은 7개조로 이루어졌다. 제1조는 '국체를 변혁하거나 또는 사유재산제도를 부인하는 것을 목적으로 결사를 조직하거나 또는 그 뜻을 알고 이에 가입한 자는 10년 이하의 징역 또는 금고에 처한다'라고 규정했다. 또 칙령175호(1925년 5월 8일)를 통해 조선, 타이완, 사할린에도 치안유지법을 시행했다.

1925년도 신문에는 보통선거와 관계된 기사와 함께 치안유지법을 둘러싼 보도가 많다. 〈도쿄아사히신문〉의 경우 마키노 에이치(牧野英一)의 「치안유지법안(治安維持法案)」(2월 19일) 등 비판적인 논평을 게재했고, 사설(1월 17일)에서도 정면으로 반대했다. 「사설」에서는 실제로 치안유지법에 의한 취체는 '인권 유린과 인권 억압'이며, 국민의 사상 생활은 경찰의 취체 대상이 되고, 집회결사의 자유는 없어지게 될 것이라고 말했다. 더욱이 노동조합법이 제정되지 않고 동맹파업권도 인정되지 않는 현상에서는 노동조합 그 자체가 치안유지법의 대상이 될 수밖에 없다며 '호헌 3파 내각이 보통선거법과 함께 이와 같은 치안유지법을 제출한 모순당착의 우를 낳을 수밖에 없었던가'라고 비판적으로 논급했다. 『개조』(1925년 4월)도 머리말에 '치안법안은 기성정당을 매장한다'를 게재했고, 오야마 이쿠오를 비롯해 많은 사람들이 치안유지법에 반대를 표명했다.

혁명 이후의 치안입법

치안유지법의 상정은 제1차 세계대전과 러시아혁명 이후 고양된 사회운동과 사회주의운동에 대한 대책이었다. 그 배후에는 미국의 무정부주의취체법을 비롯해 세계적인 치안입법 제정의 움직임과도 연관되었다. 또 조선제령(1919년 4월)을 비롯해 일본의 치안입법의 경험도 작용했다. 제45의회(1922년)에는 과격사회운동취체법안이 제출되어 '무정부주의, 공산주의, 기타 조헌(朝憲)을 문란하게 만드는 사항'의 실행과 선전에 대한 취체를 도모하려고 했다. 그러나 이 법안에 대해서는 20사를 넘는 신문통신사가 '과격법안반대신문동맹(過激法案反對新聞同盟)'을 결성하여 반대했고, 요시노 사쿠조, 후쿠타 토쿠조(福田德三), 하세가와 뇨제칸, 스에히로 이즈타로(末弘嚴太郎) 등과 자유법조단, 일본변호사협회도 반대했다. 국민당과 헌정회도 반대로 돌아서 법안은 심의조차 하지 못했다.

더욱이 치안유지법 제정은 1925년 1월 추진된 일소기본조약에 따른 소련과의 국교 수립의 영향을 직접 받았다. 기본조약 제5조의 선전금지조항과 치안유지법안의 관련이 문제되어 추밀원에서의 심의는 대부분 공산주의운동의 취체를 둘러싸고 시간이 할애되었다. 마침 와세다대학군사연구단사건(早稻田大学軍事研究団事件, 1923년), 오타루고상사건(小樽高商事件, 1925년) 등 반군국주의와 반국민통합의 움직임도 일어났다. 처음으로 치안유지법이 일본 본토에서 적용된 것은 교토학생사건(1926년 1월)이었다. 치안유지법은 학생의 사상과 사회운동에 대한 취체를 노렸음이 자명하다.

반대운동과 성립

치안유지법안은 1925년 2월 19일 중의원 본회의가 긴급 의제로 삼았다. 그러나 의회 밖에서 법안에 대한 반대운동이 일어났다. 1925년 1월 30일 총동맹을 중심으로 21개 노동단체 대표자가 모여 악법안반대동맹회(惡法案反対同盟会)를 결성하여 중심적인 역할을 수행했다. 노동단체(총동맹 계열과 반총동맹 계열)를 비롯해 일본농민조합, 사회주의단체, 수평사, 재일조선인단체 이외에 자유법조단, 신문기자 등이 참가했다. 2월 1일에는 정치비판대연설회라는 주제로 오야마 이쿠오, 후세 다쓰지, 하세가와 뇨제칸 등의 연설회가 개최되었다. 정당에서도 혁신구락부는 치안유지법에 반대 의사를 표명했다. 오자키 유키오, 기요세 이치로(清瀨一郎), 호시지마 니로, 유아사 본베이(湯浅凡平) 이외에 정우회의 아리마 요리야스(有馬頼寧)와 안도 마사즈미(安藤正純) 등이 반대했고, 더욱이 실업동지회(実業同志会)와 중정구락부(中正俱樂部)도 반대했다.

그러나 법안은 찬성 246명, 반대 18명의 압도적 찬성 다수로 중의원을 통과했고(3월 7일), 귀족원에 상정되어 3월 19일 가결되었다. 귀족원에서의 반대는 도쿠가와 요시치카(德川義親)뿐이었다.

포섭과 배제의 체제화

1925년에 일어난 '보통선거―치안유지법체제'는 제1차 세계대전 이후 통치기구가 재편성된 것의 귀결이었다.

귀족원과 추밀원 개혁, 노사관계와 소작관계의 입법화 등 하라 내각 이후의 사회 재편성과 관련된 일련의 흐름이 보통선거법과 치안유지법으로 체계화되었다. 한편으로 정당을 '정치적 지배계급의 하나의 분지(分肢)'로부터 '국가 의지 결정의 중심'으로 만든 개변이었고(渡邊治, 「日本帝国主義の支配構造」), 또 한편으로는 선거권 부여를 통해 사람들을 '국민'으로서 자각시켜 주체적으로 국가와의 일체화를 촉구하고 이에 따르지 않는 자를 배제했다. 통합(보통선거)과 배제(치안유지법)를 통해 선별적으로 '국민화'를 도모한 것이다. 말하자면 1925년 체제는 제국의 정책에 비판적인 사람들에 대해, 참가하여 타협하면서 부분적인 비판을 할 것인지, 아니면 배제되더라도 전면적이고 원리적인 비판을 할 것인지 선택할 것을 강요했다.

노동조합의 활동가와 사회주의자들의 보통선거에 대한 비판적인 태도는 이와 관련하여 전개되었다. 당초 야마카와 히토시도 '무산계급운동이 의회주의에 의해 거세될 위험'을 지적하면서 보통선거운동에 부정적이었다(「普通選挙と無産階級の戦術」, 『前衛』, 1922년 3월). 더욱이 과격사회운동법안에 대한 반대운동에도 그들은 열심히 참가하지 않았다.

그러나 야마카와는 이후 대중운동에의 관여를 주장했다(제3장 제4절 참조). 그가 1923년의 3악법 반대운동(과격사회운동취체법안, 노동조합법, 소작쟁의조정법안)에는 노동주보사(勞動週報社, 히라사와 케시치, 야마자키 케사야 등)를 중심으로 노동운동가가 적극적으로 참가하여 반대운동을 전개했다. 그러나 야마카와의 논의는 다른 사회주의자들에게 그대로 받아들여지지 않았다. 참가와 포섭, 저항과 독립과 관련하여 데모크라시의 존재 그 자체를 되묻는 새로운 사태가 출현한 것이다.

또 여성과 식민지 사람들은 처음부터 '이류 국민'이었다. 여성에 대해서는 참정권과는 다른 형태로 국민화를 도모하는 통합이 실천되었다. 1924년 8월부터 내무성 주최로 전개된 근검저축장려운동은 강습회와 강연회의 개최, 근검장려주간(週間)을 실시했는데, 민간에서 모리모토 코키치 등이 전개한 생활개선운동과 결탁되면서 반관반민의 성격을 지닌 국민운동이 되었다. 관혼상제는 '간이', 복장은 '검소'를 내세우며 응분의 저축을 할 것과 '주부의 각성과 가정생활의 개선' 등을 주창했다. 생활의 합리화를 통한 국책에의 참여이고, 참정권을 부여받지 못한 여성의 국민화가 시도되었다(小山静子, 『家庭の生成と女性の国民化』).

제6장 공황 시기의 기성정당과 무산세력

1928년 2월 20일, 보통선거법에 의한 최초의 총선거가 실시되었다. 유권자가 기존에 비해 4배로 늘어났고 관심도 높았다. 투표소에는 긴 행렬이 늘어섰다(쓰루마이(鶴舞) 중앙도서관 소장).

1. 역사의 균열

라디오 속의 개원(改元)

다이쇼 천황의 병상이 처음 전해진 것은 1926년 11월 3일이었다. 12월 18일에는 중태라고 보도되었고, 이후 연일 병상을 알리는 호외가 나돌았다. 하야마(葉山)의 궁정에는 누워 있는 천황 곁에 각료들이 모여 있었다. 다이쇼 천황은 1926년 12월 25일 사거했다. 추밀원에서는 새로운 원호로 '쇼와'를 제정 공표했다. 〈도쿄아사히신문〉(1926년 12월 25일)은 검은 테를 두르고 보통은 광고로 메워진 제1면에 '천황붕어(天皇崩御)' 기사를 게재했다.

라디오의 활약도 눈부셨다. 1925년 도쿄, 오사카, 나고야에서 방송국이 개국하여 다음 해 8월 일본방송협회가 설립되었다. 이미 다이쇼 천황의 용태를 둘러싼 속보도 이루어졌다. 도쿄중앙방송국은 1927년 2월 7일과 8일 양일에 걸쳐 신주쿠교엔(新宿御苑)에서 거행된 대장(大葬)에서 장례가 이동하는 양상을 실황 방송했다. 프로그램은 뉴스,

일기예보 등으로 한정하여 연예 방송을 자숙시키고, 주악(奏樂) '더할 수 없는 슬픔(哀の極)'을 흘려보냈다. 오후 6시 반에 '상여 행렬이 지금 아카사카미쓰케(赤坂見附)를 지나고 계십니다'라고 알렸고, 6시 54분에는 '아오야마고쇼(青山御所) 정문 부근에 도착하셨습니다'라는 멘트를 보냈다(竹山昭子, 『ラジオの時代』).

쇼와 천황의 대례(大禮, 즉위예절, 1928년 11월)에는 도쿄, 센다이, 나고야, 오사카, 히로시마, 구마모토의 각 방송국이 실황 방송하고 전국에 중계했다. 11월 6일 천황이 교토에 행차한 '교토행행(京都行幸)'부터 대상제(大嘗祭, 천황이 즉위한 후 처음으로 조상과 천신지기[天神地祇]에게 햇곡식을 바치고 이를 먹는 의식—옮긴이) 등 거의 한 달에 걸친 의식을 중계했고, 더욱이 12월의 도쿄 시 대례 봉축회도 방송했다. 대례를 계기로 라디오 체조가 등장하는 등 라디오는 커다란 영향력을 발휘했다.

대장과 대례는 이렇게 2년간에 걸쳐 모든 국민에게 '긴장과 고양'을 강요했다(中島三千男). 그러나 야나기타 쿠니오가 대전(大典, 나라의 큰 의식 옮긴이)과 관련된 '가장 기쁜 특징'으로서, 참여한 '국민'의 수가 많은 것을 예로 들며 '교통과 교육의 힘'과 함께 '신문과 라디오의 보도'를 지적한 것처럼(「御発輦」, 〈東京朝日新聞〉, 1928년 11월 6일), 대전은 새로운 미디어를 충분히 활용했다. 제1차 세계대전 이후 유럽에서는 군주정치가 붕괴되었고, 일본의 천황제도 다이쇼 데모크라시와 대중사회화를 앞에 두고 무언가 대책이 필요했다. 이미 1921년 3월부터 반년 동안 히로히토 황태자가 유럽 5개국을 방문한 것

▶사진 6-1. 라디오방송을 청취하는 사람들(NHK 서비스센터 소장).

제6장 공황 시기의 기성정당과 무산세력 | 243

은 그 하나의 시도였다고 말할 수 있다. 다이쇼 천황은 황태자 시절부터 한국(1907년)을 포함해 각지를 방문했고, 히로히토 황태자도 1923년 타이완, 1925년 사할린을 방문하는 등 전국 각지를 방문했다. 그 모습은 사진 이외에 활동사진을 통해 보도되었다.

'메이지절'의 제정

그러나 '다이쇼'의 종언은 '메이지' 당시와 달리 커다란 충격은 없었다. '쇼와'의 등장에 따라 '메이지'는 그 이전의 시대가 되었다는 감각이 더해졌다. 1927년에는 메이지 천황의 탄생일인 11월 3일이 '메이지절'로서 대제일로 제정되었다.

당시 『킹』의 별책으로 간행된 『메이지대제(明治大帝)』는 베스트셀러가 되었다. 천황이 직접 살펴보았다는 의미의 '사천람(賜天覽)'이라는 주인(朱印)을 찍고, 메이지 천황과 황후의 '어진영(御眞影)'을 게재한 14쪽의 그라비어(gravure)가 첨부되었다. 또 '메이지 시대의 치적을 익찬(翼贊)한 문무의 현관명사(顯官名士)'(「序」)로서 메이지 천황의 측근과 함께 당시의 수상 다나카 기이치를 비롯한 정치가와 군인의 얼굴을 실었고, 58편의 문장이 수록되었다.

이러한 의식은 1920년대 후반에 새로운 시대가 시작되었다는 감각과 결부되었다. '메이지'의 검토를 통해 현재의 위치를 밝히려는 시도가 이루어졌다. 동시에 일본 근대의 모든 과정을 분석하려는 의도로 엿보였다. 그 가운데 몇 가지를 살펴보자.

메이지문화연구회

먼저 1924년 요시노 사쿠조, 오사다케 타케키(尾佐竹猛), 미야타케 가이코쓰, 이시이 겐도(石井研堂) 등이 결성한 메이지문화연구회이다. 기관지는 당초 『신구시대(新旧時代)』로서 1925년 창간되었고(이후 『明治文化研究』, 『明治文化』로 개제), 메이지기를 '구시대'로 바라보면서 '다이쇼'라는 '신시대'의 눈으로 이를 소개하고 연구한다는 자세를 취했다. 요시노는 '메이지 문화의 연구는 결코 시세와 동떨어진 막힌 사업이 아니다'(『新旧時代』, 1926년 4월)라며 '메이지헌법제정사'와 '자유민권운동사'를 테마로 삼았다. 연구회는 전 24권의 『메이지문화전집(明治文化全集)』(1927~1930년)이라는 방대한 사료집을 간행하여 '메이지 문화'의 총괄을 시도했다.

『대보살 고개(大菩薩峠)』와 『구라마텐구(鞍馬天狗)』

둘째로 이 시기에 등장한 대중문학으로 60년 전의 막말유신기를 대상으로 삼았다. 나카자토 카이잔(中里介山)은 1912년부터 〈미야코 신문〉에 연재를 시작하여 집필 매체가 바뀌면서도 장편소설 『대보살 고개』를 완성했다. 이 소설은 맹인이자 니힐리스트 사무라이 하다 류노스케(肌龍之助)와 류노스케를 형을 죽인 원수로 삼은 우쓰키 효우마(宇津木兵馬)를 비롯해, 하타모토(旗本, 에도 시대의 쇼군 가문 직속의 가신단 중에서 고쿠다카[石高]가 1만 석 미만이면서, 의식 등에서 쇼군이 출석하였을 때 참석하여 알현이 가능한 가격[家格]을 가진 이들을 가리킨다. 원래는 주군의 군기를

지키는 무사단을 가리키는 말―옮긴이)와 부호 여성 혹은 도적부터 예인(藝人)에 이르기까지 다양한 인물을 등장시켜 막말유신기를 묘사했다. 에도의 우치코와시(打ちこわし, 폭동), 덴추구미(天誅組)의 난, 신센구미(新撰組)의 활동 등을 거론하면서 사쓰마와 조수의 관점에서 바라본 메이지유신을 비판했다. 『대보살 고개』는 1925년 전후로 커다란 평판을 불러일으켰다. 『중앙공론』(1928년 3월)은 '하다 류노스케의 인간적 흥미'를 특집으로 편성했고, 신국극(新国劇) 무대에서도 상연되었다.

오사라기 지로(大仏次郎)가 「도깨비 얼굴의 할머니(鬼面の老女)」(1924년)에서 등장시킨 구라마텐구(구라마 산 깊은 산속에 살고 있는 붉은 얼굴에 코가 크고 신통력이 있다는 상상의 동물―옮긴이)도 동일했다. 근왕(勤王)의 지사(志士)인 구라타 덴젠(倉田典膳)이 구라마텐구로 분장하여 신센구미 등 막부 측과 대결하면서 '새로운 세상'을 추구한다는 이야기이다. 신센구미에 관해서는 고모자와 칸(子母澤寬)이 녹취록을 남겼다.

『이른 새벽녘(夜明け前)』과 역사 연구

셋째는 시마자키 토손(島崎藤村)의 장편소설 『이른 새벽녘』이다. 1929년 4월부터 6년간에 걸쳐 『중앙공론』에 연재된 작품으로, 페리의 내항부터 대정봉환(大正奉還)을 거쳐 유신의 형태가 자리 잡힌 1886년까지를 묘사했다. 이 소설은 기소지(木曾路)의 여인숙 마고메(馬籠)에서 대대로 숙소와 상인, 도매상을 겸하던 야오야마(青山) 집안의 한조(半蔵)를 주인공으로 등장시켰다. 한조는 하라타파(平田派)의 국학에 관심이 많았다. 작품에서는 토손의 부친을 모델로 삼아 지역 정주자의 눈으로 메이지유신을 바라보았다. 한조가 지닌 메이지 세상에 대한 '불안'이 토손이 1930년 전후에 느낀 불안과 중첩되어 묘사되었다.

넷째로는 역사가들로 도쿄제국대학 사학회는 논집 『메이지유신사연구(明治維新史研究)』(1929년)를 간행했다. 아카데미즘 연구이지만 논집에 게재된 하니 고로(羽仁五郎)의 「메이지유신사 해석의 변천(明治維新史解釈の変遷)」은 마르크스주의의 입장에 선 '과학적이고 객관적인 해석'을 제시함으로써 현상 비판과 결부시켜 비판적인 메이지상(像)을 제공했다.

다섯째로는 황국사관도 모습을 나타냈다. 막말의 사상가 오쿠니 타카마사(大国隆正)와 사토 노부히로(佐藤信淵) 등을 새롭게 해석한 『사토 노부히로 가학 전집(佐藤信淵家学全集)』(전 3권)을 1925~1927년에 걸쳐 간행했다. 사토 노부히로의 사상을 '국가사회주의적'이라고 평가한 오카와 슈메이의 『일본정신연구 2(日本精神研究 第二)』(1924년)도 간행되었다. 황국사관을 지닌 역사가 히라이즈미 키요시(平泉澄)의 『국사학의 골수(国史学の骨髄)』가 간행된 것은 1932년의 일이다.

엔본(円本) 붐

이들은 모두 서로 입장은 다르지만 메이지유신 이후의 '근대'가 전개되는 과정에서 1920년대 후반부터 30년대의 '지금'에 시대의 단락을 발견하려 했다. 그리고 그 역사 인식을 대중소설과 대중잡지 등의 도구를 이용하여 묘사했다.

엔본(円本, 값이 한 권에 1엔 균일인 값이 싼 전집류나 총서본—옮긴이) 붐의 계기가 된 『현대일본문학전집(現代日本文学全集)』(改造社)은 1책 1엔이며, 전 63권에 이르는 방대한 분량으로 동시대 문학의 역사화와 정리를 시도한 것이다. 오자키 코요(尾崎紅葉)를 비롯해 이 전집에 수록된 작가는 '일본문학사' 속에 위치한다는 것을 의미했다. 이 전집의 후속으로는 세계문학을 시작으로 다양한 종류의 엔본 전집이 간행되었다.

전근대에 대한 반역

1920년대 후반의 심적인 광경에 대해서는 더욱이 두 가지 특징을 지적할 수 있다. 하나는 이전 시대와의 절단 감각이다. 홋카이도의 오타루에서 친구 9명이 깃발을 든 작은 잡지를 살펴보자. 잡지명은 『클라르테(クラルテ)』이다. 프랑스 작가 앙리 바르뷰스(Henri Barbusse)의 반전소설 제목을 본뜬 이 동인잡지는 불과 32쪽으로 흰 표지에 붉은 글자로 잡지명과 호수만을 기입했다. 이 잡지에는 젊은 날의 고바야시 타키지(小林多喜二)도 참가했다.

『클라르테』동인은 '친구 사이의 정신의 창작화'와 상업적인 '도를 넘은 잡지의 박멸'을 전면에 내세워 기성 잡지에 적대하겠다는 격렬한 정열을 밝혔다. 기쿠치 칸(菊池寬)과 구메 마사오(久米正雄) 등의 이름을 거론하면서 중앙문단을 비판하고, '지방 동인지' 속에 이를 압도하는 작품이 있다며 청년의 자부심을 마음껏 주장했다(제4집, 1925년 2월). 이들은 '이른바 대가가 기성 문단에 서 있는 것과 이름도 없는 문학청년이 지방의 동인잡지에 의거하는 것에는 이미 커다란 핸디캡이 있다'고 말했다. 그러나 독자는 '이러한 틈'을 없애고 바라보면 '한 청년의 작품 속에 신시대의 훌륭한 광명을 발견할 수 있을 것이다'라고 말했다(「仲間雜記」3, 서명은 「正策」). 1920년대 후반에는 청년들의 기성의 것에 대한 분노와 자신들 세대의 자부심이 응축되었다.

마르크스주의의 대두

또 하나는 1920년대 후반의 지적인 세계의 현상으로서 마르크스주의의 대두이다. 〈오사카마이니치신문〉이 식자에게 '마르크시즘 서적의 홍수'에 대한 앙케트 조사를 했을 때, 야마카와 히토시는 '마르크스와 레닌 서적이 일부에서 다시 번역(反譯)되는 상황'은 다른 많은 나라에도 '유례'가 없는 '훌륭한 광경'이라며, 일본의 사회생활 속에 '풍요로운 비료를 남길 것이다'라고 대답했다(1928년 4월 9일). 오야 소이치는 '보통선거에 자극을 받아 사회문제 연구가 현저하게 일반화되었고, 더욱이 무산당 내부의 많은 대립이 이론의 분화를 지나치게 조성했기 때문이다'라고 말했다(4월 16일).

마르크스주의자로서 후쿠모토 카즈오(福本和夫)는 「방향 전환은 어떤 여러 과정을 거치는가, 우리는 지금 그 과정의 어떤 과정을 거치고 있는가(方向転換はいかなる諸過程をとるか我々はいまそれのいかなる過程を過程しつつあるか)」(『マルクス主義』, 1925년 10월)를 집필하여 이후 후쿠모토이즘이라 불리는 사회운동의 '결합' 이전에 '분리'를 주장하는 등의 이론 투쟁을 강조했다. 사회운동의 분리결합론은 사회운동을

분단시키는 결과를 가져왔지만, 후쿠모토는 사회운동의 신세대로 전면에 등장했다. 1870년대 출생인 사카이 토시히코 등을 대신하여 1890년대 출생으로 당시 30대 마르크스주의자인 후쿠모토(1894년생)가 젊은 이론가로서 나타났다.

「사회주의는 어둠을 맞이할 것인가, 빛날 것인가(社会主義は闇に面するか光に面するか)」(『改造』, 1924년 7월)를 쓴 구시다 타미조(櫛田民蔵, 1885년생)와 『특수부락 1천 년사(特殊部落一千年史)』(1924년)를 저술한 다카하시 사다키(高橋貞樹, 1904년생)도 젊은 세대의 마르크스주의자였다. 다카하시는 1931년 논문집 『일본 프롤레타리아 문제(日本プロレタリアートの問題)』를 발간하여 일본의 침략과 함께 중국의 '국민 부르주아지(bourgeoisie)'를 비판하는 등 계급적인 입장에서 논의를 전개했다.

2. 기성정당과 무산정당

중국국민혁명의 고양

1920년대 후반 중국의 상황은 유동적이었다. 북방을 장악한 군벌과 남방에 위치한 국민당에 더하여 1921년에 결성된 중국공산당이 세력을 넓혀 나갔다. 더욱이 이러한 세력 지도에 일본 군부도 파고들었다. 펑톈군벌로 일본군이 지지하는 장쭤린(張作霖)과 베이징을 장악한 직예군벌 우페이푸(吳佩孚) 사이에 제2차 펑즈전쟁(奉直戰爭, 1924년 9월)이라는 내전이 일어났다. 열강과 협력하는 협조외교를 펼치던 당시 외무대신 시데하라 키주로는 이 사태에 불간섭정책을 표명했다. 그러나 일본 군부는 음으로 획책하여 직예군벌인 펑위샹(馮玉祥)에게 쿠데타를 사주하여 장쭤린의 승리를 이끌었다.

군벌이 서로 대항하는 가운데 쑨원은 1924년 1월 국민당과 공산당의 협력체제(제1차 국공합작)를 실현했다. 더욱이 쑨원은 '국민회의'의 소집을 호소하여 군벌 타도와 국내 통일을 도모했다. 쑨원은 다음

해 3월 사거했지만, 1926년 7월 국민당의 장제스(蔣介石)가 군벌 타도를 위한 '북벌'을 선언하고 광둥(廣東)으로부터 국민혁명군을 진격시켰다. 1927년 2월에는 우한(武漢) 국민정부를 수립하고, 나아가 난징으로 진군했다. 그러나 장제스가 상하이의 공산당원을 체포 학살한 사건(4·12쿠데타)을 계기로 국민당과 공산당의 대립이 생겨났다. 이에 더하여 국민당 내부의 좌파(우한)와 우파(난징)의 대립도 발생했다.

이러한 중국 정세의 격동 속에서 정우회는 1925년 4월 13일 육군대장 다나카 기이치를 총재로 맞이했다. 이는 내정 면에서는 호헌 3파의 협조를 지탱하던 요코타 센노스케(橫田千之助, 정우회)의 방침이 변경된 것을 의미했다. 정우회는 다나카 신총재 아래 다시 적극정책과 지방 이익의 중시를 도모했고, 이에 반해 헌정회는 도시부를 중시하여 사회정책을 추진했다. 또 혁신구락부와 중정구락부는 정우회에 합류했고(5월 14일), 이에 반대한 오자키 유키오와 유아사 본베이 등은 중정구락부 잔류자와 함께 신정구락부(新正俱樂部)를 결성했다.

와카쓰키 레이지로 내각과 금융공황

이처럼 내정과 외교도 변동 요인이 많았지만 여기에 금융공황이 직격탄을 날렸다.

가토 타카아키가 질병으로 죽은 다음, 헌정회의 와카쓰키 레이지로 내각(1926년 1월 30일 성립)은 제52의회(1927년 1월) 진재어음처리와 관련된 법안을 제출했다. 진재어음이란 관동대지진의 혼란으로 결재가 원활하지 않은 어음에 대해 이를 담보로 일본은행이 시중은행에 대출한 것이다. 그러나 진재 이후 3년이 지나도 어음 결재가 이루어지지 않은 불량 어음이 많았기 때문에 정부가 불량 채권 어음을 떠안은 은행을 정리하려 했다. 이러한 과정에서 1927년 3월 금융공황이 발생했다.

공황이 발생하게 된 계기는 가타오카 나오하루(片岡直温) 대장상의 '실언'이었다. 가타오카는 불량 은행으로서 도쿄와타나베은행(東京渡邊銀行)의 이름을 거론함으로써, 도쿄와 요코하마의 중소 은행에 예금자가 몰려들어 예금 인출 사태가 일어났다. 사태는 각지로 파급되어 휴업하는 은행이 속출했다. 화족(華族)은행으로 불리는 주고은행(十五銀行)도 휴업에 들어갔고, 어떤 예금자는 '내 머리가 갑자기 아파왔고, 목이 막힐 것 같은 느낌이었다'며 당시의 충격을 토해냈다(大阪朝日新聞社経済部編, 『金融恐慌秘話』, 1928년). 가타오카의 실언의 배후에는 정우회와 헌정회의 정쟁도 작용했다. 마쓰시마(松島)유곽이 이전하는 데에 헌정회 장로가 뇌물을 받은 마쓰시마사건과, 사회운동가 박열과 그의 처 가네코 후미코가 천황 암살을 계획한 혐의로 체포된 다음 두 사람의 '괴사진'이 나돌았던 박열사건 등, 쌍방은 이를 둘러싸고 격심하게 대립했다.

더욱이 타이완은행이 막대한 진재어음을 보유했는데, 그 대부분이 파산 직전인 스즈키상점(鈴木商店)과 관련된 사실이 판명되었다. 시중은행이 대출금을 회수했기 때문에 타이완은행은 궁지에 빠졌다. 이 사태에 대해 와카쓰키 내각은 비상대출을 실시하고 타이완은행을 구제하기 위해 긴급칙령안을 상정했다. 그러나 추밀원이 부결하여 타이완은행은 휴업에 들어갔고, 연쇄적으로 관서 지방을 중심으로 37개 은행이 휴업을 단행했다. 기업의 도산도 이어졌고 실업자가 넘쳐나는 사태가 되었다(금융공황).

다나카 기이치 내각의 탄생

와카쓰키 내각은 총사직하고 후게 내각으로 정우회의 다나카 기이치 내각이 등장했다(1927년 4월 20일). 정계의 뒤편에서 행동하면서 원로와의 파이프 역할을 담당했던 마쓰모토 고키치(松本剛吉)의 1927년 4월 17일 일지에는, 마키노 노부아키 내무대신이 '헌정의 상도(常道)에 따라 다나카 기이치에게 대명이 내려지는 것이 지당하다'고 말했다고 한다(『大正デモクラシー期の政治』). 다나카가 외상을 겸임했고, 육군상과 사법상 이외에는 정무차관과 참여관까지 모두 정우회원이 임용되었다.

다나카 내각은 3주간의 모라토리엄(moratorium, 지불유예령)을 선언하고 일본은행에 대한 9억 엔의 비상대출을 통해 금융공황을 벗어났다. 또 타이완은행의 구제안(부결된 긴급칙령안과 동일한 내용)도 제출했다. 이후 은행의 정리 합병이 진행되어 미쓰이(三井), 미쓰비시(三菱), 스미토모(住友), 야스다(安田), 다이이치(第一) 등 5대 은행으로 예금이 집중되었다. 중소 지방은행과 거래할 수밖에 없던 중소상공업자는 자금난에 허덕였고, '단나슈'도 어려운 상황에 빠졌다. 더욱이 지방은행의 파산은 민본주의의 지역적인 기반의 붕괴를 의미했고, 지방신문이 쇠퇴하는 사태를 초래했다.

제1차 산둥출병

다나카 내각의 초점은 무엇보다 외교 문제였다. 1927년 5월 국민혁명군이 화북의 쉬저우(徐州)를 점령했을 때, 다나카 내각은 산둥 성 특히 지난(濟南)의 '재류방인(在留邦人)'을 보호한다며 제1차 산둥출병(5월 28일~9월 8일)을 실행했다. 국민혁명군 세력이 '만주'와 산둥 성에까지 파급되는 것을 경계한 행동이었다. 이러한 강경 자세를 지지한 것은 정우회와 더불어 실업가들이었다. 방적연합회와 일화실업협회가 결성한 대지상권옹호연맹(対支商權擁護連盟)은 중국에서의 대일 상품 보이콧과 일화(日貨) 배척에 대항하여 출병을 지지하는 태도를 취했다.

또 다나카 수상은 1927년 6월 27일부터 7월 7일까지 외무성, 대장성, 육해군성의 수뇌부, 주화공사(요시자와 켄키치〔芳沢謙吉〕)와 평톈총영사(요시다 시게루〔吉田茂〕) 등 각지의 총영사, 관동청장관, 조선총독부 대표자 등을 호출하여 '동방회의'를 개최했다. 강경론자인 모리 카쿠(森恪) 외무정무차관의 주도 아래 회의 결과는 '대지정책강령(対支政策綱領)'으로 발표되었다. '만몽'에 '아방(我邦)으로서 특수한 고량(考量)'을 추구하여 '제국의 권리 이익과 재류방인의 생명 재산'이 '침해'될 염려가 있을 때에는 '단호한 자위 조치'에 나선다는 내용이었다. 또 중국으로부터 만주 지역을 분리하는 '만몽분리론'도 제시되었다(『日本外交年表並主要文書』下). 여기에 헌정회의 외교정책이었던 협조외교(시데하라 외교)는 무단적인 외교(다나카 외교)로 전환되었다.

한편 출병에 대해 무산계급을 중심으로 반대의 목소리가 일어났다. 5월 31일 대지비간섭동맹(対支非干渉同盟)이 결성되어 '대지출병에 절대 반대하라! 제국주의전쟁의 유발에 대해 싸워라!'(《無産者新聞》, 1927년 5월 28일)고 호소했다. 비간섭동맹은 1927년 7월부터 8월에 걸쳐 출병반대주간의 제창과 중국시찰단파견운동을 실시했다. 그러나 시찰단은 전원 검거되어 이루어지지 못했다.

제2차 출병과 장쭤린 폭살

1928년 일단 정지된 북벌이 재개되었다. 장제스의 국민혁명군이 산둥에 진출했기 때문에 다나카 내각은 4월 19일 제2차 산둥출병을 강행했다. 더욱이 지난에서 중일 사이에 군사 충돌이 일어나 시가전이 발생했기 때문에(지난사건), 5월 8일 지난에 출병하기에 이르렀다(제3차 산둥출병). 출병과 함께 현지 일본인이 '학살'되었다는 보도는 센세이션을 불러일으켰다. 예를 들면 '부인의 사체'는 '전신'이 토막나서 '참혹한 모습을 바라볼 수 없다'(《読売新聞》, 1928년 5월 6일)고 보도했다. 〈오사카마이니치신문〉(5월 9일)의 '지난사건 사진 화보' 호외는 도움을 청하는 일본인, 무장 해제된 중국 군인, 일본군의 전투 모습 등의 사진을 게재했다. 또 상하이 등지에서의 불매운동과 일화 배척 등 일본 비판의 운동에 대해서도 '배일 풍조 날로 높아지다'(《東京朝日新聞》, 5월 8일)와 같이 일본 스스로의 행동은 점검하지 않고 일방적으로 중국을 비난했다.

▶사진 6-2. 일본의 산둥출병에 대해 중국 각지에서는 반대운동이 일어났다. 사진은 1927년 상하이에서의 항일운동(《東方雜誌》).

이러한 와중에 장쭤린이 펑톈 교외 징펑(京奉)의 만철철도 교차점에서 열차 폭발로 사망하는 사건이 발생했다(1928년 6월 4일). 일본은 철교 밑에 폭탄이 장착되었다고 변명했지만, 사실은 관동군 고급참모 고모토 다이사쿠(河本大作)가 장쭤린을 제거하기 위한 음모였다. 고모토는 혼란을 틈타 일본군의 출병과 남만주 점령을 획책했다.

사건의 진상은 육군과 정계 상층부에 전해졌지만, 다나카는 현지군을 처벌할 수 없었다. 민정당(民政党)은 '만주 모 중대사건'으로서 다나카를 추궁했다. 결국 다나카 내각은 군을 철수시키고, 장제스의 국민정부를 정식으로 승인했다(1929년 6월 30일).

무산정당의 결성

당시 정당정치의 시대로서 무시할 수 없는 것은 무산정당의 존재이다. 정치계는 보통 선거의 실시가 현실로 다가옴에 따라 무산정당의 의회 진출과 더불어 재편되었다. 정계에 비판적 세력으로서 무산정당이 등장한 것의 의미는 컸다(그림 6-3).

무산정당의 결성은 관계자에게 감격으로 다가왔다. 1925년 12월 농민노동당의 결성 시에는 모두 얼굴이 붉어졌고, 그중에는 단상에서 큰소리로 울면서 눈물을 흘린 자도 있었다(領木茂三郎, 『ある社会主義者の半生』). 그러나 농민노동당은 불과 30분 만에 해산명령이 내려졌다.

1926년 3월에는 노동농민당(勞動農民党, 노동당)이 결성되었다. 강령은 '우리나라의 국정(國情)에 맞추어 무산계급의 정치적, 경제적, 사회적 해방의 실현을 기한다' '합법적 수단을 통해 불공정한 토지, 생산,

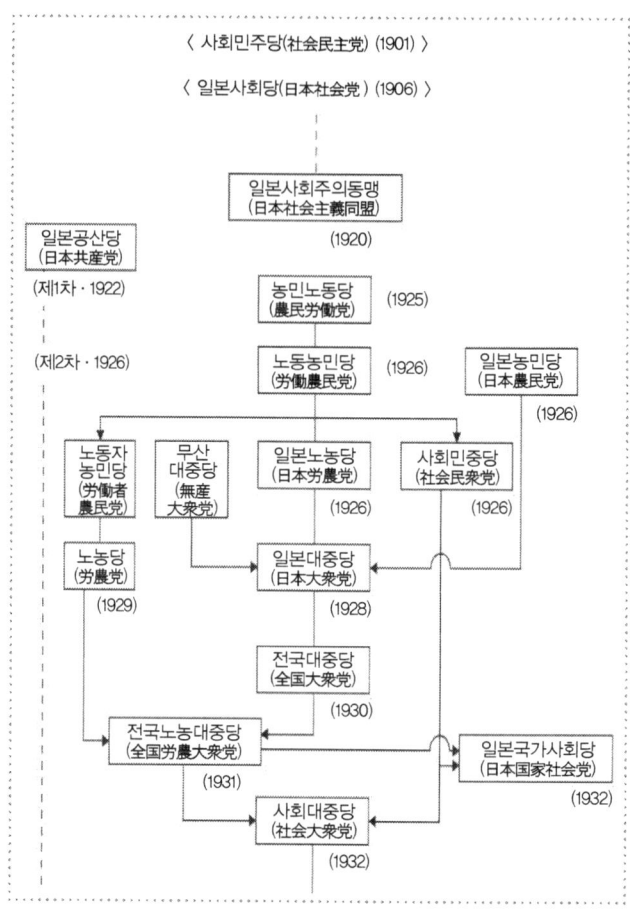

▶그림 6-3. 무산정당의 변천.

분배에 관한 제도 개혁을 기한다' '특권계급만의 이해(利害)를 대표하는 기성정당을 타파하고 의회의 철저한 개조를 기한다' 등이었다. 노농당은 처음에는 혼란스러웠지만, 좌파가 당 내부를 장악하고 오야마 이쿠오가 위원장이 되었다.

당시 노농당을 탈회한 우파는 총동맹과 요시노 사쿠조, 아베 이소오, 호리에 키이치(堀江帰一) 등을 중심으로 12월 사회민중당(社会

民衆党, 사민당)을 결성했다. 사민당의 강령은 '특권계급을 대표하는 기성정당'과 함께 '급진주의 정당을 배격한다'라는 항목을 두었다. 그러나 그동안 총동맹이 분열하여 12월에 일본노농당(日本勞農党, 일노당)이 결성되었다. 일노당의 강령은 노농당과 거의 비슷했다. 더욱이 12월에는 야마가타 현 고시키(五色)온천에서 비밀리에 일본공산당(日本共産党, 공산당)도 재건되었다. 1926년에는 좌파부터 중간파, 우파가 정당을 결성했고, 나아가 지하의 공산당까지 무산정당으로 출현했다. 1927년 9월부터 10월에 걸쳐 최초의 보통선거로 부현 의회와 시의회 의원선거가 실시되었다. 무산정당의 입후보자는 204명, 그 가운데 당선자는 28명이었다.

최초의 보통총선거

한편 기성정당 측도 부주한 움직임을 보였다. 1927년 6월에는 야당인 헌정회와 정우본당이 접근하여 민정당이 결성되었다. 총재는 하마구치 오사치, 고문에는 와카쓰키 레이지로와 도코나미 타케지로가 이름을 올렸고, 여당인 정우회의 의석을 크게 상회했다. 당시 다나카 내각의 내상 스즈키 키사부로(鈴木喜三郎)는 민정당 계열의 지사 37명을 경질하고, 경찰부장 44명을 이동시켜 총선거에 대비했다. 그리고 1928년 1월 21일 재개된 제54의회의 벽두에 의회는 해산되었다.

기성정당과 무산정당의 대항 그리고 기성정당 사이의 경쟁, 무산정당의 상호대립 속에서 1928년 2월 20일 보통선거법에 의한 최초의 총선거가 실시되었다. 각 정당은 슬로건을 내걸고 포스터, 선전 전단을 대량으로 배포했다. 대중사회에 걸맞는 선거전이 전개되었다.

정수 466명에 957명이 입후보했다. 그 가운데 과반수인 534명이 '새로운 얼굴의 입후보'였다(《東京朝日新聞》, 2월 10일). 정우회는 산업입국(産業立国)의 적극정책을 호소했고, 지방분권과 지조위양(地租委讓)을 내걸었다. 이에 반해 민정당은 사회정책의 실시, 미가조절과 재정정리, 자작농유지 등을 주장했다. 또 무산정당은 노동자에게 직업을, 농민에게 토지를 보장할 것을 요구했고(노농당), 생활권의 옹호(일노당)와 부호에게 중과세를 부과하고 빈곤자에게는 감세할 것을 호소했다(사민당). 다나카 내각의 타도와 기성정당의 타파, 철저한 보통선거의 획득도 강조되었다.

1928년 2월 3일에는 아사히신문사 주최로 각 정당 대표자 강연회가 열렸다. 여기에는 아베 이소오(사민당), 도코나미 타케지로(민정당), 아소 히사시(일노당), 미쓰치 추조(三土忠造, 정우회), 오야마 이쿠오(노농당) 등이 강연에 참가했다. '기성정당의 실력자'와 '무산정당의 수령'이 같은 연단에서 같은 청중을 대상으로 각자의 주장과 정강, 정책을 알림과 동시에 유권자에게 선거의 중요함을 자각시켰다.

그러나 무산정당 대표인 아소는 7분, 오야마는 5분 만에 연설이 중지당했다. 강연회에서는 '언론 압박'에 대한 항의가 이루어졌다(《東京朝日新聞》, 1928년 2월 4일).

선거간섭은 극심했다. 특히 무산정당에 대한 간섭이 심해 무산정당은 합동으로 항의서를 제출했다. 또 민정당까지도 정부의 폭압에 항의하여 선거 이후 제55의회에서 선거간섭의 책임자로 스즈키 내상을 탄핵했다.

투표일

투표일은 월요일이었다. 공장간담회(工場懇談会) 등의 단체는 휴일을 선거 당일로 변경하든가, '투표 시간'을 별도로 부여할 것을 요구했다(《東京朝日新聞》, 1928년 2월 3일 석간). 투표일 당일 《도쿄아사히신문》은 '한 표를 행사하기 위해 정치전선(政治戦線)은 힘찬 움직임을 보여야 한다. 그 귀착하는 바는 바로 보통선거에 참여하는 대중이 〈단(斷, 결단—옮긴이)〉이라는 글자 하나로 우리 국민정치가 나아갈 큰 길을 여는 것이다'라며 '국민' 스스로의 손을 통해 '국민정치'의 방향이 결정된다며 신유권자의 자각을 촉구했다. 당시 조선인 유권자는 8개 부현에 9,983명, 도쿄에서는 1,085명이었고, 타이완인은 약 150명(도쿄)이었다.

선거 결과는 정우회 217명, 민정당 216명 그리고 8명의 무산정당 의원(사민당 4명, 노농당 2명, 일노당 1명, 지방무산당 1명)이 당선되었다. '2대 정당 대항'과 '무산당'이라는 구도가 형성되었다. 무산정당(일노당과 사민당)은 제휴하여 의회에 치안유지법 철폐와 철저한 보통선거법안을 제출했다(《東京朝日新聞》, 1928년 2월 24일 석간). 이러한 보통선거 결과에 대해 한 기자는 기성정당은 '과연 선거인을 움직이기에 충분한 정책이 있는가'라는 의문을 제기했고, '대중은 희미하게나마 자신을 설득할 수 있는 정당이 오기를 기다리고 있다'고 말했다(「補選を見る」, 《東京朝日新聞》, 1928년 2월 19일).

공산주의운동의 탄압

그러나 보통선거의 실시에 맞추어 1928년 3월 15일에 3·15사건, 다음 해에는 4·16사건이 일어났다. 3·15사건에서는 치안유지법위반 용의로 공산당원 등 활동가를 검거함과 동시에 노농당, 일본노동조합평의회(평의회), 무산청년동맹 등 세 단체에게 결사금지처분을 내렸다. 보통선거라는 큰 틀을 만들어 의회제 안으로 사회운동을 흡수시키고 이에 포섭되지 않는 좌파의 운동을 곧바로 배제 탄압한 것이다.

3·15사건에 대해서는 한 달이 지난 4월 11일 '기사일부해금' 조치가 내려졌다. 〈오사카아사히신문〉(4월 11일)은 '일본공산당의 대검거' '전국에 걸쳐 1천여 명, 비밀결사의 일대 음모 폭로되다'와 같은 표제로 사건을 보도했다. 연좌된 학생과 가와카미 하지메(교토제국대학), 오모리 요시타로(大森義太郎, 도쿄제국대학) 등 '좌경교수'의 처분을 둘러싸고 문부성과 대학 당국 사이에 물의가 빚어졌다. 많은 회원이 검거된 신인회는 대학 당국의 권고를 받아들여 1929년 11월 해산했다.

미즈노 렌타로(水野錬太郎) 문부대신은 '국체관념함양에 관한 훈령(国体観念涵養に関する訓令)'을 발포하여 '빛나는 우리 국체에서 유래한 국민도덕'을 '함양'하고 '국민정신'을 '작흥'하는 것이 '문교의 근간'이라고 강조했다(〈大阪毎日新聞〉, 1928년 4월 17일).

더욱이 제55의회(1928년 4월)에 다나카 내각은 치안유지법 개정안을 제출했다. 심의만료가 되었기 때문에 개정은 긴급칙령으로 제출되었다(6월). 개정안의 내용은 '국체변혁'의 죄에 최고형을 사형으로 상향 조정하고, 대상 범위를 '결사의 목적 수행을 위해서 행동하는 자'로 변경했다. 벌칙을 엄격하게 조정하고 목적수행죄를 신설하여 자의적으로 이용할 수 있는 규정을 부가했다. 구(舊) 노동당의 야마모토 센지는 정면에서 의안에 반대했고, 예산위원회에서도 고문에 대한 질문을 통해 정부와 경찰을 추궁했다. 또 미즈타니 나가사부로(水谷長三郎, 구 노동당), 사이토 타카오(斉藤隆夫, 민정당), 아사하라 켄조(浅原健三, 규슈민권당) 등도 사후승락안에 반대했다. 그러나 개정안은 3월 5일 찬성 249, 반대 170으로 가결되었다. 반대 연설에 나서기로 예정되었던 야마모토 센지(정권획득동맹)에게는 기회가 주어지지 않았다. 당일 밤, 야마모토는 우익에 의해 암살당하고 말았다.

3. 긴축·통수권간섭·공황

하마구치 오사치 내각과 금해금(金解禁)

다나카 내각은 장쭤린 폭살사건 관여자 처분을 둘러싸고 쇼와 천황의 질책을 받아 신임을 잃었다며 1929년 7월 2일 총사직했다. 즉일 발족한 민정당의 하마구치 오사치 내각은 외상에 시데하라 키주로, 대장상에 이노우에 준노스케(井上準之助), 육군상에 우가키 카즈시게를 임명했다. 그리고 10대 정강으로 정치의 공명(公明), 강기숙정(綱紀肅正), 군축촉진 등을 결정하고, 특별히 금해금(金解禁), 긴축재정, 외교의 쇄신에 중점을 두었다.

금해금은 1917년에 정지된 금수출을 1930년 1월부터 실시한다고 예고했다. 금수출을 금지하여 금본위제를 정지한 상태로는 통화와 물가의 '자연조절'이 이루어지지 않아 외환시세가 '항상 변동할 수밖에 없다'는 것이 이노우에 대장상의 설명이었다. 이노우에는 금해금을 통해 수출을 신장시키고, 해외투자를 장려하여 일본 경제의 안정적인 발

전을 도모하자고 강조했다(「国民経済の立直しと金解禁」, 1925년). 하마구치 내각은 금해금의 준비를 위해 긴축재정을 펼치고, 물가인하와 정화(正貨)를 준비했다. 국제적인 경쟁력을 확보하기 위해 기업 정리와 합리화를 추진하고 수입억제와 저임금정책, 소비절약운동도 추진했다.

또 하마구치 내각은 고등관과 판임관의 봉급을 1할 전후로 감봉하고, 은급법(恩給法, 연금법―옮긴이) 개정에 의한 관리감봉안을 제출했다. 행정 개혁에도 착수하여 성청(省廳)의 통폐합을 계획했다. 그러나 관리감봉안과 성청통폐합 모두 강한 반대로 인해 철회할 수밖에 없었다(관리봉급은 1931년 6월부터 실시). 더욱이 1929년에 구호법을 제출하여 (1932년 시행) 빈곤자의 구호를 국가의 의무라고 규정했다. 민정당은 전반적으로 사회정책을 중시했고, 1928년 1월 당 대회에서는 사회정책을 첫째로 내세워 '노동자 생활의 향상'을 도모하겠다고 선언했다.

그러나 이러한 하마구치 내각의 정책에 대해 『개조』(1929년 8월)는 '소특집'을 통해 관련 정책을 비판하고, 긴축재정에 따른 실업의 증가를 우려했다. 총동맹의 기관지 『노동』(1929년 8월)은 하마구치 내각이 '자본가의 이익'을 '옹호'하고 있다고 추궁했다.

관료의 새로운 사고와 사회정책

하마구치 내각에서 산업합리화정책을 추진한 것은 상공성이었다. 1925년 3월 농상무성이 농림성과 상공성으로 분리 설치되었다. 국장인 요시노 신지(吉野信次)와 그의 심복인 기시 노부스케(岸信介)가 중심적으로 정책을 담당했다. 요시노 신지는 요시노 사쿠조의 동생으로 상공관료의 길을 걸었다. 또 기시는 도쿄제국대학에서 우에스기 신키치의 강좌를 수강하고 기타 잇키에 심취했지만, 상공성에 들어온 다음부터는 바이마르공화국의 산업합리화정책을 실지에서 관찰했다. 이들은 사회에 계획성을 도입하여 국가 주도의 통제를 통한 개조를 의도했다.

내무성에도 새로운 동향이 보였다. 내무성 사회국의 야스이 에이지(安井英二)는 노동조합을 공인하고, 노동자의 단결권과 쟁의권의 승인에 입각한 노동정책을 시도했다. 내무성 사회국에서 입안한 노동조합 법안은 일본공업구락부 등 자본가단체와 다른 관료들의 비판을 받아 변질되었다. 노동조합 법안은 그 핵심적인 사안이 삭제된 상태에서 제59의회(1930~1931년)에 제출되었지만, 이 법안조차도 귀족원을 통과하지 못했다. 그러나 야스이의 시도는 노동자의 인격권 요구에 대응하는 것으로, 노동운동의 고양이라는 사태에 대한 관료로부터의 대처였다.

더욱이 문부성도 '사상국난과 경제국난'에 대한 대응책으로서 교화총동원운동을 개시했다. 또 1931년에는 문부성이 지역부인회와 어머니회 등을 통합하여 본격적으로 여성을 동원할 단체로 일본연합부인회(日本聯合婦人会)를 결성시켰다. '대일본연합부인회선언'은 가정을 '심신육성'과 '인격함양'의 '단장(壇場)'으로 삼기 위해 '가정교육의 진흥'을 도모하고, 대대적인 '국민교육'을 통해 '국운의 진전'에 이바지하겠다고 선언했다(相京伴信,『沿革史』, 1942년).

이처럼 하마구치 내각 시기에는 다이쇼 데모크라시의 사상과 운동을 접하면서 기존 사회관계의 개량을 시도한 관료들이 출현했다. 이들 관료는 다이쇼 데모크라시의 운동 주체인 '민중'(노동자와 농민, 여성들)의 요구를 포섭하고 국가 주도로 사회개조를 실천할 수 있는 정책을 입안하여 실현하려고 노력했다.

다나카 내각이 강경외교와 탄압적인 내정을 실시하여 다이쇼 데모크라시에 대한 반동을 체현했지만, 이에 반해 하마구치 내각은 다이쇼 데모크라시에 따라 사회정책을 기획하고 협조외교를 전개했다. '민족'의 입장은 무시되었다. 다이쇼 데모크라시의 선풍을 일으킨 내각이었다.

그러나 하마구치 내각에는 사회통제로 나아가는 관료군이 배태되고 있었다. 다이쇼 데모크라시 그 자체가 사회적인 통합의 논리를 품고 사회를 통제하려는 움직임을 만들어 낸 것이다.

쇼와공황과 생활난

1930년대 전후는 세계적인 전환기였다. 그 계기는 세계공황이었다. '암흑의 목요일'이라 불리는 1929년 10월 24일 미국에서의 주가 폭락은 전토에 실업과 빈곤을 가져왔고 세계 각지로 확대되었다. 다음해에는 금융공황에 따른 경제 침체를 불식하지 못한 일본에도 파급되어 공황의 여파에 직면했다.

쇼와공황은 긴축정책에 의해 실업자가 증대하고 국민총생산이 크게 저하된 상태에서 일어났다. 금해금과도 겹쳐 정화가 대량으로 유실되어 국제수지가 악화되고 주가와 물가도 폭락했다. 1930년 4월 11일에는 도쿄주식거래소의 영업이 정지되어 공장 폐쇄와 도산이 속출했고, 실업은 더욱 심각해졌다.

▶사진 6-4. 1929년 도쿄 시 사회국은 실업 대책으로 일용노동자의 등록을 개시했다(『図説 昭和の歴史』3).

쇼와공황에서는 특히 생사의 가격 하락이 극심하여 양잠을 부업으로 삼던 농가는 심각한 영향을 받았다. 수출의 대부분을 차지하던 미국으로의 생사 수출도 수요 감소로 인해 현저히 줄었다. 또 중국과 인도로의 면사 수출도 격감했다. 현금 수입의 길이 차단된 농가에 더욱이 미가의 폭락은 직격탄을 날렸다. 1930년은 풍작으로 미가는 하락했고, 다음 해에는 흉작 기근이 되었다. 동북 지방의 농촌을 중심으로 공황은 본격화되었다. '딸을 팔았다는 이야기'와 '결식아동'의 이야기가 널리 퍼졌다. 농학자 나스 시로시(那須皓)는 이러한 곤궁을 「괴로운 풍작(悩みの豊作)」(〈東京朝日新聞〉)에 연재했다.

『작문교실(綴方教室)』로 저명한 도요타 마사코(豊田正子)의 부친은 양철도금 직인이었지만, 일이 없는 날이 이어져 야반도주하려고 도쿄 시내에서 교외로 이사했다. 도요타의 소학교 담임인 오오키 켄이치로(大木顕一郎)는 도요타 일가가 '제방보다 낮은 지붕'의 주택에 거주하고 있다고 말했다(大木·清水幸治, 『綴方教室』). 또 하이쿠 시인(俳人) 다네다 산토카(種田山頭火)는 일기에 미야자키 현 노베오카(延岡)

를 방문했을 때, '맨발의 아이들이 정중하게 인사했다'며 학생들 모두 맨발로 학교에 다녔다고 기록했다(1930년 10월 31일).

또 오키나와에서는 제1차 세계대전 이후의 전후 공황 이래 '소철지옥(ソテツ地獄)'이라 불리는 참상이 전개되었다. 소철(蘇鐵)은 기근시의 비상 음식인데, 유독 성분이 포함되어 있어서 요리로 충분히 만들어지지 않았을 때에는 복통과 구토를 일으키는 경우도 많았다.

'소철지옥' 속에서 오키나와에서는 돈을 벌기 위해 '내지'로 나가거나 해외로 이민가는 사람이 증가했다. 여성들은 한신(阪神)공업지대의 제사업과 방적업 공장에 많이 취직했다. 또 필리핀을 비롯해 브라질과 페루로 건너가 사탕과 커피농장의 노동자가 되거나 사이판과 남양제도로 이민하는 경우도 많았다. 이를 반영하여 오야도마리 코에이(親泊康永)의 『궁핍 일본의 신흥정책(窮乏日本の新興政策)』, 아라구스쿠 초고우(新城朝功)의 『빈사의 류큐(瀕死の琉球)』 등을 비롯한 '오키나와 구제론'이 논의되었다.

정우회와 무산정당

1920년대 후반 이후 공황과 명망가층('단나슈')의 자신감 상실과 함께 '개조' 운동은 후술하는 바와 같이 급진적인 성격으로 변했다. 노동자와 농민이 전면에 나서는 경우가 많아졌고, 사회운동 담당자와의 교대(交代)가 진행되었다. 이와 병행하여 군부의 헤게모니가 대두할 징후도 보였다. 하마구치 내각에 대한 기대감이 줄어들었고, 정우회는 물론 무산정당도 사태에 적절히 대응할 수 없었다. 정우회에서는 실각한 다나카 기이치가 서거하고, 새로운 총재로 이누카이 쓰요시의 이름이 거론되었다. 또 민정당에서 이탈한 도코나미의 신당구락부(新黨俱樂部)와 통합했다.

한편 무산정당 속에서 노농당은 재건을 도모했으나 내부의 타협이 이루어지지 않았다. 정치적자유획득노농동맹(政治的自由獲得勞農同盟, 1928년 12월. 정권획득동맹)은 합법적인 무산정당을 단념하고 비합법운동으로 돌아섰다. 그러나 1929년 가와카미 하지메는 비합법활동을 포기하고 신노농당(新勞農黨)의 결성을 제창했다. 같은 해 11월 신노농당은 중앙집행위원장 오야마 이쿠오, 서기장 호소사고 카네미쓰(細迫兼光)를 각각 선출했다. 그리고 투쟁의 방침으로서 '대중적 일상투쟁을 모든 활동의 기초'로 삼고, '모든 투쟁을 정치적 자유획득투쟁에 집중 통일'할 것을 제기했다. 그러나 급진적인 전협(일본노동조합전국협의회)과 나프(전일본무산자예술단체협의회), 무산신문사 등 공산당 지도하의 단체는 합법단체인 신노농당의 결성에 반대했다. 무산세력은 내부 분열에 빠지고 말았다.

1930년 2월 20일의 총선거에서는 민정당이 273명을 당선시켜 압승했다. 정우회는 174명이었고, 무산정당은 8명에서 5명으로 감소했다. 무산정당 출신으로 연속 당선된 자는 니시오 스에히로(西尾末弘)와 아사하라 겐조뿐이었고, 새로 가타야마 데쓰(片山哲, 사민당), 마쓰타니 요지로(松谷与二郎, 일본대중당), 오야마 이쿠오(노농당)가 당선했다.

런던군축회의

하마구치 내각의 시대하라 키주로 외상은 미국, 영국과의 협조외교를 다시 시행했다. 중국의 관세자주권도 충분하지 않지만 승인했다(1930년 5월). 그리고 1930년 1월 런던에서 해군군축회의가 열렸다. 일본수석전권은 와카쓰키 레이지였고, 이밖에도 다카라베 타케시(財部彪) 해군상, 마쓰다히라 쓰네오(松平恒雄) 주영 대사, 나가이 마쓰조(永井松三) 주벨기에 대사가 참석했다.

하마구치 내각과 해군과의 사이에서는 런던군축회의에 임하는 3대원칙을 결정했다. 보조함은 미국에 비해 7할로 하고 대형순양함도 7할 그리고 잠수함은 현재 보유량 유지를 합의 확인했다. 군축은 하마구치 내각의 금해금 정책과도 연동하여 건함제한은 재정긴축의 일환이 되었다.

그러나 군축회의에서 각국과의 교섭은 난항을 거듭했다. 미국과의 타협안으로서 보조함은 미국에 비해 6할 9분 7리 5모로 결정되었고, 대형순양함은 6할로 낮아졌다. 이 숫자에 해군군령부는 불만을 표시했지만, 해군 내부에서도 결렬을 피하기 위해 오카다 케이스케(岡田啓介) 군사참의관 등이 움직였다. 당시 해군의 군령부장은 가토 칸지(加藤寬治)였다. 하마구치도 이 타협안을 수락하고 전권에게 그 뜻을 회훈(回訓)하여 4월 22일 런던조약이 조인되었다. 그러나 이후 해군성과 해군군령부의 대립, 정부와 추밀원의 대립이 표출되었다.

통수권간범 문제

제58특별의회(1930년 4~5월)에서는 정권 타도를 노린 정우회가 군부와 결탁하여, 병력량의 결정은 통수권 범위 내에 있고, 해군군령부를 무시한 정부의 조약에 대한 회훈은 통수권 간범(干犯)의 염려가 있다며 하마구치 내각을 공격했다.

하마구치는 '군령부의 의견은 최대한 존중하여 참작했다' '의회에 대한 국방상의 책임은 정부가 이를 떠안는다' '회훈 당시 내부 수속상의 질문과 헌법상의 논의에 대해서는 대답할 필요가 없다'(『西園寺公と政局』제1권)는 견해를 표명했다. 또 헌법학자 미노베 타쓰키치(美濃部達吉)는 병력량의 결정은 국가의 정무에 속하는 것으로 군령부에는 속하지 않는다고 말했다. 〈도쿄아사히신문〉(1930년 5월 25일)도 내각이 통수권을 간범한 것이 아니라 '군령부가 오히려 조약대권을 간범'하는 것으로 바라보았다. 더욱이 신문에서는 해군이 예산을 편성하는 정부의 권능과, 예산을 협의하는 의회의 기능을 '간범'하는 것이라고 비판했다.

와카쓰키가 귀국했을 때 많은 사람들이 환영했다. 군축은 사람들에게 지지를 받았다. 그러나 군인과 우익단체에 의한 정부 비판의 목소리는 강했다. 해군군령부 참모 구사카리 에이지(草刈英治)가 할복 자살한 사건도 일어났다. 또 해군군축국민동지회(海軍軍縮国民同志会, 도야마 미쓰루, 우치다 료헤이, 오카와 슈메이, 니시다 미쓰기 등)는 우익의 대동단결적인 운동과 연동시키면서 다카라베 해군상을 규탄했다. 군사참모관회의, 추밀원에서도 논의가 비등했지만, 결국 런던조약은 비준되었다(10월 2일).

통수권간범 문제는 정당내각이 군부와 추밀원의 압력을 거부한 사건임과 더불어 정당이 다른 정당을 공격할 때 이들 세력과 결탁한 것이기도 하다.

1930년 11월 14일 통수권간범 문제와 불경기에 불만을 품은 한 청년에 의해 하마구치 오사치는 도쿄 역에서 저격당하고 다음 해 8월 사망했다. 조선총독 야마나시 한조의 미곡거래소 이권을 둘러싼 의혹, 사철 의혹 등 연이은 오직사건이 적발되어 정당정치에 대한 불만도 증폭되었다.

4. 공황 시기의 사회운동

노동쟁의의 고조

1926년 1월 8일 도쿄 고이시카와(小石川)의 구릉과 센가와(千川) 일대에 위치한 공동인쇄(共同印刷)는 일방적으로 조업 단축을 발표했고, 이에 대항하여 좌파인 일본노동조합평의회의 주도로 쟁의가 일어났다. 쟁의는 2월에 노사 간의 잠정적인 타협이 이루어졌지만, 3월까지 58일간이라는 장기간의 쟁의가 발생했다. 조합집행부의 한 사람으로 쟁의에 관여한 도쿠나가 스나오(德永直)는 '대동인쇄(大同印刷)'를 무대로 하여, 좁은 지역에 밀집되어 살아가는 노동자의 생활을 소설 「태양이 없는 거리(太陽のない街)」로 묘사해 『전기(戰旗)』에 연재했다. 『전기』는 프롤레타리아예술운동단체인 나프(전일본무산자예술단체협의회)의 기관지이다.

1920년대 후반에는 긴축재정과 절약소비 정책으로 인해 실업자가 증대했다. 대기업에서는 생산 설비의 기계화를 통한 합리화가 추진되었다. 해고와 임금 삭감이 빈번히 이루어졌기 때문에 노동쟁의 건수가 급격히 늘어났고, 내규모 쟁의와 대자본을 대상으로 한 쟁의도 연이어 발생했다. 1926년에는 공동인쇄 이외에도 105일간에 걸친 하마마쓰(浜松)의 일본악기쟁의, 다음 해에는 치바의 노다(野田)간장회사에서 쟁의가 일어나 총동맹이 219일간에 걸쳐 지도했다. 월급 인상과 퇴직수당의 증액을 요구한 노다쟁의는 파업을 결행하고 지역과의 연계를 통해 소학생 아동의 동맹휴교가 이루어졌으며, 쇼와 천황에게 '직소(直訴)'를 시도했다.

또 후지(富士)방적회사 가와사키(川崎)공장의 쟁의는 조합원이 공장 안의 연돌에 올라가 130시간 동안 점거한 '연돌남(煙突男)'이라는 새로운 전술을 고안했고, 경관도 이에 적절히 대응하지 못했다(《東京朝日新聞》, 1930년 11월 17일).

폭력단과 국가주의단체가 개입하여 소요를 동반한 쟁의도 적지 않았다. 1930년 10월 도쿄 모슬린 가메이도(龜戶)공장의 쟁의는 쟁의단과 쟁의를 저지하려는 일본정의단(日本正義團)과의 충돌이 발생했고, 더욱이 경관대와 쟁의단과의 '난투'도 펼쳐졌다(《東京日日新聞》, 1930년 10월 25일).

공황하에서는 참가자 50명 이하의 쟁의 건수가 늘어났다. 그 비율은 1931년에는 전체의 3분의 2를 넘었다. 임금 삭감과 해고에 대한 반대이자 불황으로 인한 합리화에 대한 저항이라는 방어적인 쟁의였다. 노동조합 조직률은 '전전(戰前)'의 최고(7.9%)였지만, 노동조합이 적극적으로 관여한 쟁의는 주로 중소 공장이었고, 대공장의 노동조합은 오히려 '협조적'이었다. 이러한 과정에서 1926년에 노동쟁의조정법의 성립과 함께 조합 결성과 쟁의 행위를 사실상 금지한 치안유지법

제17조가 철폐되었다.

소작쟁의

소작쟁의도 비슷한 경향을 보였다. 소작쟁의는 종래 생산력이 높은 관서 지역이 중심이었지만, 공황기에는 중부와 관동 지역 더욱이 동북 지역으로 비중이 옮겨갔다. 동북 지역은 소작쟁의의 최다발 지대가 되었다. 중소지주에 의한 소작료인상반대, 전등요금과 비료대금 인하 등을 요구했고, 쟁의 규모도 축소되었다. 니가타 현 기자키무라(木崎村)는 소작지율이 6할에 달하는 지역인데, 소작인의 요구에 대해 지주 측은 출입금지조치를 내렸다. 이에 1923년부터 1926년까지 쟁의가 발생했다. 농민조합의 자제들은 동맹휴교에 들어가 기자키농민학교를 설립하는 등 장기간에 걸쳐 다양한 운동을 전개했지만, 결국 지주 측의 승리로 끝나고 말았다.

프롤레타리아문화운동

이러한 노동자와 농민의 움직임과 연동하여 문학을 비롯해 프롤레타리아문화운동이 활발하게 전개되었다. 『개조』 1930년 1월호는 '1930년'이라는 소특집 중에 '재즈' '여우(女優) 1930년형' '카바레' 등과 함께 '고바야시 타키지' '오야마 이쿠오' '스탈린'이라는 항목을 설정했다. 『전기』는 발매금지가 이어졌음에도 불구하고 1930년에는 발행 부수가 2만 부를 넘어섰다.

고바야시 타키지는 『전기』(1928년 11~12월. 발매금지)에 「1928년 3월 15일」을 기고하여 3·15사건에 대한 경찰의 탄압과 고문의 실상을 폭로했다. 더욱이 같은 잡지(1929년 4~5월)에 연재된 「게잡이 배(蟹工船)」에서는 '어이, 지옥으로 가는 거야!'라고 표현했다. 이는 캄차카 해역에서 조업하는 게잡이 배에 승선한 계절노동자의 가혹한 양상을 묘사한 대목이다. 소설에서는 어부들의 모습, 그들의 회상, 감독과의 갈등 등이 비유를 통한 강한 어투로 묘사되었다.

영화도 좌익이 관여했다는 의미의 '경향영화'가 제작되었다. 미술과 음악에도 프롤레타리아 작품이 나타났다. 또 1924년에 히지카타 요시(土方与志)가 사재를 기부하여 오사나이 카오루(小山内薫)와 함께 시작한 쓰키치소극장(築地小劇場)을 무대로 프롤레타리아 연극도 활황을 맞이했다. 쓰키치소극장은 1929년 분열했지만, 극단은 모두 좌익연극 활동에 매진했다. 중국의 경한철도(京漢鐵道) 쟁의를 소재로 만든 무라야마 토모요시의 「폭력단기」는 검열로 인한 삭제조치를 받으면서도 상연되어 호평을 받았다.

이것들은 새로운 계급의식에 따른 표현이자 프롤레타리아문화의 독자성을 추구한 것이

▶사진 6-5. 도구나가 스나오 원작 「태양이 없는 거리」 초연 포스터(1930년 2월, 쓰키치소극장, 일본근대문학관 소장).

▶사진 6-6. 1928년 결성된 전국농민조합의 포스터(오하라사회문제연구소 소장).

다. 포스터도 신흥계급으로서 자기를 표상하고 자신의 강력함을 강조하면서 노동자를 전향적인 자세를 지닌 존재로서 묘사했다.

그러나 무산세력은 전략과 전술의 차이에 따라 조직을 달리했고 세분화되었다. 또 노동운동도 방침을 둘러싼 분열이 반복되었다. 총동맹은 1925년 5월에 분열했고(제1차 분열), 좌파는 일본노동조합평의회를 결성했다. 더욱이 총동맹은 이후에도 두 번의 분열을 경험하여 좌우 대립이 격심해졌다. 전협과 같이 비합법조직으로 '무장 쿠데타'(1930년)를 일으킨 조합도 있었다.

공황 시기의 사회운동

공황하에서는 특징 있는 운동도 전개되었다. '생활옹호'라는 관점을 전면에 내세워 물가인하운동, 집값인하와 지불유예를 요구하는 차가인운동, 전등요금과 목욕탕요금인하요구 등 광범한 운동이 계속되었다. 그 가운데 하나로 1929년 4월부터 9월에 걸쳐 도쿄에서 가스요금인하를 둘러싼 운동이 전개되었다. 전차, 가스, 전등, 수도 등 공익 기업을 둘러싼 문제는 1900년대 이후 계속 논의되었는데, 이 운동이 다이쇼 데모크라시 시대의 마지막을 장식했다.

1929년 4월 도쿄 시 의회는 가스요금인하와 계량기사용료폐지 건의안을 가결시켰고, 시장은 가스 회사에 요금인하를 권고했다. 그러나 가스 회사가 이를 거부하자 운동이 곧바로 시작되었다. 무산정당이 앞에서 지휘하여 각 정파는 가스요금인하동맹(ガス料金値下げ同盟)을 결성했고, 구의회의원들은 각구연합회(各区連合会)를 결성했다.

결의와 진정서도 다수 제출되었다.

또 가네코 시게리(金子茂)와 이치카와 후사에 등 부선획득동맹(婦選獲得同盟)도 이 운동에 참여했다. 이들은 '정치가 부엌을 좌우한다'고 주장하면서 여성의 정치 참가를 촉구했고, 가스 문제는 '바로 도쿄 부인 시민의 분기를 통해 해결해야 한다'(「瓦斯値下問題と婦人」, 『婦選』, 1929년 5월)고 주장했다. 사카이 토시히코와 와다 미사오(和田操) 등 도쿄의 무산당 의원과 함께 부선획득동맹이 중심이 되어 가스요금공탁동맹(ガス料金供託同盟, 대표는 요시노 사쿠조)을 결성하고, 가스요금 2할을 공탁하는 운동도 전개했다. 결국 1932년부터 43전의 인하가 실현되었다. 다이쇼 데모크라시의 경험을 집약하듯이 구의회의원―시의회의원―의원의 연계가 운동의 발단을 만들었고, 여성단체와 무산세력이 참가했다. 또 도야마 현에서도 1927년 전기요금인하기성동맹연합회(電気料金値下げ期成同盟連合会)를 결성하여 운동을 전개하고, 회사 측에 의해 전송을 중지당한 가옥도 속출했다(『富山日報』, 1928년 7월 27일).

더욱이 이 시기에는 어시장의 권리와 관련된 이타부네권(板舟權, 도쿄 니혼바시 어시장에서 어류를 판매할 수 있는 권리―옮긴이) 의혹 사건 등 오직사건이 속출하여 이에 대한 비판운동이 무산세력과 여성단체의 주도로 전개되었다. 또 1932년 6월에 도쿄 미카와시마(三河島)에서는 실업자와 주부들이 '쌀을 달라'는 요구를 내세워 집단적으로 농림성에 항의 방문하는 운동도 일어났다.

소비조합운동도 전개되어 사람들의 일상생활에 관여하는 운동이 전개되었다. 소비조합운동은 '권력적인 대사회'가 아니라 '각 개인의 자유에 의해 임의로 만들어진 협동조직단체의 자유연합을 통해 자

치사회'를 지향하면서, 소지자에 대한 '착취'를 거부하기 위해 일용필수품을 '공동구매'하는 것을 목적으로 삼았다(平塚らいてう, 「婦人戦線に參加して」, 『婦人戦線』, 1931년 4월).

후쿠오카연대사건

차별에 대항하는 운동도 계속되었다. 후쿠오카연대사건(福岡連隊事件)은 군대 내 피차별부락에 대한 차별로 인해 발생했다. 1926년 1월 이모토 린시(井元麟之, 수평사청년동맹원)가 후쿠오카 보병 제24연대에 입대했을 때, 그는 연대 내에서 차별받았다. 이 때문에 수평사는 연대에 결의문을 건네고, 또 5월에는 전규슈연합회(全九州連合会) 등의 조직이 조사에 착수했다. 이에 7월에 들어와 구루메(久留米)의 제12사단 헌병대장이 회견을 신청하여 사건이 해결되는 듯했다. 그러나 회견은 곧바로 파기되었고, 수평사는 8월에 들어와 동맹원의 연대입영 거부를 통한 반군 투쟁을 실천했다.

그런데 군은 11월 육군특별대연습을 앞에 두고 수평사의 운동을 방치할 수 없다고 판단했다. 이에 군은 후쿠오카연대폭파음모사건을 날조하여 운동의 중심이었던 마쓰모토 지이치로(松本治一郎)와 기무라 쿄타로(木村京太郎) 등 10여 명을 검거했다(1928년 12월 판결). 사태를 타개하기 위해 1927년 11월 19일 기타하라 타이사쿠(北原泰作)는 쇼와 천황에게 직소하는 등 이 사건의 파문은 컸다.

계급과 배제

여성들도 계급의식을 표방하면서 여성으로서의 독자성을 추구했다. 『노동부인(勞動婦人)』 창간호(1927년 10월)의 「노동부인의 각오(勞動婦人の覚悟)」는 '정말로 부인의 문제를 해결하기 위해서는 정말로 부인 자신이 활동하지 않으면 안 된다' '부인에게는 남성들이 알지 못하는 특별한 세계가 있다'며 남성에 의존하지 않는 주체와 여성의 독자성을 선언했다. 또 '우리 자매는 대부분 집이 어렵기 때문에 심상소학교를 나오거나 나오지 않거나 곧바로 제사여공이 된다'고 말한 아키야마 다쓰지(秋山タツジ, 대일본제사노동조합 제15지부)는 '어디라도 많은 별이 있듯이 조합은 빛나고 있다' '아주 강한 노동부인이 되자'는 계급적인 입장을 명확히 밝혔다.

식민지 노동자에 대해서는 구로시마 덴지(黑島伝治)의 「선인(鮮人)」(1931년. 발표지 불명)은 '압박받는 조선인. 그렇다면 누가 압박하는가. 일본인이다'라고 살라 말했다. 그러나 구로시마의 인식이 일본인 일반에게 공유된 것은 아니었다. 일본농민조합 대회에서 '지주가 값싸게 쓸 수 있는 조선인을 받아들이는 것은 아주 위협적인 것이므로 어떻게 해야 한다'(山口県連合会)는 논의가 제출되는 상황이었다. 사회운동 참가자에도 식민지 출신자에 대한 차별과 배제가 배태되고 있었다.

'외지'에서의 운동

사회운동은 '내지'에서만 전개되지 않았다. 1925년 5월 상하이에서 5·30사건이 발생했다. 2월 상하이의 내외면방적공장(內外綿紡績工場)에서 중국인 노동자의 해고 문제를 계기로 파업이 일어나 일본계 방적공장으로 확대되었다. 파업의 결과, 중국인 노동자의 열악한 노동조건을 개선해 달라는 요구는 일단 받아들여졌다.

그러나 5월에 다시 쟁의가 발생하여 공장은 폐쇄되고 중국인 노동자와 경관대가 충돌했다. 경관의 발포로 중국인 노동자가 사망한 것을 계기로 광범한 항의운동이 일어났다.

30일 학생들은 '타도제국주의'를 외쳤고, 공동조계 상인들은 동맹휴업을 단행했다. 일본은 물론 미국과 영국의 군함이 출동하고 육전대가 상륙하여 사망자가 발생했다. 사태는 다른 지역으로 확대되었고, 베이징에서 국민대회와 데모가 연일 펼쳐졌다. 홍콩에서도 '파시(罷市)'가 이루어졌다.

또 타이완에서도 우서사건(霧社事件, 1930년 10월)이 일어났다. 타이중(臺中) 우서에서 가혹한 강제 노동과 차별 대우를 계기로 원주민이 봉기했는데 이를 타이완총독부가 진압한 사건이다.

조선에서는 1929년 1월 원산총파업이 발생했다. 또 같은 해 10월 30일 일본인 중학생이 조선인 여학생을 모욕한 사건을 계기로, 11월 3일 광주에서 일본인 학생과 조선인 학생이 충돌하여 광주학생운동으로 발전했다.

이북만(李北滿)은「조선의 예술운동(朝鮮の芸術運動)」(『プロレタリア藝術』, 1927년 8월)에서 '식민지라는 것이 어떤 것인지 일본인 여러

분은 알고 있습니까?'라고 말했다.

다이쇼 데모크라시는 제국의 안팎으로 많은 질문을 낳았다.

맺음말—'만주사변' 전후

세 조류의 정립(鼎立)과 『여인예술(女人藝術)』

　　러일전쟁 이후 도시민중소동을 계기로 민본주의의 조류로서 대두한 다이쇼 데모크라시는 제1차 세계대전과 러시아혁명, 쌀소동으로 가속화되어 '게조'의 움직임을 만들어 냈다. 잡업층과 단나슈, 노동자와 농민 혹은 여성, 피차별부락과 식민지 민중이 각자의 입장에서 아이덴티티를 내걸면서 사회변혁을 호소했다. 또 이러한 각 계층의 주장은 '일본인'이나 '국민'과 중첩되었다. 그리고 이 움직임을 통해 보통선거법과 치안유지법으로 상징되는 1925년 체제가 창출되었다.

　　관동대지진을 거쳐 1920년대 후반의 양상을 개괄하면 A 민본주의, B 마르크스주의와 사회주의, C 국수주의라는 세 가지 주장의 정립을 지적할 수 있다(그림 참조). 3자는 '근대'의 추구(A)와 '근대'의 극복과 부정(B, C)이라는 대립축 위에서 대항함과 동시에, A—B—C가 서로 지탱하는 국면도 있고, 중첩된 부분에 위치하는 인물과 단체도 있다.

하야시 후미코(林芙美子)가 「방랑기(放浪記)」를 연재한 것으로 알려진 잡지 『여인예술』은 A—B의 영역에 걸쳐 있다. 『여인예술』은 1928년 7월 하세가와 시구레(長谷川時雨)가 창간했다. 지상에서는 아나—볼 논쟁이 전개되었고, 소련의 사례를 소개하는 등 창간 직후부터 급진적 색채를 표방했다. 『여인예술』스스로도 '진보적 여성 모두에게 지지를 받는 것'을 기뻐했다(「ぜひ、これを読んでください」, 1931년 10월). 이러한 하세가와와 『여인예술』은 A에 위치하는 오쿠 무메오와 『직업부인』, 이치카와 후사에와 『부선』 혹은 B의 다카무레 이쓰에와 『부인전선』 등과 호응하면서, 1920년대 후반부터 1930년대에 걸쳐 전형기(轉形期) 상황의 한 장면을 장식했고 그 흐름을 만들어 냈다.

그러나 『여인예술』은 '만주사변' 후에는 좌담회 「신만주국이란 어떤 곳인가(新満洲国とはどんなところか)」(1932년 2월)를 게재하여 만주사변을 계기로 익찬과 통합의 흐름에 합류하는 자세를 보였다. 그리고 1932년 6월 잡지는 돌연 휴간에 들어갔다. 내부 대립이라는 측면도 있지만, 그 결정적인 계기로 작용한 것은 만주사변의 발발이었다.

만주사변의 충격

1931년 9월 18일 중국 펑톈 교외의 류탸오후(柳條湖)에서 선로가 폭파되었는데, 일본은 이를 중국군의 소행이라는 구실로 출병했다. 만주사변의 발발이다. 만주사변에 이르는 경위와 이후의 전개 과정에 대해서는 다음 권에서 구체적으로 소개하겠지만, 만주사변은 다이쇼 데모크라시의 전환을 가져왔다.

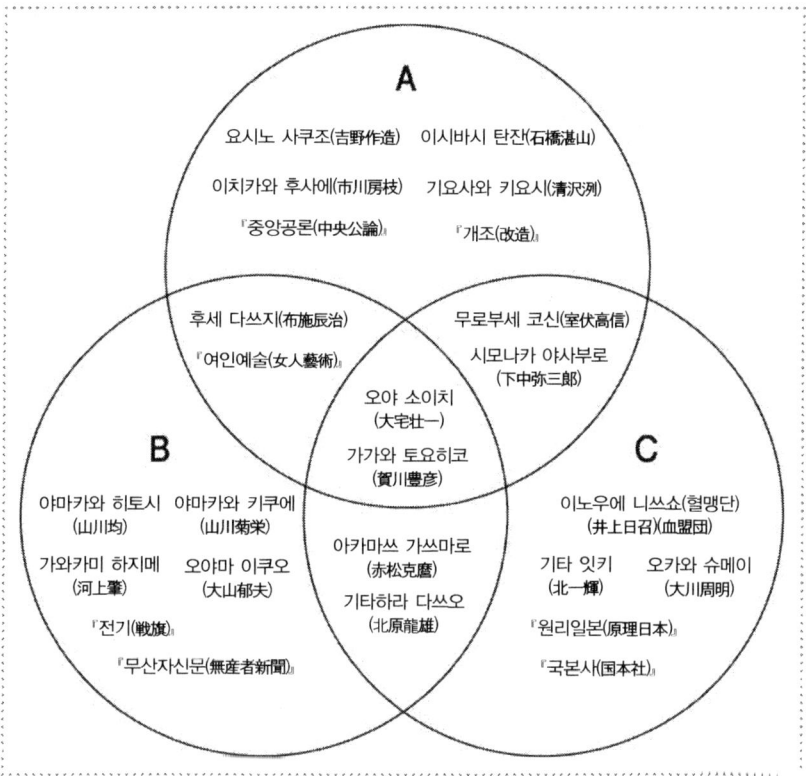

▶그림. 1920년대 후반의 3조류.

만주사변은 일본 사회 내부의 대립을 첨예화시키면서도 대립과 대항의 존재를 해소하고 소거시켜 버리는 논조를 만들어 냈다. '끓는 조국애의 피, 일본에 넘쳐 흐른다!'는 〈도쿄아사히신문〉(1931년 11월 18일)의 표제어였다. 또 신문에서는 '눈 내리는 광야, 포탄 속의 참호에서 모국의 생명선을 사수하는 우리 파견군 장병에 대한 국민의 감격은 날로 커져 가고 있다'고 선동하면서, 위문금이 1일 평균 1,500~1,600엔, 위문 보따리는 평균 3만 개에 달한다고 보도했다. 이처럼 만주사변 이후 사람들의 감정은 일거에 거국적이 되었다. 그동안의 비판적인 발언은 보이지 않고 앞의 그림과 같은 세 조류가 정립한 상황은 급속히 유동화되었다.

그 하나는 B의 영역에 접한 사회운동의 변용이다. 여성의 '유급 생리휴가 1주일'을 요구한 것으로 주목받은 1932년 3월의 도쿄지하철 쟁의에서는, 동시에 출정자의 임금보증을 내세웠다. 총동맹은 '출정과 동원응소자의 일급(日給) 전액보증을 중심으로 한 출정자의 구원투쟁'을 주장했다(1932년 3월). 이 시기에는 응소자의 일급을 요구한 쟁의가 적지 않게 일어났다(《東京朝日新聞》, 1932년 3월 21일).

A에 위치한 요시노 사쿠조는 만주사변에 어떻게 대응했을까. 요시노는 「민족과 계급과 전쟁(民族と階級と戰爭)」(『中央公論』, 1932년 1월)이라는 복자가 많은 논문에서 이번 '××××[군사행동]의 본질은 ××××[제국주의적]이라고 말하지 않을 수 없다'는 자각을 통해 '제국주의의 재음미'의 필요성을 호소했다. 동시에 요시노는 신문의 논조가 '일률적으로 출병 구가(謳歌)'로 기울어졌다며 무산정당이 '자유 활달(豁達)의 비판'을 전개하지 않는 것에 고언을 남겼다.

이를 반영하듯이 사회민중당은 류탸오후사건 직후 현지시찰단을 파견하고, 11월에는 내부에서 다른 논의도 일부 있었지만, 군부를 지지하는 '만몽문제에 관한 지령'을 발표했다. '지나 군벌'에 의한 '만몽'의 권익 침해를 '부당'하다며 '일본 국민 대중의 생존권 보장'을 주창했다. 또 다른 무산정당인 전국노농대중당(그림 6-3 참조)은 '제국주의 전쟁 반대'의 태도를 표명하여 대지출병반대투쟁위원회(対支出兵反対鬪争委員会)를 설치했지만, 당내 의원의 출병 용인 요청으로 인해 당 대회에서 출병 반대를 결정하지 못했다.

무산정당이 이러한 상황이었을 때, 기성정당은 더 한층 착종하는 양상을 보였다. 민정당 내부에서는 군부에 접근하는 자가 나타났다. 아다치 켄조(安達謙蔵) 내상과 나카노 세이고 등은 구마모토 제6사단장이자 육군의 혁신파인 아라키 사다오(荒木貞夫)에게 접근했고, 더욱이 정우회 일부도 끌어들여 '협력내각'을 구성하려 책동했다. 아다치 등은 이후 민정당을 탈당하여 국민동맹을 결성했다.

다이쇼 데모크라시와 전시동원의 사이

하마구치 오사치 내각을 대신해 민정당의 와카쓰키 레이지로 내각(제2차)이 성립되었다. 와카쓰키 내각은 '만주사변'에 대응했지만, 현지군의 폭도를 처리하지 못한 채 1931년 12월 11일 총사직했다. 그리고 12월 13일에 발족한 정우회의 이누카이 쓰요시 내각이 전전 일본의 마지막 정당내각이 되었다.

〈도쿄이사히신문〉(1932년 1월 3일)은 '정치의 습율(習律, 집단의 기본적 가치관을 구체화한 습관—옮긴이)이 되고 나서 아직 일천(日浅)한 정당정치가 국민의 권태감을 샀다. 더욱이 악의 표적이 된 원인은 첫 번째로 부패, 두 번째로 무능이다' '더구나 최근 정치의 국면이 만주사변, 재계의 대동요로 인해 미증유의 중대성을 보임에 따라 더 한층 정당정치에 의지할 수 없다는 감정이 강해졌다'고 말했다. 만주사변을 계기로 일어난 일련의 사태를 통해 사회운동과 정당정치 쌍방에 변용과 비판이 제기되었고, 다이쇼 데모크라시는 '종언(終焉)'을 알리기 시작했다.

1930년 11월 하마구치 수상의 저격 이후, 이노우에 니쓰쇼(井上日召)의 혈맹단원에 의해 전 대장상 이노우에 준노스케가 사살되었고

(1932년 2월 9일), 미쓰이의 이사장 단 타쿠마(団琢磨)도 사살되었다(3월 5일). 이러한 계속된 테러는 언론을 대신하는 직접행동의 출현을 의미했고, 데모크라시의 종언이라는 인상을 남겼다.

그러나 중요한 것은 다이쇼 데모크라시의 종언이 그 내적인 논리의 사정 범위에서도 일어난 것이라는 사실이다. 예를 들면 '창부(娼婦)'의 자유폐업을 촉구하고 국가의 관리를 통한 공창제도를 비판한 폐창운동이 그렇다. 이는 긴 역사를 지녔고 다이쇼 데모크라시의 일익을 담당했다. 운동의 중심이었던 일본기독교부인교풍회(日本基督教婦人矯風会, 1893년)와 곽청회(廓清会, 1911년)는 1926년 6월 곽청회부인교풍회연합(廓清会婦人矯風会連合, 다음 해 廓清会婦人矯風会廃娼連盟)을 결성하고, 이미 폐창을 실시한 군마 이외에 아키타, 후쿠시마, 후쿠이 등 7현에 폐창을 건의하여 폐창 현을 실현시켰다. 그러나 운동은 '창부'가 '일본 제국의 체면을 더럽힌다' '건전한 국가의 팽창에 해가 된다'(「満洲婦人救濟会」의 設立趣意, 1906년)는 제국과 예정되어 조화된 논리를 일관되게 가졌다. 이런 맥락에서 1935년에는 폐창연맹을 '국민순결동맹'으로 변경하기에 이르렀다.

이와 마찬가지로 폐창운동을 여성보통선거운동의 '별동대'라고 말한 이치카와 후사에 등은 도쿄시의회 의원선거를 계기로 1933년 3월 도쿄부인시정정화연맹(東京婦人市政淨化連盟)을 결성했다. 이들은 먼저 의혹 사건에 대한 비판과 쓰레기 처리 문제 등에 진력하는 등 여성의 힘을 과시함으로써 공민권을 요구했다. 정화연맹은 1925년 체제로의 편입을 도모하기 위해 주체적인 동원을 통해 체제에 협력했다. 그러나 이 운동은 체제와의 직접적인 일치를 추구하고 정당을 비판했기 때문에 결과로서 기성정당의 기반을 붕괴시켰다. 이러한 움직임은

1935, 6년에는 국정 레벨에서 관료가 주도하는 선거숙정운동으로 이어졌다.

성과를 지키지 못하여 '다이쇼 데모크라시에도 불구하고'라는 국면과 운동의 논리가, 상황 속에서 통합과 타협으로 이행되어 버린 '다이쇼 데모크라시 때문에'라는 쌍방의 요소를 지니면서, 1930년대에는 전시동원의 시대가 시작되었다. 20세기 초두 4반세기의 경험은 제국의 데모크라시의 가능성과 곤란을 잘 말해준다.

저자 후기

21세기 초두 현재로부터 바라보면 다이쇼 데모크라시의 시작은 거의 100년 전의 시기이다. 필자가 다이쇼 데모크라시와 그 시대에 대해 공부하기 시작한 것은 이것저것 합해 30년 전인 1970년대 초의 일이다. 졸업논문으로 우애회에 대해 조사했고, 대학원 수업에서는 『하라 타카시 일기』 강독 세미나에 참가했다.

연구사적인 관점에서 바라보았을 때, 이 시기는 다이쇼 데모크라시 연구의 전환점이었다. 상세한 것은 부록의 참고문헌을 살펴보면 알겠지만, 1970년대 초반에는 마쓰오 타카요시(松尾尊兌)가 『다이쇼 데모크라시(大正デモクラシー)』(1974년) 등을 통해 정력적으로 이 영역을 개척했다. 정치사 연구와 사상사, 문화사적인 측면에서도 매력적인 연구를 연이어 발표하여 다이쇼 데모크라시 연구는 활황을 맞을 수 있었다.

당시에는 학생운동과 시민운동, 주민운동이 활성화되었다. 그러나 또 한편으로 운동을 둘러싼 다양한 장애와 어려움도 겪었다. 과연 데모크라시란 무엇인지 다시 되묻는 시기였다. 이 시기 다이쇼 데모크라시 연구는 20세기 역사 속에서 다양한 민주주의의 양태를 찾아내고, 그것을 국가와 사회와의 관련 위에서 고찰하려 했다.

　나의 관심은 이후 조금씩 다이쇼 데모크라시 연구로부터 멀어졌다. 그러나 21세기 초두 데모크라시가 더욱 절실해지는 상황 속에서, 나는 다시 이 문제를 생각하지 않을 수 없었다.

　최근 연구는 개별 논점을 둘러싼 연구가 심화되었다. 또 역사학 연구의 관심에 부응하여 젠더와 에스니시티(ethnicity)와 관련된 논의도 활발해졌고, 제국 간의 관계와 식민지의 동향을 둘러싼 연구도 심도 있게 이루어지고 있다. 책을 집필하면서 '국민'과 '민족'의 상극을 논하고 데모크라시에 내재하는 내셔널리즘에 초점을 맞추어 다이쇼 데모크라시의 역사상을 재구성하기 위해서는 다양한 차원에서 장벽을 넘지 않으면 안 되었다.

　'통사'라는 관점에서도 서술해야 할 부분도 있지만, 이에 대해서는 별도로 다시 논의를 전개하겠다. 본서 집필에는 많은 이들의 도움을 받았다. 특히 편집부의 오다노 코메이(小田野耕明) 씨로부터 많은 도움을 받았다. 이 책이 완성될 수 있었던 것은 오로지 오다노 씨의 질책과 격려 덕분이다. 이 자리를 빌어 감사의 마음을 전한다.

2007년 초봄
나리타 류이치

역자 후기

다이쇼 데모크라시는 러일전쟁 이후부터 1920년대까지 일본의 정치, 사회, 문화 각 방면에 나타난 민주주의적 내지는 자유주의적 경향을 말한다. 그 중심 부분을 차지한 것은 메이지헌법 체제에 대항한 정치적 자유의 획득운동이다. 문화 전반을 포괄하는 시대 개념으로서 다이쇼 데모크라시는 국가적 가치에 대한 비국가적 가치의 자립화를 특징으로 한다. 즉 정치 면에서 정당정치 체제의 확립, 경제 면에서 국가 통제로부터의 자본의 자립, 학술 면에서 '대학 자치'로 대표되는 아카데미즘의 확립, 그리고 문화 면에서 출판 저널리즘의 비약적 발전 등을 내용으로 한다.

다이쇼 데모크라시는 크게 세 시기로 구분된다. 제1기는 1905년의 러일전쟁의 강화에 반대하는 운동부터 1912~1913년의 제1차 호헌운동까지의 시기이다. 강화반대운동은 번벌(藩閥)정치 타파 요구를 포함해 '밖으로는 제국주의, 안으로는 입헌주의' 이념에 의거한 전국적인 도시의 민중운동으로 다이쇼 데모크라시의 기점이 되었다. '밖으로는 제국주의'라는 색채는 1907년부터 수년간에 걸쳐 전개된 군비 확장 반대와 악세 폐지를 요구하는 상업회의소 중심의 운동을 통해

약화되었다. 2개 사단증설 문제를 계기로 전개된 제1차 호헌운동은 조슈번벌(長州閥)의 핵심인 가쓰라 타로(桂太郎) 내각을 무너뜨렸다. 일본의 민중운동이 천황제 정부에 승리한 최초의 사건이었다. 정당에 기초하지 않던 정부가 이제 천황의 조칙(詔勅)이라는 권위와 위세를 통해 권력을 유지할 수 없다는 것을 보여 주었다는 점에서 획기적인 의미를 지닌다. 운동을 주도한 계층은 러일전쟁 이후 자본주의 발전이 만들어 낸 비특권 자본가 계층과 '단나슈(旦那衆)'로 일컫는 도시중간층이었다. 〈동양경제신보(東洋経済新報)〉는 보통선거, 군비축소, 만주포기를 주창하는 등 예리한 정치 의식을 표출했다. 또 미노베 타쓰키치(美濃部達吉)의 천황기관설은 천황의 신격적 절대성을 부정하면서, 중의원의 국가기관에서의 우월성과 정당내각제의 합헌성을 주장함으로써 호헌운동 요구에 헌법 해석상의 합법성을 부여했다. 이 시기에는 시민적 자유를 요구하는 목소리가 거세졌고, 부인 해방의 선구자인 히라쓰카 라이테우(平塚らいてう) 등의 청탑사(青鞜社), 봉건적인 속박에 내항하여 자아의 해방을 테마로 삼은 자연주의와 백화파 문학운동이 형상화되었다.

제2기는 제1차 호헌운동부터 1918년의 쌀소동까지의 시기이다. 제1차 세계대전의 개시에 따른 전쟁경기는 비특권 자본가 계층의 반동화를 불러일으켜 호헌운동으로 인해 위기에 빠진 체제를 궁지에서 벗어나게 만들었다. 그러나 증대하는 도시중간층을 기반으로 데모크라시 운동의 뿌리가 확대되어 각지에 보통선거 요구를 중심으로 한 자주적인 시민정치결사가 생겨났다. 당시 최대 발행 부수를 자랑하는 〈오사카아사히신문(大阪朝日新聞)〉과 지식인에게 호평을 받은 『중앙공론(中央公論)』을 비롯한 저널리즘은 데모크라시 풍조를 고취시켰다. 이러한 풍조는 요시노 사쿠조(吉野作造)의 민본주의로 이념화되었다. 요시노는 주권재민(主權在民)을 의미하는 '민주주의'를 헌법상 허용할 수 없다고 말하면서도 주권 운용의 목적을 민중의 복리 실현에 두었다. 그리고 그 운용을 민중의 의사결정에 맡긴다는 '민본주의'를 헌정의 기본 이념으로 설정하고, 구체적인 정책으로서 안으로는 보통선거와 정당내각제의 채용, 밖으로는 식민지 조선에서 자행된 무단적 침략정책의 포기를 주장했다. 민본주의는 스즈키 분지(鈴木文治)에 의해 노동운동에도 적용되어 노동조합을 매개로 한 노동자와 자본가의 협조주의를 주창한 우애회(友愛會)의 결성으로 이어졌다.

제3기는 쌀소동부터 1924년의 제2차 호헌운동까지의 시기이다. 안으로는 쌀소동, 밖으로는 러시아혁명 이후 유럽에서 전개된 혁명적 운동과 ILO(국제노동기관)의 영향을 받아 근로대중의 정치적 자각이 고조되었고, 보통선거운동이 전국적 대중운동으로 전개되었다. 또 우애회의 후신인 일본노동총동맹을 선두로 한 노동조합운동, 일본농민조합을 주력으로 한 농민운동, 전국수평사의 부락해방운동, 신부인협회 주도의 부인참정권운동 등 대중의 힘을 통해 언론·집회·결사의 자유가 실질적으로 확대되었다. 근로대중의 요구는 정치적 자유로부터 사회적 자유로 확대되었고, 또 한편으로 사회주의가 급속히 영향력을 증대시켰다. 그러나 사회주의 진영에서도 정치 행동을 부정하는 신디칼리즘(Syndicalism)이 지배적이었기 때문에 선진적인 노동자는 보통선거운동으로부터 이탈했다. 평화에 대한 요망도 제기되어 시베리아 출병은 국민적 지지를 얻지 못해 패배로 끝나고, 워싱턴회의를 통한 군비축소는 대중에게 환영을 받았다. 3·1운동과 5·4운동의 물결은 식민지 조선에 대한 무단적 동화정책을 수정시켰고, 노골적인 중국 침략

의 야욕은 후퇴할 수밖에 없었다. 최초의 정당내각인 하라 타카시(原敬) 정우회 내각의 성립(1918년) 이후 발언권을 강화한 정당세력은 데모크라시 운동의 발전에 적합한 정치체제의 수정을 둘러싸고 정쟁을 반복했다. 관동대지진과 도라노몬(虎の門)사건은 지배층에게 일본 혁명의 공포심을 안겨 주었다. 이에 대해 안정된 지배 체제를 유지하기 위한 방책으로서 보통선거의 채용과 정당내각제의 수립을 바라던 헌정회, 혁신구락부, 정우회의 호헌 3파에 의한 제2차 호헌운동이 일어나, 선거를 통해 기존 체제가 지속되기를 바라는 번벌과 관료세력, 정우본당의 기득권을 무너뜨렸다.

호헌 3파를 기반으로 성립한 가토 타카아키(加藤高明) 내각 이후 1932년의 5·15사건에 의한 이누카이 쓰요시(犬養毅) 내각의 총사직까지 정우·민정(헌정회의 후신)의 양대 정당이 교대로 내각을 조직한 정당정치의 시대가 전개되었다. 러일전쟁 이전 야마가타 아리토모(山県有朋)를 정점으로 한 번벌 관료세력이 체제 내에서 차지한 지위를 정당이 대신한 것이다. 보통 선거법의 성립(1925년) 결과, 러일전쟁 이전 100만 명에 미치지 못한 유권자는 1,200만 명을 넘어 본토 인구의 20%에 달했다. 치안경찰법 제17조 폐지(1926년)와 소작조정법(1924년), 노동쟁의조정법(1926년)의 제정을 통해 노동자 농민의 단결권과 쟁의권이 형식적일지라도 공인되었고, 무제한적이던 노동자 착취는 완화되었다. 반봉건적인 고액 소작료도 평균 20~30%로 감액되었다. 노동자 농민의 무산세력은 중앙과 지방의 의회에 진출했고, 부인에게 지방의회의 선거권을 부여한 부인공민권법안도 1930년 중의원을 통과했다. 국내 민주화의 진행과 베르사이유 워싱턴 체제라 불리는 제1차 세계대전 이후 미국의 주도에 의한 신국제질서의 압력 아래, 협조외교를 표방한 시대하라(幣原) 외교가 일본 외교의 주류를 차지했다. 군비도 제1차 세계대전 현재 21개 사단이 1926년에는 17개 사단으로 축소되어 러일전쟁 직후 수준으로 후퇴했다.

　그러나 이러한 성과도 메이지헌법 체계를 근본적으로 바꿀 수 없었다. 헌법 개정은 물론 추밀원, 귀족원, 참모본부, 군령부 등 의회중심주의를 위협하는 기구의 권한을 축소시킬 수 없었다. 기존 정당세력은 또 한편으로 치안유지법(1925년)을 제정하여 무산세력의 정치적 자유에 새로운 구속을 가했고, 노동조합법 등 노동자보호법과 농민의 경작권을 보장하는 소작법 제정에 소극적이었다. 1930년 세계대공황의 여파와 중국에서의 일본 권익을 제약시킨 중국민족운동의 발전이라는 새로운 사태에 직면하여 정당정치는 무산세력의 요망을 받아들여 국면을 타개할 방책을 찾지 못했다. 중간층을 포함한 대중의 신뢰를 상실하여 결국 만주사변 발발 이후 군부 파시즘의 대두에 자리를 양보할 수밖에 없었다. 그러나 다이쇼 데모크라시를 추진한 대중의 조직과 사상은 전시하에서도 잠재적인 세력을 유지하며, 전후 점령군의 비군사화 정책하에서 전개된 전후 민주주의를 재생시킬 수 있는 기반이 되었다.

　이 책은 일본 근현대사 시리즈 가운데 네 번째 책을 번역한 것이다. 저자 나리타 류이치는 자신의 후기에서 밝히고 있듯이, 일본의 학생운동과 시민운동, 주민운동이 활성화된 시기에 역사 연구자의 길에 접어들었다. 일본 사회 속에서 느낄 수밖에 없었던 운동을 둘러싼 다양한 장애와 어려움은 반대로 데모크라시란 과연 무엇인지 다시 되묻는 형태로 다가왔을 것이다. 일본인으로서 다이쇼 데모크라시 연구는

20세기 역사 속에서 다양한 민주주의의 양태를 찾아내고, 그것을 국가와 사회와의 관련 위에서 고찰하기 위한 출발점이었다.

글을 옮기면서 뇌리를 떠나지 않은 것은 다이쇼 데모크라시가 지니는 양면성 문제였다. '밖으로는 제국주의, 안으로는 입헌주의' 라는 역사적인 사실이 함축하는 의미를 새삼 묻지 않을 수 없기 때문이다. 식민지 민중에게 다이쇼 데모크라시가 어떻게 비추어졌는지, 또 일본의 식민지에 대한 차별과 학대가 가장 극심한 시기가 다름 아닌 다이쇼 데모크라시 시기와 중첩된다는 것도 엄연한 역사적 진실이다. 데모크라시라는 말이 내뿜는 이미지처럼 자화자찬으로 끝나지 않는 새로운 역사적 평가가 필요한 시점에 이르렀다고 판단한다. 이러한 의미에서 이 책은 새로운 역사와 미래의 데모크라시를 고민하기 위한 자료로 충분히 활용될 수 있을 것이다.

의미 있는 훌륭한 책을 만들기 위해 불철주야 애쓰시는 어문학사 편집진께 이 자리를 통해 감사의 마음을 전하고 싶다. 일이 많다는 핑계로 번역 원고가 지연됨에도 불구하고 묵묵히 기다려 주신 것에도 깊이 감사드린다. 다이쇼 데모크라시라는 시기를 살아간 동아시아 구성원 모두의 염원을 이어, 현재를 살아가는 우리에게 이 책이 평화의 미래를 모색하는 계기가 되었으면 한다.

2012년 1월

이규수

연표

연도	일본	세계
1905년 (메이지38)	9. 포츠머스강화조약 조인. 히비야 방화사건 11. 제2차 한일협약 조인	
1906년 (메이지39)	3. 도쿄 시 전차요금인상반대운동 8. 관동도독부 관제공포 11. 남만주철도주식회사 설립	
1907년 (메이지40)	4. '제국국방방침' 결의 7. 제3차 한일협약 조인(다음 달부터 의병운동 전개)	
1908년 (메이지41)	1. 「가정지우」가 「부인지우」로 개제 7. 제2차 가쓰라 타로 내각 8. 동양척식주식회사법 공포 10. '무신조서' 발포	
1909년 (메이지42)	10. 이토 히로부미 암살	
1910년 (메이지43)	4. 「백화」 창간 5. 대역사건 검거개시 7. 사할린신사 건립 8. 한국병합. 다음 달에 조선총독부관제 공포 11. 제국재향군인회 발회 12. 사카이 토시히코, 바이분샤 개설	
1911년 (메이지44)	1. 고토쿠 슈스이 등에 사형판결. 12명 집행 2. 미일신통상항해조약 조인 3. 공장법 공포(16년 시행) 8. 제2차 사이온지 킨모치 내각 9. 「청탑」 창간	10. 신해혁명 시작
1912년 (메이지45· 다이쇼 원년)	3. 우에스기 신키치와 미노베 타쓰키치의 논쟁 7. 메이지천황 사거. '다이쇼'로 개원 8. 우애회 결성 9. 메이지천황 대상. 노기 마레스케 부부 순사 12. 제3차 가쓰라 내각. 헌정옹호대회 개최	1. 중화민국의 건국선언
1913년 (다이쇼2)	2. 가쓰라 내각 총사퇴(다이쇼정변). 제1차 야마모토 곤베에 내각 6. 육해군대신무관현역제 개정	10. 위안스카이 중화민국 대통령 취임

1914년 (다이쇼3)	1. 사카이 토시히코 「수세미 꽃」 창간 2. 시멘스사건 발각 4. 제2차 오쿠마 시게노부 내각. 나쓰메 소세키 「마음(心)」 연재 개시 8. 제1차 세계대전 참전 9. 나고야에서 전차요금인하반대운동	6. 사라예보사건. 제1차 세계대전 시작
1915년 (다이쇼4)	1. 중국에 21개조 요구 제출 9. 사카이 토시히코 「신사회」 창간 12. 대전경기 시작	3. 중국에서 일화배척운동 7. 타이완 서래암사건
1916년 (다이쇼5)	1. 요시노 사쿠조 「중앙공론」에 「헌정의 본의를 설명하여 그 유종의 미를 거두는 방법을 논한다」 기고. 「부인공론」 창간 9. 가와카미 하지메 「빈곤이야기」 연재 개시 10. 데라우치 마사타케 내각	
1917년 (다이쇼6)	1. 니시하라 차관 2. 「주부지우」 창간 5. 「수험계」 창간 6. 임시외교조사위원회 설치	3. 러시아 2월혁명 4. 미국 제1차 세계대전 참전 11. 러시아 10월혁명으로 소비에트 정권
1918년 (다이쇼7)	2. 히라쓰카 라이테우, 모성보호논쟁 7. 쌀소동 시작 8. 시베리아출병 선언 9. 하라 타카시 내각 12. 신인회 결성. 여명회 결성	11. 독일혁명. 제1차 세계대전 종결
1919년 (다이쇼8)	1. 가와카미 하지메 「사회문제연구」 창간 2. 오하라사회문제연구소 개설 4. 관동청과 관동군의 설치(관동도독부 폐지). 「개조」 창간. 「사회주의연구」, 「국가사회주의」 창간 5. 선거법 개정. 납세자격 3엔 이상으로. 6. 「해방」 창간 8. 조선·타이완총독부의 장관 문관취임 가능	3. 조선 3·1운동 5. 중국 5·4운동 6. 베르사이유조약 조인
1920년 (다이쇼9)	1. 가가와 토요히코 「사선을 넘어」 연재 개시 3. 신부인협회 결성. 니항사건 5. 최초의 메이데이 10. 제1회 국세조사 12. 일본사회주의동맹	1. 국제연맹 발족
1921년 (다이쇼10)	1. 「씨 뿌리는 사람」 창간 4. 적란회 결성 5. 아나·볼 논쟁 시작 6. 고베의 가와사키, 미쓰비시 양 조선소 쟁의 8. 자유법조단 결성 11. 하라 수상 암살. 다카하시 코레키요 내각. 자유대학운동 시작	11. 워싱턴회의
1922년 (다이쇼11)	2. 워싱턴해군군축조약, 9개국조약 조인 3. 전국수평사 창립대회. 남양청 설치 4. 일본농민조합 결성 6. 가토 토모사부로 내각. 시베리아철병성명 7. 야마나시 한조에 의한 육군군축. 일본공산당 결성	12. 소비에트사회주의공화국연방 성립
1923년 (다이쇼12)	5. 기타 잇키 「일본개조법안대강」 9. 관동대지진. 제2차 야마모토 내각. 조선인학살. 가메이도사건. 오스기사건 11. 국민정신작흥에 관한 조서 12. 도라노몽사건	

1924년 (다이쇼13)	1. 기요우라 케이고 내각. 반대운동 전개(제2차 호헌운동) 6. 제1차 가토 타카아키 내각. 『문예전선』 창간 11. 요시노 사쿠조 등 메이지문화연구회 설립 12. 부인참정권획득기성동맹회 결성	1. 제1차 국공합작 7. 미국에서 배일이민법 9. 제2차 펑즈전쟁
1925년 (다이쇼14)	1. 일소국교수립. 『킹』 창간 3. 라디오 시험방송(7월부터 송전) 4. 치안유지법 공포 5. 보통선거법 공포. 우가키 카즈시게에 의한 군축. 『이에노히카리』 창간 10. 서울에 조선신궁 창건	5. 중국에서 5·30사건
1926년 (다이쇼15· 쇼와 원년)	1. 제1차 와카쓰키 레이지로 내각. 교토학련사건. 공동인쇄쟁의 4. 치안유지법 개정 9. 하마마쓰 시에서 최초의 보통선거실시 12. 다이쇼 천황 사거. '쇼와'로 개원. 개조사 『현대일본문학전집』 간행 개시	7. 북벌개시
1927년 (쇼와2)	2. 다이쇼 천황 대상 3. 금융공황 시작 4. 다나카 기이치 내각. 지불유예령 실시 5. 제1차 산둥출병 6. 입헌민정당 결성. 동방회의 개최	
1928년 (쇼와3)	2. 첫 보통선거 3. 3·15사건 4. 제2차 산둥출병. 신인회 해산 5. 지난사건. 제3차 산둥출병 6. 장쭤린 폭살사건. 치안유지법 긴급칙령으로 개정 7. 『여인예술』 창간	
1929년 (쇼와4)	3. 야마모토 센지 암살 4. 4·16사건 5. 고바야시 타키지 『게잡이 배』 『전기』에 연재 7. 하마구치 오사치 내각 11. 금해금 공포(다음 해 1월 실시)	10. 뉴욕의 주가폭락. 세계공황 시작 11. 광주학생운동
1930년 (쇼와5)	1. 런던해군군축회의(4월 조인) 11. 하마구치 수상 암살	10. 우서사건
1931년 (쇼와6)	1. 야나기다 구니오 『메이지 다이쇼 역사 세상편』 4. 제2차 와카쓰키 레이지로 내각 9. '만주사변' 발발	

참고문헌

본문에서 직접 언급한 문헌과 집필에 참고한 것을 게재했다. 기타 지면 관계상 여기에서 일일이 소개하지 못한 많은 문헌에서도 가르침을 받았음을 밝혀 둔다.
(각 항목은 연대순으로 배열)

총론

信夫清三郎, 『大正政治史』 全4冊, 河出書房, 1951-52
信夫清三郎, 『大正デモクラシー史』 全3冊, 日本評論社, 1954-59
大久保利謙, 『日本全史 10 近代Ⅲ』, 東京大学出版会, 1964
松尾洋·大河内一男, 『日本労働組合物語』 明治·大正·昭和, 筑摩書房, 1965
南博編, 『大正文化』, 勁草書房, 1965
今井清一, 『大正デモクラシー』, 中央公論社, 1966
松尾尊兊, 『大正デモクラシーの研究』, 青木書店, 1966
升味準之輔, 『日本政党史論』 3-5, 東京大学出版会, 1967-79
我妻栄ほか編, 『日本政治裁判史録』, 明治後·大正, 第一法規出版, 1969
井上清編, 『大正期の政治と社会』, 岩波書店, 1969
江口圭一司会, 『シンポジウム日本歴史20 大正デモクラシー』, 学生社, 1969
松尾尊兊, 『民本主義の潮流』, 文英堂, 1970
松尾尊兊, 『大正デモクラシー』, 岩波書店, 1974
三谷太一郎, 『大正デモクラシー論』, 中央公論社, 1974
『岩波講座 日本歴史』 18-20, 岩波書店, 1975-76
鹿野政直, 『大正デモクラシー』, 小学館, 1976
林茂·辻清明編, 『日本内閣史録』 2·3, 第一法規出版, 1981

鹿野政直ほか編, 『近代日本の統合と抵抗』3·4, 日本評論社, 1982
『週刊朝日百科 日本の歴史』近代·現代, 朝日新聞社, 1988
内田健三ほか編, 『日本議会史録』1-3, 第一法規出版, 1991
坂野潤治ほか編, 『シリーズ日本近現代史』3, 岩波書店, 1993
『岩波講座 日本通史』17·18, 岩波書店, 1994
松尾尊兌, 『民本主義と帝国主義』, みすず書房, 1998
有馬学, 『「国際化」の中の帝国日本』, 中央公論新社, 1999
伊藤之雄, 『政党政治と天皇』, 講談社, 2002
『岩波講座 近代日本の文化史』4-6, 岩波書店, 2002
季武嘉也編, 『大正社会と改造の潮流』, 吉川弘文館, 2004
坂野潤治, 『近代日本政治史』, 岩波書店, 2006

머리말

田中惣五郎, 『吉野作造』, 未来社, 1958
田澤晴子, 『吉野作造』, ミネルヴァ書房, 2006

제1장

中村政則·江村栄一·宮地正人, 「日本帝国主義と人民」, 『歴史学研究』327, 1967
井上清·渡部徹編, 『大正期の急進的自由主義』, 東洋経済新報社, 1972
宮地正人, 『日露戦後政治史の研究』, 東京大学出版会, 1973
太田雅夫, 『大正デモクラシー研究』, 新泉社, 1975
江口圭一, 『都市小ブルジョア運動史の研究』, 未来社, 1976
小池喜孝, 『平民社農場の人びと』, 現代史出版会, 1980
栄沢幸二, 『大正デモクラシー期の政治思想』, 研文出版, 1981
石塚裕道·成田龍一, 『東京都の百年』, 山川出版社, 1986
堀場清子, 『青鞜の時代』, 岩波書店, 1988
小関素明, 「支配イデオロギーとしての立憲主義思想の思惟構造とその帰結」, 『日本史研究』322, 1989
アンドルー·ゴードン, 「日本近代史におけるインペリアル·デモクラシー」, 赤澤史朗ほか編, 『現代史と民主主義』, 東出版, 1996
桜井良樹, 『大正政治史の出発』, 山川出版社, 1997

芹沢一也, 『〈法〉から解放される権力』, 新曜社, 2001
岩田ななつ, 『文学としての「青鞜」』, 不二出版, 2003
山泉進, 『平民社の時代』, 論創社, 2003
中筋直哉, 『群衆の居場所』, 新曜社, 2005

제2장

井上清, 『軍国主義と帝国主義』, 東京大学出版会, 1953
細谷千博, 『シベリア出兵の史的研究』, 有斐閣, 1955
浅田喬二, 『日本帝国主義と旧植民地地主制』, 御茶の水書房, 1968
許世楷, 『日本統治下の台湾』, 東京大学出版会, 1972
朴慶植, 『日本帝国主義の朝鮮支配』上下, 青木書店, 1973
原暉之, 『シベリア出兵』, 筑摩書房, 1989
竹内洋, 『立志・苦学・出世』, 講談社, 1991
宮嶋博史, 『朝鮮土地調査事業史の研究』, 汲古書院, 1991
大和田茂, 『社会文学・一九二〇年前後』, 不二出版, 1992
成田龍一編, 『近代日本の軌跡9 都市と民衆』, 吉川弘文館, 1993
小林道彦, 『日本の大陸政策』, 南窓社, 1996
牟田和恵, 『戦略としての家族』, 新曜社, 1996
『国立歴史民俗博物館研究報告』101, 2003
金富子, 『植民地期朝鮮の教育とジェンダー』, 世織書房, 2005
森武麿, 『戦間期の日本農村社会』, 日本経済評論社, 2005

제3장

井上清・渡部徹編, 『米騒動の研究』全5巻, 有斐閣, 1959-62
金原左門, 『大正デモクラシーの社会的形成』, 青木書店, 1967
中野光, 『大正自由教育の研究』, 黎明書房, 1968
大霞会, 『内務省史』全4巻, 地方財務協会, 1970-71
鹿野政直, 『大正デモクラシーの底流』, 日本放送出版協会, 1973
金原左門, 『大正期の政党と国民』, 塙書房, 1973
松本克平, 『日本社会主義演劇史』, 筑摩書房, 1975
小田中聰樹, 『刑事訴訟法の歴史的分析』, 日本評論社, 1976

鈴木正幸, 「大正期農民政治思想の一側面」, 『日本史研究』 173·174, 1977
ヘンリー・スミス, 『新人会の研究』, 東京大学出版会, 1978
自由大学研究会編, 『自由大学運動と現代』, 信州白樺, 1983
山野晴雄, 「大正デモクラシー期における青年党類似団体の動向」, 『自由大学研究』 9, 1986
伊藤之雄, 『大正デモクラシーと政党政治』, 山川出版社, 1987
藤原保信, 『大山郁夫と大正デモクラシー』, みすず書房, 1989
松尾尊兊, 『普通選挙制度成立史の研究』, 岩波書店, 1989
仲程昌徳, 「解説」広津和郎『さまよへる琉球人』, 同時代社, 1994
大和田茂·藤田富士男, 『評伝 平沢計七』, 恒文社, 1996
飯田泰三, 『批評精神の航跡』, 筑摩書房, 1997
岡田洋司, 『大正デモクラシー下の"地域振興"』, 不二出版, 1999
黒川みどり, 『共同性の回復』, 信山社, 2000
朝治武, 『水平社の原象』, 解放出版社, 2001
関口寛, 「水平社創立と民衆」, 秋定嘉和·朝治武編, 『近代日本と水平社』, 解放出版社, 2002
丸山隆司, 『〈アイヌ〉学の誕生』, 彩流社, 2002
青柳真智子編, 『国勢調査の文化人類学』, 古今書院, 2004
歴史教育者協議会編, 『図説 米騒動と民主主義の発展』, 民衆社, 2004
折井美耶子·女性の歴史研究会編, 『新婦人協会の研究』, ドメス出版, 2006

제4장

井上清, 『宇垣一成』, 朝日新聞社, 1975
朴慶植, 『朝鮮三·一独立運動』, 平凡社, 1976
姜東鎮, 『日本の朝鮮支配政策史研究』, 東京大学出版会, 1979
高崎宗司, 『朝鮮の土となった日本人』, 草風社, 1982
若林正丈, 『台湾抗日運動史研究』, 研文出版, 1983
小林英夫, 『満鉄』, 吉川弘文館, 1996
駒込武, 『植民地帝国日本の文化統治』, 岩波書店, 1996
山田昭次, 『海を渡った日本人』, 影書房, 1996
加藤陽子, 『戦争の日本近現代史』, 講談社, 2002
高崎宗司, 『植民地朝鮮の日本人』, 岩波書店, 2002
一ノ瀬俊也, 『近代日本の徴兵制と社会』, 吉川弘文館, 2004

塚瀬進, 『満洲の日本人』, 吉川弘文館, 2004
外村大, 『在日朝鮮人社会の歴史学的研究』, 緑蔭書房, 2004
橋谷弘, 『帝国日本と植民地都市』, 吉川弘文館, 2004
宮嶋博史ほか編, 『植民地近代の視座』, 岩波書店, 2004
松永正意, 『台湾文学のおもしろさ』, 研文出版, 2006

제5장

小林幸男, 「日ソ基本条約第5条と治安維持法」, 『人文学報』10, 1959
布施柑治, 『ある辯護士の生涯』, 岩波書店, 1963
渋谷定輔, 『農民哀史』, 勁草書房, 1970
木坂順一郎, 「治安維持法反対運動」, 『日本史研究』, 117・119, 1971
佐々木敏二, 『山本宣治』上下, 汐文社, 1974-76
姜徳相, 『関東大震災』, 中央公論社, 1975
奥平康弘, 『治安維持法小史』, 筑摩書房, 1977
竹村民郎, 『大正文化』, 講談社, 1980
渡邊治, 「日本帝国主義の支配構造」, 『歴史学研究』別冊, 1982
村上信彦, 『大正期の職業婦人』, ドメス出版, 1983
天野卓郎, 『大正デモクラシーと民衆運動』, 雄山閣出版, 1984
柳田国男研究会編, 『柳田国男伝』, 三一書房, 1988
松田利彦, 『戦前期の在日朝鮮人と参政権』, 明石書店, 1995
小山静子, 『家庭の生成と女性の国民化』, 勁草書房, 2002
佐藤卓己, 『「キング」の時代』, 岩波書店, 2002
米田佐代子, 『平塚らいてう』, 吉川弘文館, 2002
相澤與一, 『日本社会保険の成立』, 山川出版社, 2003
成田龍一, 『近代都市空簡の成立』, 山川出版社, 2003
申明植, 『幻想と絶望』, 東洋経済新報社, 2005

제6장

中村政則, 『昭和の恐慌』, 小学館, 1982
日本現代史研究会編, 『1920年代の日本の政治』, 大月書店, 1984
近代日本研究会編, 『官僚制の形成と展開』, 山川出版社, 1986

中島三千男, 『天皇の代替りと国民』, 青木書店, 1990
大門正克, 『近代日本と農村社会』, 日本経済評論社, 1994
安田浩, 『大正デモクラシー史論』, 校倉書房, 1994
原彬久, 『岸信介』, 岩波書店, 1995
山之内靖ほか編, 『総力戦と現代化』, 柏書房, 1995
雨宮昭一, 『総力戦体制と地域自治』, 青木書店, 1999
源川真希, 『近現代日本の地域政治構造』, 日本経済評論社, 2001
原武史, 『可視化された帝国』, みすず書房, 2001
竹山昭子, 『ラジオの時代』, 世界思想史, 2002
伊藤康子, 『草の根の女性解放運動史』, 吉川弘文館, 2005
宮澤誠一, 『明治維新の再創造』, 青木書店, 2005
林淑美, 『昭和イデオロギー』, 平凡社, 2005
金城正篤ほか, 『沖縄県の百年』, 山川出版社, 2005

맺음말

江口圭一, 『日本帝国主義史論』, 青木書店, 1975
酒井哲哉, 『大正デモクラシーの体制の崩壊』, 東京大学出版会, 1992
藤目ゆき, 『性の歴史学』, 不二出版, 1997
有馬学, 「『大正デモクラシー』論の現在」, 『日本歴史』 700, 2006

색인

ㄱ

가가와 토요히코(賀川豊彦) 126
가나이 타다시(金井正) 128
가네코 시게리(金子茂) 279
가네코 후미코(金子文子) 165
가노코키 카즈노후(鹿子木員信) 144
가쓰라 타로(桂太郎) 36
가야하라 카잔(茅原華山) 33
가에쓰 타카(嘉悦孝) 92
가와카미 하지메(河上肇) 44, 85
가정위생(家庭衛生) 91
가정지우(家庭之友) 208
가타야마 데쓰(片山哲) 270
가타야마 센(片山潜) 32
가타오카 나오하루(片岡直温) 253
가토 시즈에(加藤シヅエ) 208
가토 카즈오(加藤一夫) 148
가토 칸지(加藤寛治) 271
가토 타카아키(加藤高明) 77
가토 토모사부로(加藤友三郎) 191
가토 토키지로(加藤時次郎) 53
간노 스가(管野すが) 32, 52
간도사건 180
간베 마사오(神戸正雄) 79
강우규(姜宇奎) 176
강화문제동지연합회(講和問題同志連合会) 18
개조(改造) 126

경성제국대학 177
고노 히로나카(河野広中) 18
고마사 오미(小牧近江) 127
고모자와 칸(子母澤寛) 246
고모토 다이사쿠(河本大作) 257
고바야시 기쓰센(小林橘川) 128
고바야시 히데오(小林秀雄) 222
고토 신페이(後藤新平) 66
고토 이쿠코(後藤郁子) 224
고토쿠 슈스이(幸徳秋水) 32
곤다 야스노스케(権田保之助) 223
곤도 세이쿄(権藤成卿) 144
곤도 켄지(近藤憲二) 140
곤와 지로(今和次郎) 223
공동사(共動社) 149
관동대지진 285
관동도독부(關東都督府) 66
관보(官報) 34
광주학생운동 282
괴인(壊人) 127
구니키다 데쓰오(国木田哲夫) 16
구라마텐구(鞍馬天狗) 245
구라타 덴젠(倉田典膳) 246
구로다 레이지(黒田禮二) 179
구로시마 덴지(黒島伝治) 101, 281
구리야가와 하쿠손(厨川白村) 210
구마모토평론(熊本評論) 32

구메 마사오(久米正雄) 248
구보 사카에(久保栄) 227
구부 시로오치미(久布白落実) 234
구사마 야소오(草間八十雄) 224
구사카리 에이지(草刈英治) 272
구스노세 사치히코(楠瀬幸彦) 65
구시다 타미조(櫛田民蔵) 122, 250
구시 후사코(久志富佐子) 157
구쓰 미후사코(九津見房子) 153
국민대일동지회(国民対日同志会) 81
국민정신작흥조서(国民精神作興詔書) 205
국세조사 121
궁중모중대사건(宮中某重大事件) 125
금융공황 252
금해금(金解禁) 264
기류 유유(桐生悠々) 36, 129
기무라 쿄타로(木村京太郎) 280
기시 노부스케(岸信介) 265
기요세 이치로(清瀬一郎) 238
기요우라 케이고(清浦奎吾) 76
기요하라 사다오(清原貞雄) 145
기우치 테이코(木内錠子) 56
기쿠치 칸(菊池寛) 248
기타 레이키치(北昤吉) 135
기타 잇키(北一輝) 125
기타하라 타쓰오(北原龍雄) 144
기타하라 타이사쿠(北原泰作) 280
김규식(金奎植) 174
김승학(金承学) 201
김영수(金榮洙) 9
김우영(金雨英) 9, 176

ㄴ

나가이 류타로(永井柳太郎) 43
나가이 마쓰조(永井松三) 271
나고야신문(名古屋新聞) 78
나로드(ナロオド) 136
나스 시로시(那須皓) 268
나쓰메 소세키(夏目漱石) 161
나카노 부에이(中野武営) 29
나카노 세이고(中野正剛) 51
나카노 시게하루(中野重治) 226
나카노 하쓰네(中野初子) 56
나카니시 이노스케(中西伊之助) 188
난바 다이스케(難波大助) 229
남궁벽(南宮璧) 166
남만주철도주식회사(南満洲鉄道株式会社) 66
노기 마레스케(乃木希典) 35
노동과 산업(労動及産業) 95, 150
노동농민당(労動農民党) 257
노동문학(労動文学) 148
노동부인(労動婦人) 281
노동세계(労動世界) 149
노동신문(労動新聞) 141
노동조사보고(労動調査報告) 119
니노미야 손토쿠(二宮尊徳) 88
니로쿠신보(二六新報) 22
니시다 미쓰기(西田税) 145
니시오 스에히로(西尾末弘) 270
니시카와 코지로(西川光二郎) 31
니시하라 카메조(西原亀三) 100
니토베 이나조(新渡戸稲造) 70
니항사건(尼港事件) 100

ㄷ

다가와 다이키치로(田川大吉郎) 31
다나카 기이치(田中義一) 97
다네다 산토카(種田山頭火) 268
다다 간스케(陀田勘助) 149
다이쇼 대진재 대화재(大正大震災大火災) 200
다이쇼정변 41
다이텐추(戴天仇) 9
다치바나 코사부로(橘孝三郎) 144
다카노 이와사부로(高野岩三郎) 123
다카라베 타케시(財部彪) 271
다카무레 이쓰에(高群逸枝) 210
다카바다케 모토유키(高畠素之) 110
다카오카신문(高岡新聞) 104
다카오 헤베에(高尾平兵衛) 144
다카쿠라 테루(高倉輝) 128
다카키 마스타로(高木益太郎) 29
다카하마 쿄시(高浜虚子) 161
다카하시 미네지로(高橋峯次郎) 89
다카하시 사다키(高橋貞樹) 250
다카하시 사쿠에(高橋作衛) 101
다카하시 코레키요(高橋是清) 190
다케히사 유지(竹久夢二) 211
단나슈(旦那衆) 21
단 타쿠마(団琢磨) 290
대보살 고개(大菩薩峠) 245
대역사건(大役事件) 31
대정공론(大正公論) 195
대중국 21개조 요구 80
대진재사진화보(大震災写眞画報) 200
대화동지회(大和同志会) 153
데라오 토오루(寺尾亨) 101
데라우치 마사타케(寺内正毅) 72
데루오카 기토(暉峻義等) 123
데모크라시(デモクラシイ) 136
덴 켄지로(田健治郎) 177
도고 미노루(東郷実) 184
도리이 소센(鳥居素川) 131
마루야마 간지(丸山幹治) 131
도미즈 히론도(戸水寛人) 101
도야마 미쓰루(頭山満) 125
도요타 마사코(豊田正子) 268
도코나미 타케지로(床次竹二郎) 120
도쿄소요화보(東京騒擾画報) 16
도쿄아사히신문(東京朝日新聞) 22
도쿠가와 요시치카(徳川義親) 239
도쿠가와 이에사토(徳川家達) 76
도쿠나가 스나오(徳永直) 274
도쿠토미 로카(徳富蘆花) 52
동양경제신문(東洋經濟新聞) 193
동양척식주식회사(東洋拓植株式会社) 69
동포(同胞) 136
돤치루이(段祺瑞) 100
두건의 꽃(烏帽子之華) 151

ㄹ

러시아 혁명 94
러일전쟁 7
런던군축회의 271
루쭝위(陸宗輿) 178
뤄푸싱(羅福星) 167
리다자오(李大釗) 179
린셴탕(林獻堂) 185

ㅁ

마쓰다히라 쓰네오(松平恒雄) 271
마쓰모토 고키치(松本剛吉) 254
마쓰모토 지이치로(松本治一郎) 280
마쓰에 하루지(松江春次) 169
마쓰오 쇼조(松尾勝造) 101
마쓰타니 요지로(松谷与二郎) 270
마키노 노부아키(牧野伸顯) 98
만주사변 6
만주일일신문(滿洲日日新聞) 67, 168
메이지문화연구회 245
메이지문화전집(明治文化全集) 245
메이지유신사연구(明治維新史研究) 247
모리모토 코키치(森本厚吉) 223
모성보호논쟁 92
모즈메 키즈코(物集和子) 56
모토노 이치로(本野一郎) 98
모토다 하지메(元田肇) 39
묘율사건(苗栗事件) 167
무라야마 토모요시(村山知義) 226
무로부세 코신(室伏高信) 44
무로신보(牟婁新報) 32
무샤노코지 사네아쓰(武者小路実篤) 129
무신조서(戊申詔書) 88
문예전선(文藝戦線) 225
문화의숙(文化義塾) 149
미나카타 쿠마구스(南方雄楠) 218
미노베 타쓰키치(美濃部達吉) 47
미스미 스즈코(三角錫子) 91
미쓰치 추조(三土忠造) 260
미쓰카와 카메타로(満川亀太郎) 144
미야시타 타키치(宮下太吉) 52
미야자키 류스케(宮崎龍介) 136
미야코신문(都新聞) 22
미야타케 가이코쓰(宮武外骨) 107
미우라 코로(三浦梧樓) 98
미우라 테쓰타로(三浦銕太郎) 48
미즈노 렌타로(水野錬太郎) 262
미즈노 히로노리(水野広徳) 193
야마나시 한조(山梨半造) 194
미즈타니 나가사부로(水谷長三郎) 263
민력함양운동(民力涵養運動) 120
민정당(民政党) 257
민중(民衆) 127

ㅂ

바바 코초(馬場孤蝶) 53
바체라 야에코(バチェラー八重子) 155
박열(朴烈) 165
박영효(朴泳孝) 189
반향(反響) 49
방면조사제도 119
백화문운동 186
법률신문(法律新聞) 23
법치국(法治国) 110
벳쇼시보(別所時報) 214
보덕사(報德社) 88
보통선거기성동맹회(普通選擧期成同盟会) 117
보통선거운동 117
마키노 에이치(牧野英一) 236
부선획득동맹(婦選獲得同盟) 234, 279
부인공론(婦人公論) 209
부인클럽(婦人くらぶ) 209
부인참정권획득기성동맹회(婦人参政権

獲得期成同盟会) 234

ㅅ

사노 마나부(佐野学) 136
사사키 쿠니(佐々木邦) 210
사이온지 킨모치(西園寺公望) 36
사이토 마코토(斎藤実) 176
사이토 타카오(斉藤隆夫) 263
사카이 마가라(堺真柄) 153
사카이 토시히코(堺利彦) 52
사토 노부히로(佐藤信淵) 247
사회민중당(社会民衆党) 258
사회주의전도행상(社会主義伝道行商) 32
산미증식계획 177
산아조절평론(産児調節評論) 208
삿포로 평민구락부(札幌平民俱樂部) 32
생버(生蕃) 64
생활개선동맹(生活改善同盟) 120
서래암사건(西來庵事件) 167
석학(夕鶴) 127
선구(先駆) 136
성공(成功) 90
세키 하지메(関一) 119
세키헤키 유우시오(赤壁夕潮) 62
소가족(小家族) 208
소수파(少数派) 127
쇠사슬(鎖) 149
쇼와공황 267
수맥(水脈) 127
수세미 꽃(へちまの花) 53, 138
수평(水平) 154

수험과 학생(受験と学生) 90
슈드라(スードラ) 127
스기우라 주고(杉浦重剛) 125
스에히로 시게오(末広重雄) 68
스에히로 이즈타로(末弘厳太郎) 237
스즈키 분지(鈴木文治) 87
스즈키 키사부로(鈴木喜三郎) 259
시가 나오야(志賀直哉) 36
시데하라 키주로(幣原喜重郎) 191
시라카바(白樺) 49
시마나카 유조(嶋中雄三) 140
시마다 사부로(島田三郎) 42
시마자키 토손(島崎藤村) 246
시멘스사건 41
시문(シムーン) 148
시민대학(市民大学) 129
시부사와 에이치(渋沢栄一) 121
시사신보(時事新報) 83
식민세계(殖民世界) 161
신구시대(新旧時代) 245
신노농당(新勞農党) 270
신메이 마사미치(新明正道) 128
신부인협회(新婦人協会) 152
신사회(新社会) 138
신여자(新女子) 60
신인회(新人会) 7
신정구락부(新正俱樂部) 252
신해혁명 73
실업동지회(実業同志会) 238
쌀소동 6
쑨원(孫文) 9
쓰네토우 교(恒藤恭) 128
쓰보이 시게지(壺井繁治) 102, 149
쓰보이 조지(坪井譲治) 148
쓰치다 교손(土田杏村) 128

색인 | 313

쓰쿠이 다쓰오(津久井龍雄) 141
씨 뿌리는 사람(種蒔く人) 127

ㅇ

아나-볼 논쟁 141
아다치 켄조(安達謙蔵) 289
아등(我等) 134
아라구스쿠 초고우(新城朝功) 269
아라키 사다오(荒木貞夫) 289
아라키 후미야(荒木郁) 57
아라하타 칸손(荒畑寒村) 32, 53, 138
아리마 요리야스(有馬頼寧) 238
아리시마 타케오(有島武郎) 129
가와이 요시토라(川合義虎) 201
아마카스 마사히코(甘粕正彦) 201
아베 이소오(安部磯雄) 122
아사다 코손(浅田江村) 76
아사카와 노리타카(淺川伯教) 187
아사카와 타쿠미(淺川巧) 166
아사하라 켄조(浅原健三) 263
아사히 그래프(アサヒグラフ) 200
아소 히사시(麻生久) 136
아시다 에노스케(芦田恵之助) 129
아와야 유조(淡谷悠蔵) 127
아카마쓰 가쓰마로(赤松克麿) 136
아카이케 아쓰시(赤池濃) 201
아쿠타가와 류노스케(芥川龍之介) 188
아키야마 다쓰지(秋山タツジ) 281
악법안반대동맹회(悪法案反対同盟会) 238
악세폐지대연설회(悪税廃止大演説会) 29
안도 마사즈미(安藤正純) 238

안도 와쿠니(安藤和国) 30
애국부인회(愛国婦人会) 61
야나기 무네요시(柳宗悦) 186
야나기타 쿠니오(柳田国男) 215
야나이하라 타다오(失内原忠雄) 70
야노 류케이(矢野龍溪) 17
야마구치 쇼키치(山口庄吉) 87
야마구치 코켄(山口孤劍) 31
야마다 와카(山田わか) 92
야마모토 곤베에(山本権兵衛) 41
야마모토 미오노(山本美越乃) 70
야마모토 사네히코(山本実彦) 126
야마모토 센지(山本宣治) 208
기타하라 하쿠슈(北原白秋) 129
야마모토 카나에(山本鼎) 129
야마자키 게사야(山崎今朝弥) 140
야마카와 키쿠에(山川菊栄) 92
야마카와 히토시(山川均) 122
야마코시 슈조(山越修蔵) 128
야스나리 사다오(安成貞雄) 53
야스다 사쓰키(安田皐月) 59
야스모치 요시코(安持研子) 56
야스오카 마사히로(安岡正篤) 145
야스이 에이지(安井英二) 266
에구치 칸(江口渙) 102
에도가와 란포(江戸川乱歩) 220
에비나 단조(海老名弾正) 35
엔본(円本) 247
여명(黎明) 127
여명회(黎明会) 5
여성동맹(女性同盟) 152
여인예술(女人藝術) 285
영업세전폐동맹회(営業税全廃同盟会) 29
오가와 미메이(小川未明) 140

오기노 큐사쿠(荻野久作) 208
오리쿠치 시노부(折口信夫) 218
오모리 요시타로(大森義太郎) 262
오모 타케오(小野武夫) 214
오사라기 지로(大仏次郎) 246
오사카아사히신문(大阪朝日新聞) 71
오사카평론(大阪評論) 32
오스기 사카에(大杉栄) 32
오야도마리 코에이(親泊康永) 269
오야마 이쿠오(大山郁夫) 131
오야 소이치(大宅壮一) 223
오오키 켄이치로(大木顯一郎) 268
오자키 시로(尾崎士郎) 141
오자키 유키오(尾崎行雄) 38
오카다 케이스케(岡田啓介) 271
오카모토 리키치(岡本利吉) 149
오카시타 이치로(岡下一郎) 225
오카와 슈메이(大川周明) 125
오쿠니 타카마사(大国隆正) 247
오쿠마 시게노부(大隈重信) 76
오쿠무라 이오코(奥村五百子) 61
오쿠 무메오(奥むめお) 152, 211
오타 스케토키(太田資時) 109
오타케 칸이치(大竹貫一) 18
오하라사회문제연구소(大原社会問題研究所) 123
일본노동연감(日本勞動年鑑) 123
오하라사회문제연구소잡지(大原社会問題研究所雑誌) 123
와다 규타로(和田久太郎) 141
와다 미사오(和田操) 279
와카쓰키 레이지로(若槻禮次郎) 194
와쿠시마 요시히로(涌島義博) 127
왕시티엔(王希天) 201
요로즈초호(万朝報) 21

요미우리신문(読売新聞) 60
요사노 아키코(与謝野晶子) 92
요시노 사쿠조(吉野作造) 5
요시노 신지(吉野信次) 265
요시다 시게루(吉田茂) 255
요시다 카네시게(吉田金重) 148
요시다 쿠마지(吉田熊次) 79
요시야 노부코(吉屋信子) 210
요시오카 야요이(吉岡彌生) 91
요시자와 켄키치(芳沢謙吉) 255
요코타 센노스케(横田千之助) 252
요코미쓰 리이치(横光利一) 224
우리집(我が家) 90, 195
우서사건(霧社事件) 282
우쓰노미야 타로(宇都宮太郎) 174
우애신보(友愛新報) 87
우애회(友愛会) 86
우에스기 신키치(上杉慎吉) 47
우에카와 리헤이(上川利平) 49
우에하라 에쓰지로(植原悦二郎) 44
우에하라 유사쿠(上原勇作) 37
우치디 노부야(内田信也) 83, 125
우치다 로안(内田魯庵) 110
우치다 료헤이(内田良平) 73
우치다 야스야(内田康哉) 190
우치야마 구도(内山愚童) 52
우키타 카즈타미(浮田和民) 36
우페이푸(呉佩孚) 251
워싱턴회의 191
원산총파업 282
위안스카이(袁世凱) 6
유메노 큐사쿠(夢野久作) 221
유아사 본베이(湯浅凡平) 238
유존사(猶存社) 145
유칭팡(余淸芳) 167

의회설치운동　185
이나바 이와키치(稻葉岩吉)　189
이노 세쓰조(井箆節三)　129
이노우에 니쓰쇼(井上日召)　289
이노우에 야스후미(井上康文)　127
이노우에 준노스케(井上準之助)　264
이노우에 카오루(井上馨)　77
이데 타카시(出隆)　128
이른 새벽녘(夜明け前)　246
이마니시 류(今西龍)　189
이마이 요시유키(今井嘉幸)　132
이모토 린시(井元麟之)　280
이보시 호쿠토(違星北斗)　155
이북만(李北滿)　282
이사카 나오카즈(猪坂直一)　128
이시바시 탄잔(石橋湛山)　49
이시이 겐도(石井研堂)　245
이시즈미 하루노스케(石角春之助)　224
이시카와 한잔(石川半山)　76
이시하라 오사무(石原修)　84
이시하라 토메키치(石原留吉)　163
이에노히카리(家の光)　227
이와노 키요코(岩野清子)　57
이완용(李完用)　189
이치노미야 아오타카(一宮蒼鷹)　164
이치카와 후사에(市川房枝)　152
이쿠타 조고(生田長江)　122
이쿠타 하나요(生田花世)　59
이토 나쓰코(伊藤夏子)　211
이토 노에(伊藤野枝)　59
이토 미요지(伊東巳代治)　99
이하 후유(伊波普猷)　218
일본공산당　143
일본공업구락부(日本工業俱樂部)　84
일본변호사협회　237
일본사회주의동맹(日本社會主義同盟)　139
일본연합부인회(日本聯合婦人会)　266
일본정의단(日本正義団)　275
일본 프롤레타리아 문제(日本プロレタリアートの問題)　250
입헌국민당(立憲国民党)　38
잉루겅(殷汝耕)　9

ㅈ

자유대학　128
자유법조단　237
장제스(蔣介石)　252
장쭝샹(章宗祥)　178
장쭤린(張作霖)　251
적과 흑(赤と黒)　149
적기(赤旗)　226
적란회(赤瀾会)　153
전국수평사　154
전기(戦旗)　274
전시화보(戦時画報)　16
전우(戦友)　90, 195
정우회(政友会)　38
정치적자유획득노농동맹(政治的自由獲得勞農同盟)　270
제1차 산둥출병　255
제1차 세계대전　75
제2인터내셔널　143
제2차 산둥출병　256
제3제국(第三帝国)　44
제국공도회(帝国公道会)　154
제도부흥원(帝都復興院)　203

제암리학살사건 180
조선교육령 69
조선일보(朝鮮日報) 224
조선총독부 67
조선회사령 68
주부지우(主婦之友) 91
중앙공론(中央公論) 6
중정구락부(中正俱樂部) 238
증사반대실업단(增師反対実業団) 38
직업부인(職業婦人) 211
진우(真友) 89

ㅌ

타이베이제국대학 177
타이완(台湾) 186
태양(太陽) 51
토지조사사업 68

ㅍ

펑위샹(馮玉祥) 251
평양일일신문(平壌日日新聞) 188

ㅊ

차오루린(曹汝霖) 178
차지권보호협회(借地権保護協会) 28
참화회(参話会) 9
천황기관설 47
청년과 학문(青年と学問) 217
청일전쟁 64
청탑(青鞜) 55

ㅎ

하기와라 쿄지로(萩原恭次郎) 149
하나이 타쿠조(花井卓蔵) 24
하니 모토코(羽仁もと子) 129
하라 타카시(原敬) 6
하마구치 오사치(浜口雄幸) 232
하세가와 뇨제칸(長谷川如是閑) 5
하세가와 시구레(長谷川時雨) 286
하시모토 겐조(橋本憲三) 127
하시우라 야스오(橋浦泰雄) 127
하야마 요시키(葉山嘉樹) 226
하야시 키로쿠(林毅陸) 43
하야시 후미코(林芙美子) 286
하타 토요스케(秦豊助) 230
해방(解放) 122
협조회(協調会) 121
호리에 키이치(堀江帰一) 258
호소사고 카네미쓰(細迫兼光) 270
호소이 와키조(細井和喜蔵) 127, 149
호시지마 니로(星島二郎) 110

ㅋ

카이페이훠(蔡培火) 185
코민테른 143
클라르테(クラルテ) 248
킹(キング) 227

색인 | 317

호즈미 야쓰카(穗積八束) 70
호쿠리쿠 타임즈(北陸タイムズ) 62
혼마 히사오(本間久雄) 122
황싱(黃興) 9
후세 타쓰지(布施辰治) 109
후지이 마스미(藤井真澄) 148
후카가와 나카미네(深川中嶺) 95
후쿠다 마사오(福田正夫) 127
후쿠모토 카즈오(福本和夫) 249
후쿠오카연대사건(福岡連隊事件) 280
흑룡회(黑龍会) 73
흑연(黑煙) 148
히라누마 키이치로(平沼騏一郎) 52
히라사와 케시치(平沢計七) 95
히라쓰카 라이테우(平塚らいてう) 55
히라이즈미 키요시(平泉澄) 247
히라타 토스케(平田東助) 88
히로쓰 카즈오(広津和郎) 156
히비야 방화사건 17
히오키 마스(日置益) 80
히지카타 요시(土方与志) 277

2월 혁명 94
3·1운동 9
3악법 반대운동 240
5·4 운동 5
5·30사건 282
6·10만세사건 180
10월 혁명 94

일본 근현대사 시리즈 ④
다이쇼 데모크라시

초판 1쇄 발행일 2011년 9월 6일

지은이 나리타 류이치
옮긴이 이규수
펴낸이 박영희
편집 이은혜·김미선·정민혜·장은지·신지항
인쇄·제본 태광인쇄
펴낸곳 도서출판 어문학사
  서울특별시 도봉구 쌍문동 523-21 나너울 카운티 1층
  대표전화: 02-998-0094/편집부1: 02-998-2267, 편집부2: 02-998-2269
  홈페이지: www.amhbook.com
  트위터: @with_amhbook
  블로그: 네이버 http://blog.naver.com/amhbook
      다음 http://blog.daum.net/amhbook
  e-mail: am@amhbook.com
  등록: 2004년 4월 6일 제7-276호

ISBN 978-89-6184-141-2 94900
ISBN 978-89-6184-137-5(세트)
정가 17,000원

이 도서의 국립중앙도서관 출판시도서목록(CIP)은 e-CIP홈페이지(http://www.nl.go.kr/ecip)와
국가자료공동목록시스템(http://www.nl.go.kr/kolisnet)에서 이용하실 수 있습니다.
(CIP제어번호: CIP2012003839)

※잘못 만들어진 책은 교환해 드립니다.